JN133303

弥生時代 食の多角的研究

池子遺跡を科学する

杉山浩平 編
edited by Cohe Sugiyama

六一書房

はしがき

本書は神奈川県逗子市に所在する池子遺跡の豊富な考古学的資料を用いて，多角的な分析を行い，弥生時代の食生活を明らかにすることを目的としたものである。冒頭にあたり，本研究の契機と経過について述べておく。

本書の研究の出発点は，杉山が採択いただいた文部科学省科学研究費「弥生時代穀物類の粉食の可能性に関する文化財科学的研究」(研究課題番号 26560142) にあり，本書はその成果を含んでいる。この研究では，関東地方の縄文時代から弥生時代の移行期の資料を対象として，石器の残存デンプン分析と土器付着炭化物の観察と分析から，弥生時代の食を考えようと始めた。しかし，開始して１年ほど経た段階で，思いの外にデンプン粒の検出例が少ないことが明らかとなった。また，併せて人骨の資料の集成を行っているなかで，池子遺跡から人骨が良好な状態で出土していることに気づいた。関東地方の弥生人骨の存在は以前から知られていたものの，洞穴や再葬墓などから出土しているものが多く，いわゆる「弥生農耕社会」の評価には難しい側面があった。また，骨資料そのものも保存状態が良くないものが多い。

池子遺跡から炭化種子や動物骨・魚骨・貝など食糧残滓が多く出土していることは，以前から知見を得ていたが，人骨も出土しているならば，より多角的な食をめぐる研究が実施可能なのではないかと考えた。そこで，共同研究をしていただける方をさらに加えることになった。

池子遺跡はすでに水田稲作が関東地方で始められていた時期の遺跡であり，骨も内部組織が良好な状態で保存されており，理化学的分析で水田稲作や活発な漁撈による水産物の影響が出てくるであろうと推定した。そこで，分析の協力を佐宗亜衣子氏と米田穣氏に依頼し，今回の分析となった。

また同じ頃，レプリカ法による弥生時代生業論が盛り上がるなかで，その注目は農耕開始期の弥生時代前期・中期前半にあった。一方で中期後半の分析例は，実際非常に少なかった。そこで各地の資料の分析を実践されてきた遠藤英子氏に池子遺跡のレプリカ法の分析を依頼した。谷口肇氏および白石哲也氏とは，神奈川県内で常日頃弥生時代の研究に対して議論しており，今回の多角的研究を相談した際には池子遺跡の調査の再検討と土器付着炭化物の分析について二つ返事で参画していただいた。

こうして池子遺跡を舞台とした弥生時代の食の多角的研究は始まった。その成果を執筆していただいたのが本書である。

杉 山 浩 平

目　次

序章　研究の目的
―弥生時代の食生活の解明にむけて―

杉山浩平

はじめに

弥生時代研究の主要な柱の一つがコメをめぐる問題である。その栽培開始期の問題・生産と収穫の量と道具・施設・技術の問題・コメをめぐる集団と地域間に生じた社会的問題など，弥生時代研究の研究史は，常にコメをめぐる研究史ともいえる。それはまた，弥生時代以降の研究においても同様であった。その背景には「水田稲作中心史観」とも評される歴史観が広く研究者に支持され研究者自身が依拠した結果，コメをめぐる問題に常に焦点が当てられてきたといえる。

近年の発掘調査ならびに考古学資料の理化学的分析の成果から，前段階の縄文時代である狩猟採集社会においては，依存する食糧の品種に地域的な多様性が認められ，地域ごとにメジャーフードが異なっていることが指摘されている（山田 1999）。しかし，農耕が開始された弥生時代には，水田稲作が九州から東北地方にかけて行われ，その量は問わずとも，ある程度はコメがメジャーフードとして位置づけられていったと考えられる。その結果，食卓の光景は縄文時代に比較すれば，地域的な差異は少なくなった。しかし，食卓に並べられたコメ以外の食糧までも，列島規模で均一化されていったかといえば，否であろう。そこには，多かれ少なかれ地域差・時代差・社会差・階層差を想定することができる。

たとえば，国立歴史民俗博物館が1999年に行った企画展示『新弥生紀行』では，弥生文化の範囲外となる北海道と南島の食卓のほか，近畿地方の例として「卑弥呼御膳」，中部地方の伊那谷をモデルとした「東日本御膳」など復元された献立が図録に掲載されている（図1）。その東日本御膳には，コメのほか，ムギ・ヒエ・アワなどの雑穀類，豆類，オニグルミ・クリなどの堅果類，イノシシ肉のスペアリブ・アユなどが含まれており，多様な穀物類と植物質・動物質タンパク質が盛られ，縄文時代以来の堅果類とイノシシの消費が強調されている（国立歴史民俗博物館 1999）。

しかし，ここでモデルとして掲載された伊那谷の食卓の光景が東日本の一般的なものと評することができるかといえば，現在の視点からすると，訂正されるべきところも多い。この写真が出された20世紀末以降，現在に至るまでの間に，弥生時代の食糧に関する関心度の高まりとともに，資料の採集方法と分析手法および既存資料の批判的再検討が行われ，大きくその姿を変えつつある。

図1　復元された弥生時代の食（左：卑弥呼御膳，右：東日本御膳）

本書では，現在可能な分析手法を駆使し，総合的に「弥生時代の食」の復元を目指すことを目的としている。分析の対象とするのは，神奈川県逗子市に所在する池子遺跡の資料である。東日本の南関東地方の一遺跡の状況を明らかにするわけであるが，この遺跡から推定される弥生時代の食文化の姿は，現段階の研究のレベルで示すことができる最新のものであろう。

そこで，各分析に入る前に本序論では，まず先史・古代の食（食糧生産と消費）を検討するうえでの，各分析手法の有効性と課題について改めてまとめておく。そのうえで，これまでの研究の成果から弥生時代の食について，どのように検討していくべきか，本書の目的と方針ともいえる部分に触れる。そして，次章から始まる各分析の論考へ，その紹介と期待を述べて，バトンを渡していきたい。

1.　食に関する多角的研究の変遷

なにが対象となるのか

本書では，食糧生産の道具・出土動植物遺体・出土人骨・日常使用した土器の使用痕の分析などを通じて，弥生時代の食について多角的研究を行う。これまで，食に関する研究においては，さまざまな分析が行われてきたが，安藤広道は弥生時代の生業と農耕論を議論するなかで，既存のデータの批判的検討が重要で，不確かな（無批判の）データを用いての生業論の危険性を強く指摘している（安藤 2009）。言い換えれば，それは各手法とそれによって導き出された結果についての相互批判（クロスチェックとも言い換えられる）が必要である，ということであろう。

まず，弥生時代の食糧の生産と消費に関わる研究について，その研究手法の変遷に着目し，回顧していく。これまでの食に関する分析で対象となってきた資料について，中山誠二が分類している以下の三つの分類（中山 1999）のなかから，特に本論と直接的に関係のある第一次資料群を主に取り上げて，それぞれの分析の方法論の限界を明らかにしておく。

第一次資料群：植物遺存体など稲作農耕を直接的に実証するもの
（植物種子・イネ花粉・プラント・オパール・籾痕土器）
第二次資料群：稲作農耕の技術面での存在を示すもの
（水田址・水利施設・木製農耕具・大陸系磨製石器など）
第三次資料群：その波及の結果として誘引された人々の生活様式の変化を示すもの
（土器様式・土器組成・土器製作技術・遺跡立地・集落構成・墓制・農耕儀礼など）

まず，第一次資料群とされる資料は，弥生時代という認識が成立する以前，つまり先史時代が「石器時代」と把握されている段階ですでに意識されていた。八木奘三郎は弥生式土器にコメが伴うことを早くから主張した（八木 1898）。そして，山内清男が宮城県仙台市枡形囲遺跡出土の土器の底面に稲籾の圧痕があるのを発見し，石膏を用いて圧痕から陽型を作り，コメの存在を主張したのが具体的な言及の嚆矢となる（山内 1925）。同じ頃，日本列島各地からも炭化米の出土が報告され始める（中山 1923 など）。その後も，奈良県唐古遺跡の発掘調査や戦後の登呂遺跡の発掘調査によって，第一次資料群の炭化米や第二次資料群の木製農耕具・水田址が出土・検出され，弥生時代＝コメの生産（農業の時代）が強く意識されていくこととなった。つまり，弥生研究では第一次資料の出土事例の重視がすでに，この段階で確立されていくこととなったといえる。

炭化種子・プラント・オパール分析について

第一次資料群重視の研究スタイルの一つの到達点は，寺沢薫・寺沢知子による全国的な弥生時代遺跡出土の植物資料の集成にある（寺沢・寺沢 1981）。それまで，コメが常に着目されてきたが，コメ以外にも多種多様な作物が弥生時代に存在していることを両氏は明らかにした。また，この論文は，弥生時代のメジャーフードとしてのコメへの比重が問題視され，雑穀利用や他の栽培植物の有無をめぐる議論の礎となった。その後も出土穀物類・堅果類などの第一次資料の集成は重視され，各地で実践されていった。近年では後藤直により改めて全国的な集成がなされている（後藤 2004・2011）。こうした第一次資料について，特にコメ・雑穀類・ムギなどの小型の炭化種子には，コンタミネーションの可能性があり，資料の出土位置や出土状況に細心の注意を払ったうえで評価しなくてはならず，遺跡・遺構から出土しているという事実からの安易な引用と出土を根拠とする論理に警鐘が鳴らされている（安藤 2006・2009）。

掘削土壌の水洗選別は，発掘調査の現場で見逃してしまいがちな 1 cm 以下の微小遺物，とりわけこの分析法の導入時には貝塚などにおける動物遺体の回収を目的とされていた（松井 1994）。その後，植物遺体を含む有機物資料の回収も目的に加わり普及した。特に 2000 年代以降，専用の浮遊装置を用いずとも，バケツと篩を用いた簡便な手法が紹介されると（高瀬 2006 など），炭化種子への関心のさらなる高まりがみえた。しかし，高瀬克範は，フローテーション法において言及することができるのは，その遺跡と遺構においてなにが利用されたのかに過ぎず，植物遺体以外の考古試料との連携を進めていかなくてはならないと述べ，早い段階からすでにその有効性の限界を認識している（高瀬 2004）。フローテーション法による炭化種子の回収と分析は，地域差を同列として比較できる点で有用である。しかし，現状ではまだまだフローテーション法が広く行われているとは言い切れず，その方法についても，サンプル試料の量や篩のメッシュなどが統一されておらず，この分析で提出される結果を鵜呑みにすることができないことも理解しておかなければならない。

プラント・オパール分析は，藤原宏志によって紹介され（藤原 1976），広く考古学にも応用された。土器や土壌に含まれるプラント・オパールの存在がコメの存在の傍証として考えられた。特に 1990 年代には，縄文土器の胎土のプラント・オパール分析が積極的に行われた。しかし，プラント・オパールは，水分等の移動に伴い土中で移動することもあり，検出イコール稲作が存在したとは言い切れない。

炭素・窒素安定同位体分析について

理化学的分析法では，1970 年代後半からは安定同位体や微量元素の分布偏差を応用して，古人骨の化学成分に基づく食性分析が行われるようになり，国内でも 1980 年代から南川雅男らによって開始された。この研究では窒素と炭素の同位体比を測定することで，C4 植物と海産物の利用の量（摂取食糧全体における割合）を個人レベルで測定することを可能としている。ここで反映される摂取量は，死亡する前の数年間の平均値を示している。安定同位体比分析では，人骨そのものの鑑定と評価が重要である。個人レベルでの食性差を出すゆえに，骨そのものからわかる年齢・男女・所属する社会的階層の情報は重要である。たとえば，特に乳児では母乳の影響で窒素同位体の割合が増える。また，この安定同位体比分析法について，人骨からみる食性が，地域的・時代的な傾向と，遺跡出土の食糧の物質資料（動植物資料）をどれだけ反映しているか，検証しなくてならないだろう。そのためには，遺跡から出土している炭化種子・果実・獣骨・魚骨・貝などの自然遺物の分析とともに，収穫や狩猟などの道具類の所有の有無やその組成などについても同時に検討し，各遺跡の同位体比を解釈する必要があろう。

第二次資料群については，木製農耕具や石庖丁を含む大陸系磨製石器の出土事例が水田稲作の存在を示すモノとして早くから注目されてきた。それぞれの型式学的研究をはじめとして，使用痕分析による機能論的研究や，近年では食糧加工具である土器・石器など残るデンプン粒分析や脂肪酸分析なども実践されつつある。本書ではそうした分析のなかでも土器付着炭化物の分析にも着目する。弥生土器の付着炭化物の分析は，近年 AMS 法による年代測定と併せて実践されるようになってきた。土器のススとコゲの観察による使用痕分析とともに検討することで，弥生土器での調理物の状態と具体的な調理方法に言及することができる。しかし，そこで分類されるのは同位体比に基づく分類であり，なにを食べていたのか，どのような植物であったのか，より具体的な言及は現段階ではまだできていない（坂本 2007）。しかし，安定同位体比分析と出土自然遺物の検討を併用すれば，調理の対象物にもアプローチすることができるのではないだろうか。

レプリカ法について

近年，注目を集めている分析手法として，土器の表面に残る圧痕に着目したレプリカ法を挙げることができる。レプリカ法は丑野毅により提唱された方法である（丑野・田川 1991）。他の研究手法に比べ資料のコンタミネーションを考慮する必要が無く，土器の型式学に基づく時期に圧痕を形成した植物などの存在を証明することができることから，多くの研究者によって関心がもたれている。とりわけ，近年注目されている対象は，縄文時代中期のマメ類と弥生時代開始期のコメおよび雑穀類の分析である。縄文時代のマメ類は中部高地地方を中心として，栽培種とも言えるマメ類が比較的多く検出されている。一方，弥生時代開始期の穀物類については，ほぼ全国的に調査が行われつつある。

このレプリカ法の有効性は認めることができ，近年の研究成果については注目している。しかし，現在の生業論や食糧に関する問題の検討において，レプリカ法の成果に依存してしまっていることには注意する必要がある。レプリカ法では穀物の有無は明らかにできても，それが示しているのは，土器が作られた土地にその穀物類が存在したという事実でしかない。これはレプリカ法を実践している方々が常々述べていることである。

以上，各種分析手法について，その有効性と限界を記してきた。当然ながら，これらの方法が対象とする資料（人工遺物・自然遺物）についても，食糧の生産・獲得・消費のそれぞれに深く関わりがある。つまり，可能な限りあらゆる地域・立地での植物遺体の回収と農耕関連遺物・遺構の評価を組み合わせていかなくてはならないし（高瀬 2004），各方法を併用して，限界を極力カバーするようにしつつ，クロスチェックを行うことで，より弥生時代の食と生業の実像に近づけるのではないかと考えている。次にその点について，筆者の考えを明らかにしておく。

2.　生産の全体的把握の重要性

食糧の全体像の把握にむけて

弥生時代の食の研究においては，コメが早くから注目を集めたため，コメの存否とコメ以外の穀物の利用の有無，そして，その比重に関心が向かれていくことになった。また，縄文時代に多くみられる大規模貝塚の減少から，魚介類などの動物質食糧への依存度の低下が推定され，これらに研究の目が向けられることも少なかった。しかし，近年のレプリカ法によるコメと雑穀類の検出，低湿地遺跡などからの堅果類や魚骨・動物骨などの出土事例，竪穴住居の覆土中などに形成される貝塚などの事例から，弥生時代の多彩な食糧資源の活用が想定される。生業活動の中心としてコメをはじめとした穀類の生産が中心であるとは考えられるが，様々な食糧資源の生産と獲得をめぐる包括的な活動が集落内および集落間・地域間で行われている可能性もあり，その全体性（およびその傾向）を常に気にしておかなければ，コメか否かという短絡的な議論に終始してしまいかねない。結果，これまでの弥生時代の生業と食糧の議論では，食糧の全体像について触れられることが無かった。

しかし，食糧としての物質をすべて把握することは難しい。炭化物や低湿地からの出土事例というある意味特殊な条件下で，現在まで残っているモノこそが，きわめて特殊な事例であり，当時食されていたモノの大部分は，本来消費されてしまい，現在にその姿を残していない。出土遺物からのアプローチしか残されていない，現代の私たちが行うことができる研究では，その一部のみを知ることしかできないのも事実である。しかし，だからといって，それは食糧の全体性を考慮しなくてもよく，穀類などの主食のみを研究し続ければ良いということでも当然ながらない。動物質食糧の研究の重要性も以前から唱えられてきた（金子 1980）。つまり，常に先史社会における食糧全体の地域性と時期性を意識していなくてはならない。

多角的分析によるクロスチェック

そのためには，どのようにするか。まずは，既存の出土資料を再検討する。弥生時代の遺跡から炭化種子などの植物質食糧・小規模ながらも貝塚などから出土した動物質食糧を集め，弥生時代の資料との共伴について検討し，食糧の全体性を知るための基礎資料とする。例えば出土人骨の炭素・窒素安定同位体比分析は，対象となる一個人の食糧の全体性にアプローチすることができる分析手法である。そして，その具体的食糧を検討するために共時的な各種考古資料とその分析によるクロスチェックこそが，食生活の全体像の解明を目的とするうえでは欠かすことができない。

これまでの研究では，どうしても出土種子等の実資料からの分析やレプリカ法による復元的な研究など，一つの研究手法のみからのアプローチが行われてきた。しかし，それぞれの分析手法については，前述したように限界が存在しており，そこを相互に補う意味で様々な分析手法を組み合わせて検討する必要がある。安藤がいうように物質的生産（生業と置き換えることもできる）の全体的な把握など理想，に過ぎない。しかし，重要なのは，そうした全体の存在を頭の片隅に留めておくこと，つまり我々の取り扱う対象が，全てある全体を構成する一要素であると認識することであって，そのうえで我々は，決して手の届くことのない全体の把握に向けて，試行錯誤を繰り返しながら，一歩一歩階段を上っていくわけである（安藤 2003）。

多角的分析の実践例

かつて，こうした多角的な分析によって，弥生時代の資料を対象としたものは，岡山県岡山市・倉敷市上東遺跡出土の弥生土器の付着炭化物を主に対象として，顕微鏡観察・土器の使用痕・炭素・窒素安定同位体比分析・残存デンプン粒分析を行った事例がある（庄田・松谷・國木田・渋谷 2010）。この分析では，粒状の炭化物がきわめて良好な状態で付着していた土器を対象として，食用植物の利用形態の復元を目的としていた。結果として，付着炭化物はイネに由来するものと推定されたが，一つの土器で複数の食用植物が煮炊きされている可能性が高いため，複数の分析手法を用いた場合に，その結果同士が一対一の関係にはならない問題点も指摘されている（同：51 頁）。しかし，この研究は弥生時代の植物利用を多角的視点から明らかにしようとした意欲的なものとして評価される。本書が目指した研究とは，対象を一つの遺跡として行っている点に違いがある。当然ながら，一つの集落遺跡を対象とするには，分析対象となる資料そのものが，遺跡のなにを表しているのかが常に問題となる。しかし，数万点にもおよぶ出土資料すべてを分析対象（とりわけ，理化学的な分析対象）とするのは，現実的ではないし，出土資料そのものですら，本来の集落での保有量の数%でしかない。分析方法のみならず，実は「分析資料の限界」も存在している。限られた資料を分析していくなかでも，その全体性は意識しておかなくてはならないのである。

こうした，弥生時代の食糧を検討するうえで，様々な分析手法が，同じ遺跡資料を対象として行うことができる遺跡は，非常に限られている。それゆえ，これまでの多くの分析では多角的で複合的な手法によって行うことができなかった。しかし，神奈川県逗子市の池子遺跡では，旧河道から弥生時代の資料が大量に出土している。土器・石器のみならず，魚・動物・植物など自然遺物も豊富に出土しており，各種分析を行うことのできる，希有な遺跡といえる。

3.　なぜ池子遺跡を分析するのか

池子遺跡の概要

池子遺跡は神奈川県逗子市に所在する遺跡である。逗子市は三浦半島の付け根で相模湾に面している。逗子市の南北には丘陵が広がっており，東西方向に流れる池子川に沿った範囲に低地が広がっている。その池子川から北側にむけて樹枝状の狭い谷戸が開析しており，平坦面と谷戸の接するところに池子遺跡は位置している。遺跡と調査の詳細については，第 1 章にて詳述されるので，ここでは分析に関わる項目に関して述べる。

池子遺跡では，弥生時代の旧河道が検出されており，その堆積土から土器・石器・木器・骨角器をはじめ多くの自然遺物が出土している。つまり，池子遺跡は南関東地方では珍しい低湿地タイプの遺跡である。旧河道は縄文時代晩期末から弥生時代後期前葉まで流れており，その中心となる時期は，弥生時代中期後葉の宮ノ台式土器期である。旧河道からは大量の遺物が出土しているが，その集落部分の検出はわずかであり，水田などの生産域は発掘調査では検出されていない。

池子遺跡の集落とその評価

自然遺物に恵まれた池子遺跡は，これまでの通説的な水田農耕集落とは別の一面もある。特に多量に出土した魚介類から漁撈活動も盛んな集落であると評価されている。出土魚骨を分析した樋泉岳二は，池子遺跡においては水田址そのものの検出はないものの，旧河道から大量の農具（未成品を含む）と炭化米が出土していることから，農耕が行われていたことに疑問の余地はないとしたうえで，サメ類やカツオの骨が出土することなどから，刺突漁など高度な漁撈技術も併せて持ち得ていた遺跡であり，性格の大きく異なる生業に携わる者同士が一つ集落のなかに共存していた可能性を指摘した（樋泉 1999）。

一方，設楽博己は池子遺跡では漁撈集団が農業集団に取り込まれ，寄留していたと推定している。その根拠には，漁撈集団が狙っていたものが外洋性の大型魚に特化していたことを挙げて，縄文時代以来の伝統的な漁撈集団が，農耕化することなく，海蝕洞穴を拠点として活動し，その「分かれ」が専業的漁撈集団として池子の農耕集落にした寄留したと想定している（設楽 2005）。つまり，池子遺跡は単純な農耕集落ではなく，複数の生業基盤を有する集団が共生していた遺跡であると想定されている。

なぜ，池子遺跡を対象とするのか

そこで，この遺跡の特徴を活かして，池子遺跡を対象とし，その食生活を明らかにすることの意義について述べてみたい。次章以後，各論文で議論が進められるので，ここでは，深入りしないが，池子遺跡をめぐっては農耕集団と漁撈集団が共生していた可能性が，出土魚骨と漁撈具から推定され，その人々の食性が注目される。こうした生業の二面性が指摘される遺跡は，低地部分の遺跡の調査例が少ない東日本では珍しい。これまで，植物質食糧との対峙した動物質食糧の研究では，貝塚等の検出が縄文時代に比較して減少するため，主にイノシシ類など陸上動物が取り上げられてきた。しかし，後述するように，海産物の利用も各地で行われており，現在まで資料の一部が残存しないだけで植物・動物・海産物が時期的・地域的な差こそあれ，利用されていた可能性が高い。

また，食糧生産とも関わる弥生時代の集落研究は，南関東地方を対象とした場合に台地上の遺跡をもとに議論が進められてきた学史的背景があり，台地上と低地，海岸部と平野と丘陵地などそれぞれ遺跡の立地環境を考慮した議論へと至っていない。池子遺跡の研究を通じて，新たな弥生文化研究の展開が期待される。

4．　本書の目的と構成

本書の目的

本書では，各種遺構・土器・石器をはじめとした人工物資料，種子や骨などの自然遺物を分析していく。つまり，それらの資料は池子遺跡の弥生時代の生活の多くの側面を示している。少なくとも台地上に広がる弥生時代の集落の研究ではみえてこない，また弥生文化の別の側面について，池子遺跡を通してみることができると考えている。これまでの弥生文化の研究では，一つの方法論に基づいて，食・生業を研究するという方針（傾向）が顕著に認められた。前述したように近年では，レプリカ法による分析が組織的に行われているため，コメや雑穀の利用開始時期の変遷などが明らかになってきた。しかし，穀類のみを弥生時代の人々が食していたわけではなく，動物質タンパク質も多く摂取していたことは出土資料が物語っている。そこで，弥生時代の食糧の全体性を捉えることを目的として，様々な分析手法を駆使する。この目的は，単に多角的な分析を試みるというだけではなく，それぞれの分析から導き出された成果が，他の分析手法の成果と比較した時にどのようにみえてくるのか，いわばクロスチェックの意味をももっている。当然ながら，前述した庄田らの研究事例のように一対一で対応するとは限らない。ズレがみえてくることも予想される。その場合，その原因を突き止めていくことも，今後の研究を考えるうえでの一つの指針となるであろう。

本書における分析の観点

本書では，次に挙げる三つの観点から分析を進めていく。

1：出土人工遺物の検討（第1・5・6・7章）

本書で対象とする人工遺物は，主に石器・木器と土器である。石器と木器については，第1章において，池子遺跡の調査を担当した谷口肇が，遺跡の概要を記したうえで，出土遺物のなかから，石器と木器などを取り上げて，池子遺跡で想定される生業と食生活について検討を行う。石器については第7章にて磨石類の残存デンプン粒分析を行う。土器の研究では，第5章にて，遠藤英子が土器表面に残された圧痕を対象としてレプリカ法を実施する。この分析では，約1,000点の出土弥生土器を観察して，弥生時代前期から中期後葉に至るまでの圧痕にみられる穀物類の変化を追っていく。そして，第6章では，白石哲也と中村賢太郎が土器，特に甕形土器の用途別の使い分けを想定し，口縁部径と器高に基づくサイズ分析を行う。これまでの弥生土器の研究では，用途に応じて器形サイズの作り分けが想定されている。そして，そのサイズ分類に基づき，土器の内外面両面に残るススとコゲを観察し，使用方法を推定する。最後にサイズごとの弥生土器の表面に付着する炭化物について，炭素・窒素安定同位体比分析を実施し，付着物の種類と煮沸物の推定を行う。

2：出土自然遺物の検討（第2・4章）

自然遺物は，第2章にて池子遺跡出土の自然遺物について，筆者が改めて一覧を作成する。そして，南関東地方の同時期もしくは縄文時代後期以後の事例と比較を行う。また，巻末には南関東地方の弥生時代を対象として，複数種の自然遺物が出土している遺跡を集成した。第4章では，池子遺跡のイノシシ類の獣骨について，米田穣が炭素・窒素安定同位体比分析を行う。弥生時代には，イノシシの家畜化が列島内で行われ，ブタが登場したとする意見がある。これまでの弥生時代のブタをめぐる議論の多くは，その形質学的な観点から行われ，ブタか否かが問題視されてきた。しかし，イノシシ類の形質に個体差がある以上，形質学的な観点からブタの存否をめぐる議論は，なかなか進展をみせていない。なお，池子遺跡の弥生時代中期のイノシシ類はブタであると姉崎智子と西本豊弘は指摘している（姉崎 1999，西本・姉崎 1999）。ここでは，炭素・窒素安定同位体比分析によるヒトの給餌の存否を議論することで，「家畜化」へのプロセスの議論に加わりたいと考えている。

3：出土人骨の検討（第3・4章）

池子遺跡のなかで No.1-A 地点および同地点南からは弥生時代の人骨が出土している。部分骨ではあるが，低湿地遺跡であるゆえ，非常に残存状況が良い。これら人骨については，第3章において改めて，南関東地方出土の弥生人骨との比較を含めて，佐宗亜衣子が形質人類学的な観点から分析し，第4章において炭素・窒素安定同位体分析から食性分析を再び米田穣が行う。また巻末には関東地方から出土している弥生人骨の集成を土井翔平がまとめた。

5. 次章にむけて ―まとめにかえて―

本章では弥生時代の食に関する研究史をまとめ，多彩な観点から研究が行われてきたものの，それらが統合される形での研究例がなかったことを指摘した。こうしたなかで，多岐にわたる資料を出土した池子遺跡を様々な観点から分析し直すことで，池子遺跡の弥生時代の食生活が復元されることが期待される。ここで，提示することができる姿は，あくまでもおよそ 2000 年前の池子遺跡の姿でしかない。しかし，これまで台地上・丘陵上の弥生時代の遺跡を通してしかみることのできなかった姿とは異なるものがみえてくるだろう。次章からの各人の研究成果に触れていきたい。

引用文献

安藤広道　2003「弥生時代の生業研究をめぐる諸問題―物質的生産の全体的把握の観点から―」『中部弥生時代研究会　第6回例会発表要旨集』5-10 頁

安藤広道　2006「先史時代の種子遺体・土器圧痕の分析をめぐる覚書」『西相模考古』15 号　西相模考古学研究会」111-122 頁

安藤広道　2009「弥生農耕の特質」『弥生時代の考古学 5　食糧の獲得と生産』同成社　23-38 頁

丑野毅・田川裕美　1991「レプリカ法による土器圧痕の観察」『考古学と自然科学』24　日本文化財科学会　13-35 頁

国立歴史民俗博物館　1999『新弥生紀行　北の森から南の海へ』朝日新聞社

後藤　直　2004「植物質食糧　弥生時代と無文土器時代農耕比較のために」『東アジア先史時代における生業の地域間比較研究』2000 年度～2003 年度科学研究費補助金研究成果報告　57-161 頁

後藤　直　2011「栽培植物種子からみた弥生時代農耕」『講座日本の考古学 6　弥生時代（下）』青木書店　107-155 頁

金子浩昌　1980「弥生時代の貝塚と動物遺体」『三世紀の考古学』上巻　学生社　68-81 頁

坂本　稔　2007「同位体比分析による土器付着炭化物の内容検討にむけて―自然科学の立場から―」『土

器研究の新視点』大手前史学研究所編　六一書房　100-111 頁
設楽博己　2005「側面索孔燕形銛頭考」『海と考古学』海交史研究会考古学論集刊行会編　六一書房　299-330 頁
庄田慎矢・松谷暁子・國木田大・渋谷綾子　2011「岡山県上東遺跡出土の弥生土器に付着した炭化物の由来を探る」『植生史研究』第 20 巻第 1 号　日本植生史学会　41-52 頁
高瀬克範　2004「炭化種子研究の課題」『第 9 回例会発表要旨集　弥生稲作論の再検討』中部弥生時代研究会　37-42 頁
高瀬克範　2006『東北日本先史時代における栽培作物利用の変遷と特質』首都大学東京
寺沢薫・寺沢知子　1981「弥生時代植物質食料の基礎的研究―初期農耕社会研究の前提として―」『橿原考古学研究所紀要考古學論攷』5　奈良県立橿原考古学研究所　1-129 頁
中沢道彦　2014『先史時代の初期農耕を考える―レプリカ法の実践から―』日本海学研究叢書富山県観光・地域振興局
中山誠二　1999「日本列島における稲作の受容―稲作開始期の重層性と画期―」常木晃編『現代の考古学 3　食糧生産社会の考古学』朝倉書店　153-172 頁
中山平次郎　1923「焼米を出せる竪穴址」『考古学雑誌』第 14 巻第 1 号　日本考古学会　11-21 頁
藤原宏志　1976「プラント　オパール分析法の基礎的研究(1)―数種イネ科植物の珪酸体標本と定量分析法」『考古学と自然科学』No.9　15-29 頁
松井　章　1994「動物遺存体の調査(10)」『奈良国立文化財研究所年報 1994』奈良国立文化財研究所　54 頁
南川雅男・赤澤威　1988「縄文人の食糧摂取」『遺伝』42　15-23 頁
山田康弘　1999「縄文から弥生へ―動植物の管理と食糧生産―」常木晃編『現代の考古学 3　食糧生産社会の考古学』朝倉書店　133-152 頁
八木奘三郎　1898『日本考古学』嵩山房
山内清男　1925「石器時代にも稲あり」『人類学雑誌』第 40 巻第 5 号　日本人類学会　181-184 頁

挿図出典

図 1　国立歴史民俗博物館 1999『新弥生紀行』

出土品整理年度（1997年度）から20年（試掘調査から数えると30年）を経過した池子の弥生遺跡の調査状況や成果について，かつて調査を担当したものの立場から概観するものである。

1．「池子遺跡」の発掘調査の経過

この調査によって，存在が明らかにされた広大な遺跡は，報告書上はまとめて「池子遺跡群」と総称され，事前の試掘調査結果に基づく，おおよその地形のまとまり別にNo.1地点，No.2地点……などと表記された（図2）。例えばNo.1地点は，池子遺跡群でも最も南方（海側）のメインの谷戸およびその前面の微高地部分とされたが，本調査においては，調査する班ごとに便宜的に細分し，No.1-A地点，No.1-B地点……などと呼称された。No.1-A地点については，本調査が進んだ時点で，南側と東側の隣接箇所がNo.1-A南地点，同東地点として追加された。本稿で取り扱う弥生時代中期後半の旧河道（以下「弥生旧河道」とする）が発見された調査区は，このNo.1-A地点（南・東地点含む）である（山本・谷口1999 ab）。

したがって，弥生旧河道が発見された遺跡名称は，公的には「池子遺跡群No.1-A（同南・東）地点」ということになるが，その後，弥生時代を扱う研究者が引用する場合，便宜的な調査区細分名称を外して，単に「池子遺跡」と表記する場合が多く見られ，本書の企画者もそれに従っている。本稿では筆者もその方針に則り，全体を指す場合「池子遺跡群」とし，旧河道をメインとする弥生遺跡を語る場合，単に「池子遺跡」と略記する。

その池子遺跡における弥生旧河道の存在は，試掘調査では未確認であったため，本格調査着手時点では，その存在は全く想定されていなかった。「No.1-A地点」とした調査区の調査進捗のなかで発見されたのである。同地点は，前述のとおり池子遺跡群のなかでも海寄りの南端部，谷戸が最も開けた丘陵裾から前面の微高地上に立地する。池子遺跡群全体にいえるが，この谷戸地形においては，地質的に「三浦層群」と称される凝灰岩質の岩盤が隆起し，樹枝状に開折された丘陵の前面を縄文海進時に波浪によって棚状に水平に侵食されており，海退時には当時の海面部分も含め，きめの細かいシルト層が堆積する。そこがさらに隆起し，陸化すると前方のかつての海面部分より安定した地盤になる。つまり，現地形は，丘陵に囲まれた谷戸としか見えない地形であるが，丘陵の裾，幅5～20mの部分には，地盤的に安定したテラス状の地形が帯状に存在し，その範囲に弥生時代以降，集落が主に営まれることになる。No.1-A地点において，当初の試掘調査時点で確認された遺構・遺物は，主に丘陵裾テラス部分で検出されていたため，同地点の本格調査は，当初，その範囲における遺構調査から着手したが，前面（南側）に広がる低地部分への遺構・遺物の確認のため，テラス部分の調査に並行して，トレンチ（試掘溝）調査を実施したところ，弥生旧河道の存在が明らかとなったのである（図3）。

弥生旧河道は，最終的にはNo.1-A地点北西の谷戸を淵源として，南方に流れ出る流路が谷戸から低地部に出る箇所でそのまま丘陵沿いに南下するものと蛇行しながら東方に流れるものと2方向に分流する，ということが判明したが（図4），低地部のトレンチ調査で最初に確認された

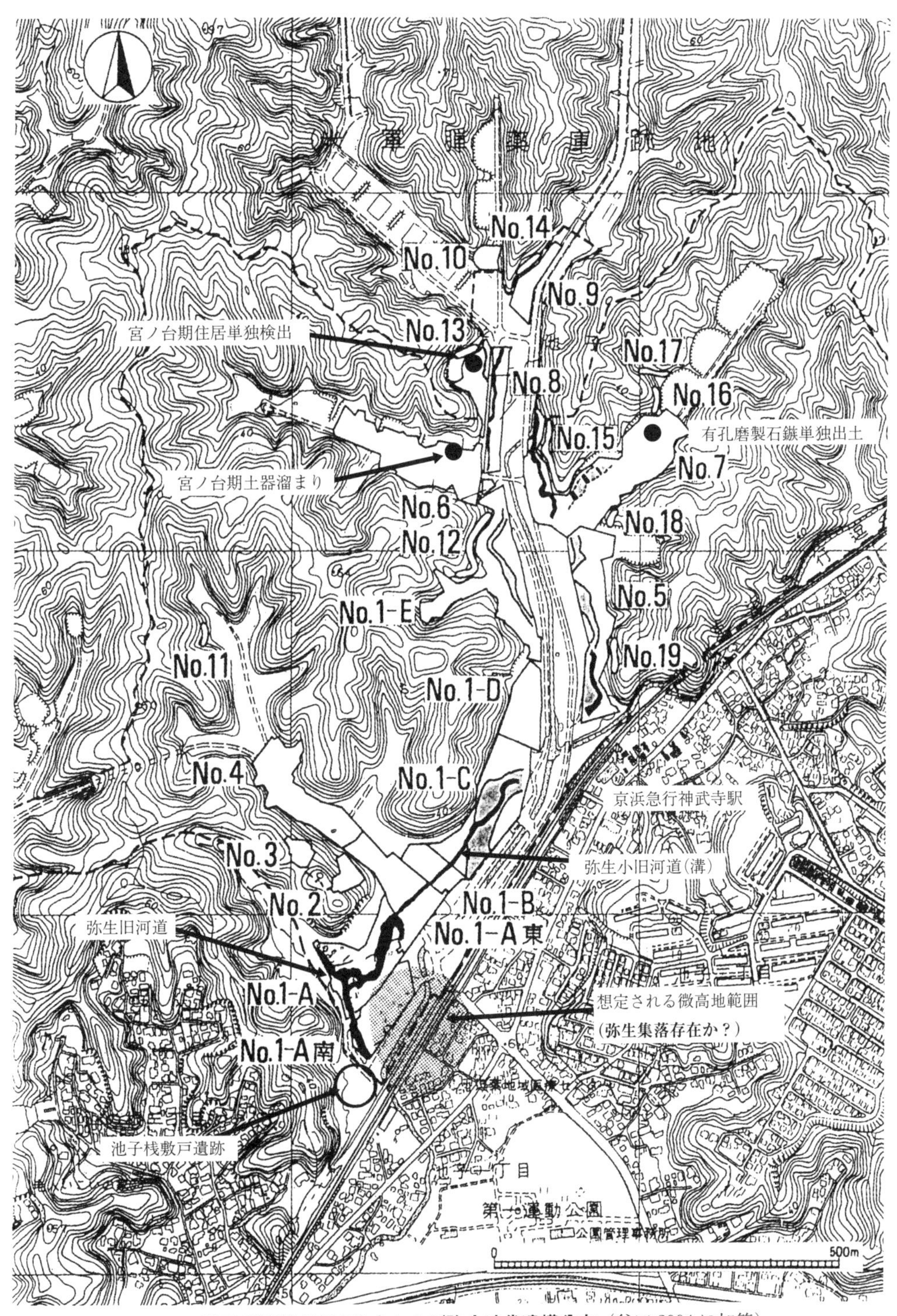

図２　池子遺跡群の調査地点および弥生時代遺構分布（谷口 2004 に加筆）

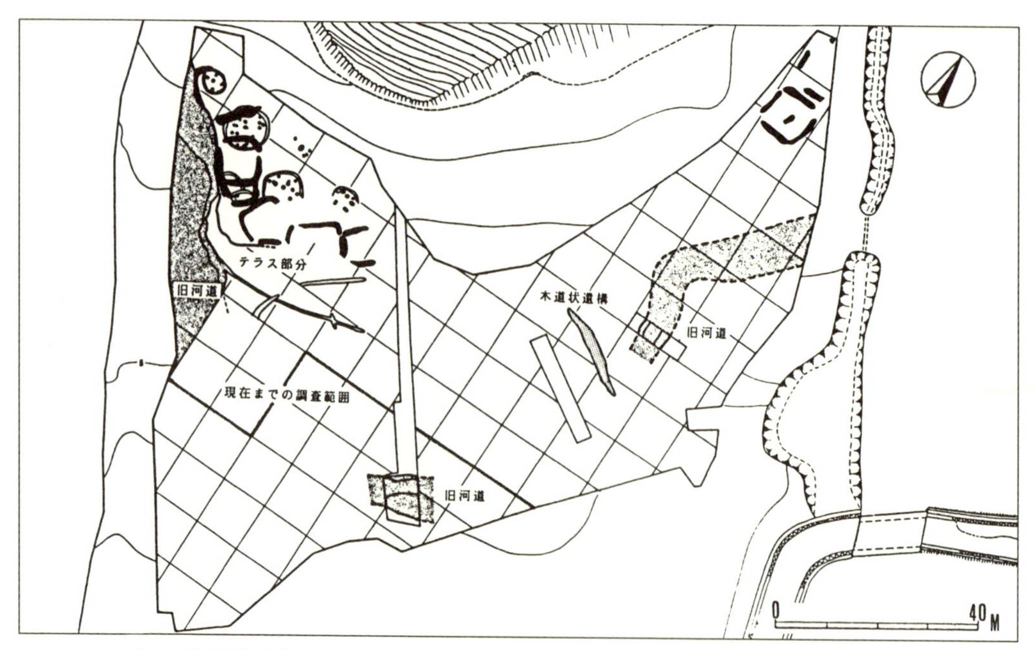

図 3　池子遺跡群 No. 1-A 地点弥生～古墳時代面調査初期の状況（1990 年 6 月時点）
（神奈川県立埋蔵文化財センター 1990）

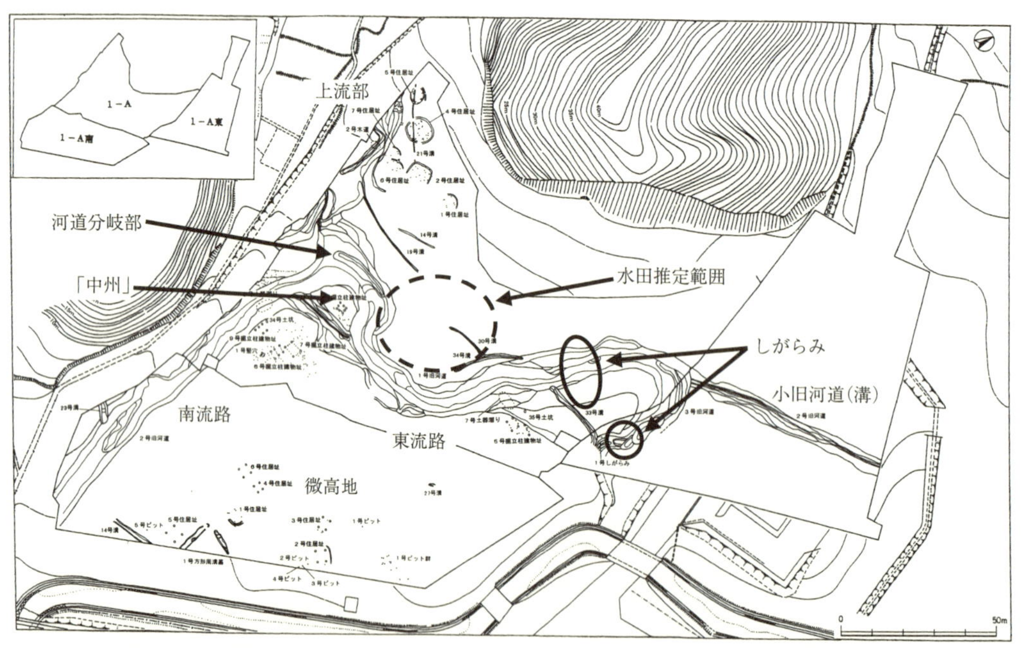

図 4　池子遺跡群 No. 1-A（東・南）地点弥生面全体図（山本・谷口 1999a に加筆）

弥生旧河道は，この東方の流路のほぼ中央部分であった。この時，すでに弥生時代中期後半の土器，石器とともに広鍬などの木製品や獣骨等の有機質遺物が出土していた。なお，当時，トレンチ内で最初に弥生木製品（広鍬）を確認したのは，神奈川県立埋蔵文化財センターの池子遺跡群を担当する調査員のチーフでもあった山本暉久であった。後述する「池子遺跡群自然科学分析調査会」の設置も山本の主導によるものである。低地部のトレンチ調査は，さらに東側について行われた結果，弥生旧河道がNo.1-A地点の低地部に広く展開することが想定されることになったため，旧河道の調査は，一旦中断し，当初の試掘調査によって，調査区全体の上層で検出されていた中世〜古代〜古墳時代の遺構面を順番に調査することとなった。

中世では，井戸から牛の全身骨格の出土，古代では，主に調査区北西側の丘陵寄りのテラス部分から低地部において，井戸状の方形木組みとその周辺一帯に大量の9世紀代の墨書土器（須恵器および土師器の坏，「居」が多い）が発見されたことが特筆される（古代末〜中世初頭期の渥美産陶器もまとまって出土している）。古墳時代では，初頭期の方形周溝墓が北西部と北東部にそれぞれ6基と2基の群構成をもって築かれていること，北東部の山裾で中期の土器溜まりと大量の滑石製模造品が出土したこと，南方の低地側から北側のテラス部分に結ぶように木道が2ヶ所設けられ，北西テラスの方形周溝墓群への通路のような北西側の木道では周囲で典型的な東海系の「又鍬」が出土したこと，などが注目されるが，本稿の主目的ではないので詳述は控える[2)]。

弥生時代の調査は，北西側方形周溝墓群が立地するテラス状部分の下層における弥生時代後期前半（久ケ原期）および中期後半（宮ノ台期）の小集落の調査がまず実施され，そのなかで，テラス状部分の西側（谷戸側）が谷状に落ち込むことが確認された（その後，調査区内における弥生旧河道の最上流部であることが判明した）。筆者が調査に参加した1990年度当初は，このような状況であった。

弥生旧河道の調査は，その後，北東側の上流部から下流側へ広がったが，調査範囲が長大であったため，投入できる作業員人数の限界もあり，旧河道全体を一度に掘り下げていくようなことはできず，遺跡群全体にあらかじめ設定していた10m四方の「グリッド」[3)]のいくつかのまとまりごとに北西側から順に調査する，という方法を取った。

弥生旧河道上流側からの調査当初は，出土遺物もそれほど多くはなかったが，分岐部あたりから遺物出土量が急激に増加し，特に広鍬をはじめとする木製品が「宮ノ台式土器」とともに多数出土するようになった。それも完成品を上回るほどの未製品の量であり，弥生時代中期後半「宮ノ台期」において，この旧河道周辺が木製品製作の場であったことが確実となった。それまでの研究により，木製品は，生木状態における加工途中での急激な乾燥による歪み，ひび割れ等を防ぐため，加工の諸段階で「水漬け」を繰り返しながら製作をすることが明らかとなっていたが，筆者の眼前で旧河道内より次から次へと出土する各種木製品の未製品は，まさにそれを証するものであった。また，切断痕，加工痕のある鹿角とヤスや離頭銛などの骨角器も数多く出土し，木製品と同様に骨角器生産も周辺で行っていたことも判明した。

そのような多種多様な有機質遺物を含む豊富な遺物は，我々が調査時に「中州」と称した分岐部南東側の島状の部分の北から東側で特に大量に出土したが（先述の低地トレンチで調査した箇所はまさにこの場所であった），それから東に行くにしたがって徐々に少なくなり，さらに北東側の長大な木材が集中して出土した箇所より東側では急激に出土量が減少する。この木材の集中箇所は，当初の低地トレンチの2ヶ所目であり，その際に一部を取り上げてしまったために面的調査時ではやや不明確であったが，出土状況の図面を合成すると，当時の出水等で木組みが乱れた「堰」（しがらみ）であることがほぼ判明した。したがって，弥生旧河道においては，先の「中州」周辺からこの「堰」までの範囲が，木製品や骨角器の生産の場としても，また，使用しなくなった土器・石器および獣骨等の廃棄の場としても頻繁に利用されたものと判断される。なお，分岐部から岩盤沿いに直線的に南下する「南側流路」でも各種の遺物がまとまって出土しており，こちらの周辺でも木製品の製作等が行われていたと想定されるが，集中の度合いは東側流路には及ばない。

このような有機質遺物大量出土の事態に鑑みて，調査担当サイドとしては，自らの経験値による通常の埋蔵文化財調査の枠内での適切な調査遂行は困難と判断し，1990年7月に「池子遺跡群自然科学分析調査会」（会長：鈴木三男東北大学教授（当時））を設置し，自然科学各分野の学識者を委員として，様々な自然科学的な分析委託を依頼するとともに，調査時の有機質遺物の取り扱いから，本格調査終了後の出土品整理に至るまで多くの指導，助言をいただいた。

なお，旧河道南側に接した微高地部分には，掘立柱建物群が検出されており，おそらくは木製品製作等の作業に関わる建物であろうと想像される。当時の集落は，さらに南方に広がる微高地部分に存在していたと想定されるが，No.1-A地点の範囲では，住居関係の遺構の存在は，北東側テラス部分の少数を除いて明確ではなかった。

No.1-A地点の調査は，2班体制で1990年12月まで続き，その後，筆者は谷奥側のNo.6地点およびNo.7地点の調査の後，それまで存在していた横浜防衛施設局の事務所建物が移転したため，その範囲であるNo.1-A東地点の調査に1993年3月に着手し，No.1-A地点からの弥生旧河道の東側続き部分を調査した。No.1-A地点における弥生旧河道の東側流路は蛇行して一旦北上するようなルートをとり，調査区東端で東方へ屈曲するような形状であったが，連続するNo.1-A東地点の調査の結果，さらに急激に屈曲して南方（現池子川の方向）に向くことが判明した。また，屈曲した部分に木組みによるやや規模の小さな「堰」が設けられていることもわかった。ただし，こちらはNo.1-A地点弥生旧河道東端部と同様に遺物の出土には乏しかった。

そのNo.1-A東地点の調査に引き続いて，池子遺跡群発掘調査の最終調査地区であるNo.1-A南地点を1994年7月から10月まで実施した。この範囲は，当初の本格調査範囲には含まれていなかったが，No.1-A地点で弥生旧河道が確認されたため，新たに試掘調査を行い，本格調査範囲に追加したものである。こちらでは，海退中～海退後の低地部の堆積物であるシルト層に丘陵の風化によりもたらされた砂礫等が堆積して比較的安定した微高地が形成されており，さらに南方の調査区外（京浜急行の線路以南）も含めて，平場の範囲が比較的広いため，集落の存在が予想された。しかしながら，調査の結果，No.1-A地点から続く「南側流路」は良好な状態で検出され，No.1-A地点側と同様に比較的まとまった量の遺物が出土したものの，微高地部分では，竪穴住居数棟分の柱穴が検出されたのみで床面すらまともに残存しているものはなかった。出土遺物もわずかな量にとどまったが，土器は全て「宮ノ台式土器」である。この上面は，堆積土よりおそらく近世以降近代（接収前）まで畑地と思われる耕作地であったことが想定され，開墾，天地返し等を繰り返すなかで，ほぼ全面的に削平（おそらく弥生時代の地表面から1m近く）されたものと思われる。したがって，平場には面積的に規模の大きな「宮ノ台期」集落が存在していた可能性はあるが，実際に確認された遺構は，その片鱗に留まったため，弥生旧河道に大量の遺物を残した池子弥生人の集落の実態は，実際のところ不明である。

なお，池子遺跡群のNo.1-A（同東・南）地点以外では，弥生時代中期後半の遺構・遺物は，極端に減少し，No.1-A東地点のさらに東側のNo.1-B地点およびさらに東側のNo.1-C地点において，No.1-A東地点の弥生旧河道の屈曲部に接続するほぼ直線状の小河道が検出されたほか，谷奥側支谷のNo.6地点で小規模な土器溜まり，同じくNo.7地点で「有孔磨製石鏃」1点がなぜか単独出土，No.8地点で竪穴住居1軒が検出された程度である。この住居の出土土器は，「宮ノ台式」でも古手であり，このような時期の住居が谷奥に単独で存在する理由は不明である。

また，No.1-A南地点のさらに南西側，「米軍提供用地」外の丘陵裾のテラス部分は，後に逗子市の医療施設建設に伴う発掘調査が別途実施され，「宮ノ台期」の方形周溝墓群が検出されている。こちらは「池子桟敷戸遺跡」として報告された（若松2000）。

2.　発掘調査成果の概要（弥生時代を中心に）

筆者は以前に池子遺跡群全体の弥生遺跡の様相についてまとめたことがある（谷口2004）。そこでは，本来遺跡の動向を語るべき集落部分の様相が不明確であったことから，もっぱら「宮ノ台期」の細分時期による弥生旧河道の変遷の把握を自分なりに分析したものであったが，ここでは，筆者が現在，職務として携わっている史跡整備的に弥生遺跡としての「池子遺跡」を把握した場合，その「本質的価値」とは何か，をまず考えてみたい。

筆者の考える「池子遺跡の本質的価値」をまとめると，次のとおりである。

・神奈川県内における発掘調査で明らかにされた事例としては，当時としても現時点でも総延長で神奈川県内では最長，最大の弥生時代中期後半の旧河道の発見。

・その弥生旧河道内から極めて大量の「宮ノ台期」の遺物が出土。「環濠集落」を除けば，1遺跡で出土した「宮ノ台期」の遺物出土量は，関東地方でも最多レベル。

・特に遺跡が埋没当時から現在まで低湿な環境が保持されていたため，土器や石器だけではなく，通常の台地上等の遺跡では腐朽してしまう木製品や骨角器などの有機質の人工遺物も多量に出土。特に木製品は，完成品はむしろ少なく，各段階の未製品が出土しており，これにより原材からの製作工程がある程度把握が可能。

・骨角器も加工途中の段階であるものも含めて原材の鹿角等が多量に出土し，木製品とともに河道近辺に製作の場があったことがうかがえる。

・出土土器は，「宮ノ台式土器」の初期（直前段階）から終末までの全ての段階を含み，周辺地域における土器型式変遷の指標となりうる資料。

・弥生旧河道は，「宮ノ台期」終末に土石流とも思える砂礫層により埋没しており，砂礫層上面より弥生時代後期前半「久ヶ原式土器」の初期の土器が出土しているため，土器以外の旧河道出土遺物も「宮ノ台期」に限定することが可能。

・さらに弥生旧河道における「しがらみ」や接続する溝の存在など，単に流路を自然の状態で利用していただけではなくて，当時の弥生人による積極的な「働きかけ」が行われていたことが明瞭。

・旧河道出土の各種の有機質遺物に対する自然科学的分析により，当時の自然環境や木材利用，狩猟や漁猟の様相が明確となった。

このように弥生時代の「池子遺跡」とは，「旧河道」の調査成果そのものであり，集落の様相がほとんどわからなくても，それを補って余りあるほどの多種多様な旧河道出土遺物に圧倒されたというのが当時の調査担当者としての率直な感想である。したがって，弥生時代の「集落遺跡」としては，不完全な保存状態であるが，旧河道出土遺物に内在する膨大な情報を我々が適切に引き出すことができれば，有機質遺物がほとんど残存しない台地上の集落遺跡の調査成果とは別の面での池子弥生人の生活復元が十分可能になるものと考える。

しかしながら，「池子遺跡」にはまた，「限界」があることも事実である。それは，旧河道が中期末の土石流層でほぼパックされ，弥生時代後期や古墳時代の遺物と明瞭な出土レベル差があったことから，土器以外の遺物も弥生時代中期後半「宮ノ台期」に限定されることは明瞭なのであるが，それ以上の時期の細分，つまり「宮ノ台期」の中での細分時期の適用が厳密さを欠いてしまう点である。

旧河道内では，「宮ノ台式土器」の初期段階から終末段階まで，下層から上層にかけて，およそ層位的に出土する傾向が認められたが，それもあくまでも傾向であって，筆者が報告書で出土土器の型式的変遷を1〜5期にまとめたものの（図5），その各期の土器が層位的にきれいに上下に分かれて出土したわけではない。連続する時期が同レベルで出土したり，逆に同一の土器や石器がレベル差やかなりの距離をもって接合した資料もある。これは流路なのだから，当然，常に流水の環境にあり，旧河道内に投棄された土器も流れによる移動や規模の大きな出水の際に一旦埋没した埋積土がえぐられて再堆積するような事態も想定されるため，個別の出土位置が廃棄や遺棄の原位置とは限らなくなってしまうからである。一部に「土器溜まり」など廃棄当初の姿を留めている一括性の高い出土状況も認められたが，旧河道内での遺物出土は，ほとんどが多少流されたような，動いたような状況であった。また，旧河道を前述のとおり，およそ10 m四方のグリッドごとに順に調査するなかで，あるグリッドでは下層より2期の土器が出土し，上層からは4期，離れた別のグリッドでは下層が3期で上層が5期というように，場所によって河道埋積土の堆積時期が異なること，つまり河道全体が等しく同じようなレベルで埋まっていったわけではは必ずしもないこともわかってきた。そもそも河道底面もフラットではない。

そこで筆者は，報告書における旧河道各グリッド別の遺物の事実記載において，全ての遺物の出土位置を「上位」・「中位」・「下位」というようにやや機械的な表現をして，それぞれのグリッド毎に例えば「○○グリッドの上位」は，伴出した土器よりおよそ「4〜5期」というように幅

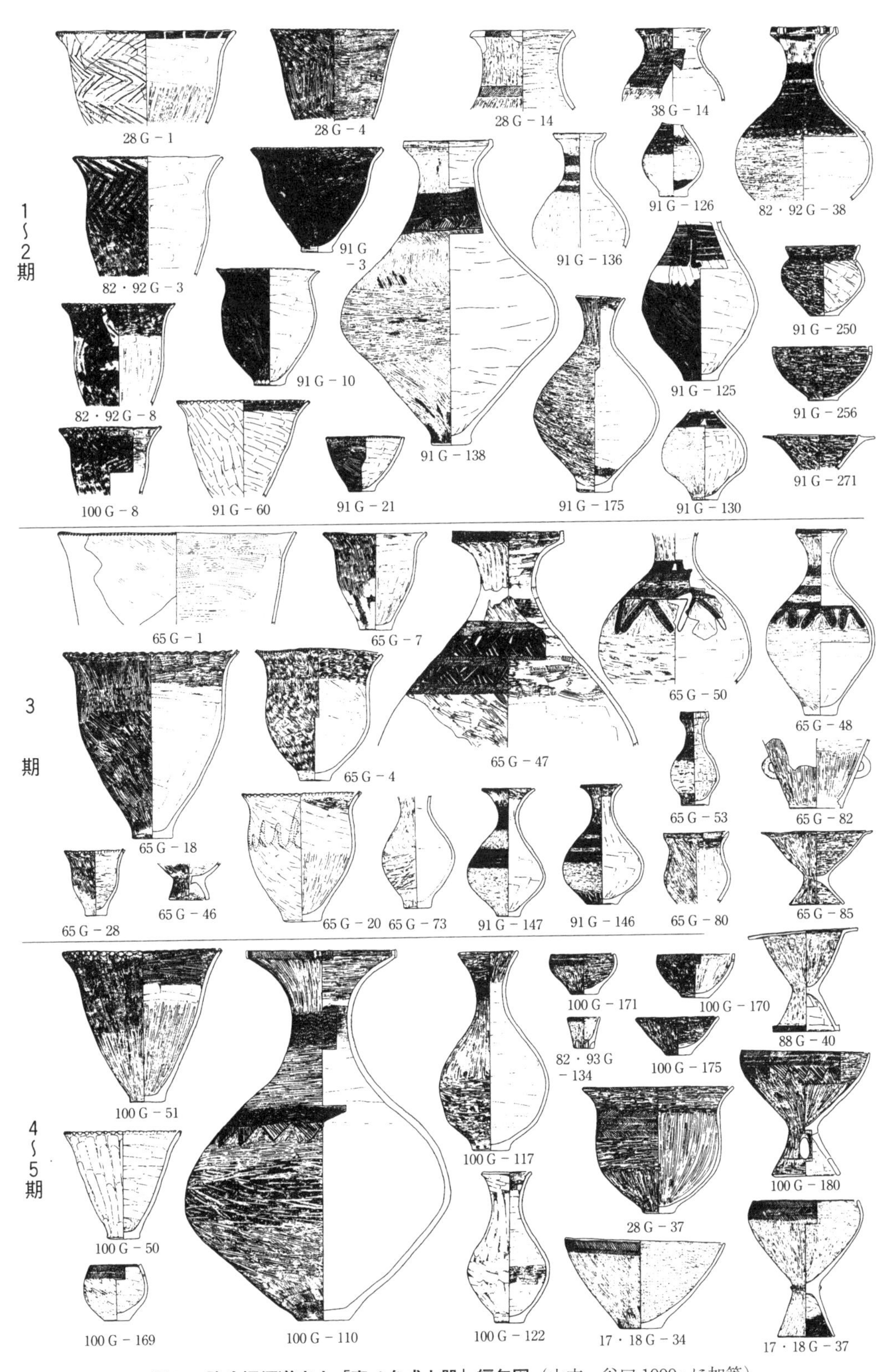

図5　弥生旧河道出土「宮ノ台式土器」編年図（山本・谷口1999aに加筆）

をもたせた位置づけとせざるを得なかった。調査時より厳密を期すのであれば，特に土器以外の遺物の取り上げに際しては，直近の同レベルで出土した土器の時期をラベル等に記載するなどの措置が必要であったが，実際は次々と出土する遺物の位置を記録し，遅滞なく取り上げることに精一杯で，そのような余裕は全くなかった。したがって，報告書のとりまとめにはかなり苦労したものの，上記のような作業を経て，おおむね「このくらいの時期」比定は可能となったが，「竪穴住居床面一括」といったような土器以外の遺物も含めた細かいレベルでの時期の限定は，一部を除いて，ほとんどできてはいない。筆者は，そのような時期比定の問題性を踏まえたうえでの旧河道出土木製品の分析を行ったことが2回ほどあるが（谷口 2009・2017），立論の根拠の曖昧さをどうにも払拭できずじまいであった。

このような事情のため，土器以外の旧河道出土遺物の時期的前後関係も「およそ」レベルにとどまり，木製品にしても石器にしても骨角器にしても「宮ノ台期」に限定できるとはいえ，1期から5期までどのような変化，変遷をたどったのかについて細分時期的に徹底した議論は，ほとんど困難になってしまう。したがって，それらの出土遺物の様相を論じる場合は，「宮ノ台期」という長期間（百数十年？）を一括した大枠での話に「ほぼほぼ」ならざるをえない。これが「池子遺跡」の限界なのである[4)]。

3. 弥生の食文化に係る発掘調査成果

今回のテーマは，「池子遺跡」の食文化の変遷，ということで，冒頭にも記したように当時の食生活の復元を主な目的として今日的視点での自然科学的な分析を試みようとするものであるが，ここでは食生活（≒生業）に関わる出土遺物を概観してみたい。

まずは，稲作農耕に関わる木製農具類の出土が挙げられる（図6）。各種の鋤鍬類は，土木具，掘削具としての側面も含むが，特に未製品を含めた出土量が最も多い柄孔広鍬のほか，柄孔多叉鍬類などは，水稲耕作に直接関わる普遍的な農具とみなせられる。柄孔広鍬は，完成品の破損品も多少出土していることから，筆者はNo.1-A 地点調査区中央，弥生旧河道北側の平場における小規模な水田の存在を想定（調査時には不明確）したことがある（図4，谷口 2004）。実際にNo.1-A 南地区方面にかつて存在していた「宮ノ台期」集落を支えていた水田は，当然ながらこの狭い範囲だけではなく，おそらくはその南側，現在の京浜急行線より南方に広く展開していたと想定したい。

次に明確な木製農具といえば，竪杵である。これは完成品（5点）も未製品（6点）も出土しているが，それとセットになる「竪臼」は，断片も含めて，長大な範囲を調査した旧河道からは，なぜか1点も出土していない。もっぱら使用の場面は集落内であったためと思われるが，あるいは，周辺における竪臼製作に必要な大径木の有無に関わるものの可能性がある。一方，基本的に敲打具とされる「横槌」の中には，先端面が摩耗したものも見られ，ペアとなる小型臼も出土しているので，これらも穀物の調整に使用された可能性がある。

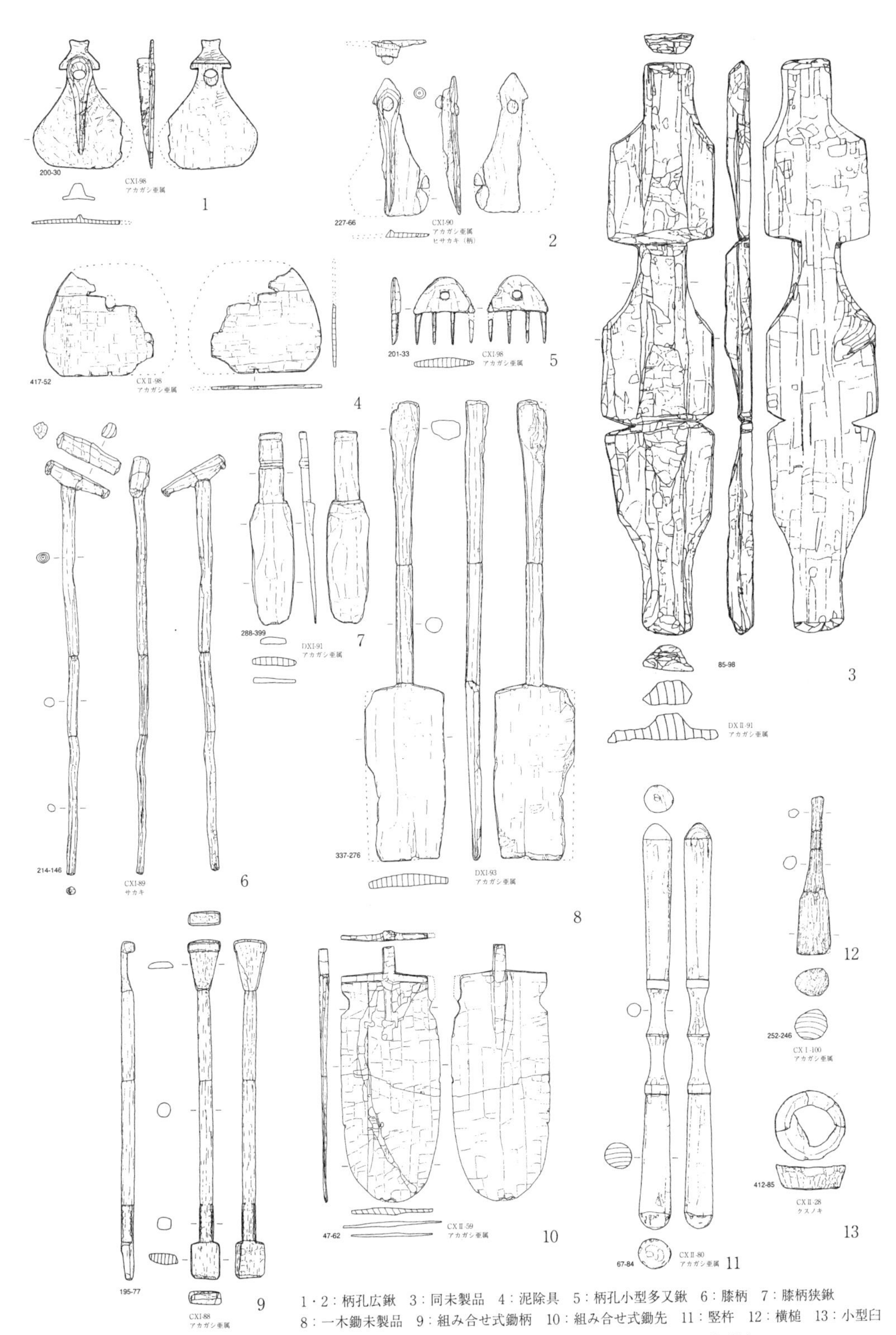

1・2：柄孔広鍬　3：同未製品　4：泥除具　5：柄孔小型多又鍬　6：膝柄　7：膝柄狭鍬
8：一木鋤未製品　9：組み合せ式鋤柄　10：組み合せ式鋤先　11：竪杵　12：横槌　13：小型臼

図６　弥生旧河道出土木製農具類（S=1/16，山本・谷口1999aに加筆）

写真１　弥生旧河道出土炭化米
（山本･谷口 1999a，縮尺不同）

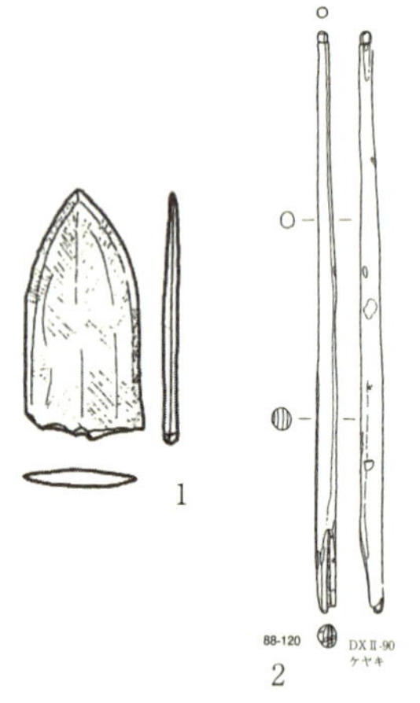

図７　弥生旧河道出土有孔
磨製石鏃と丸木弓
（山本・谷口 1999a）

ちなみにこのような農具の原材となる樹種は，全てアカガシ亜属（最近の鈴木三男・能代修一の研究によると，アカガシ亜属の中でも特にイチイガシ）であるが，先述「池子遺跡群自然科学分析調査会」による土壌の花粉分析や大型植物遺体の分析結果によると，池子遺跡群では縄文後晩期頃から弥生時代にかけてアカガシ亜属の花粉の量が増加し，「宮ノ台期」にはアカガシ亜属による照葉樹林が卓越していたとのことである。このような農具を主体とした木製品製作に有利な環境もこの地に「宮ノ台期」集落が成立した要因の一つといえるかもしれない。

なお，実際に炭化米や藁束そのものも旧河道内より出土しており（写真 1），層位的には「上位」出土なので，「宮ノ台期」でも新しい時期（4～5 期）に属するものと考えられる。ただし，炭化米が付着したままの甕や鉢，内蔵したままの壺などは明確でない。

なお，堅果類等を利用した粉食関連の石器として，「磨石」や「石皿」が知られるが，弥生旧河道では明瞭な石皿（板状の石器は砥石もしくは台石）は出土せず，一方で「磨石」と思しき礫状の石器は多量に出土しているものの，実際は著しい敲打痕も見られる資料がほとんどで，石皿が確認されないこともあり，粉食の調整とするよりも敲打をメインとした工具としての用途としての性格が濃かったものと思われる。ただし，後述するように弥生時代当時の池子周辺の丘陵部は，アカガシ亜属を主体とした照葉樹林が分布していたので，それに由来する堅果類も食材としてある程度は活用されていた可能性も全くないとはいえない。

狩猟具については，石鏃が挙げられるが（図 7-1），旧河道内からは「宮ノ台期」以前の可能性が強い打製石鏃 9 点，有孔磨製石鏃 1 点に留まる（有孔磨製石鏃は，遺跡群全体でも谷奥の No.7 地点でほかに 1 点出土したのみ）。旧河道内からイノシシ，シカを主体とした獣骨が多量に出土していることに比較すると極端に少ない。木製品としての弓は出土しているので（図 7-2），当時使用されていなかったのではないのだろうが，これらのイノシシ・シカ等の捕獲には，どうも弓矢によるものではない方法（谷戸への追い込みなど？）がメインであった可能性もある。

次に漁撈具としては，骨角器が比較的多量に出土している（図 8）。これらは，それまで三浦半島の洞穴遺跡で主に出土していたものであり，今回洞穴遺跡以外の平地の遺跡でこれほどまとまった量の出土は初の事例であった（ただし，この状況は現在も変わっていない）。内訳は，ヤス 19,

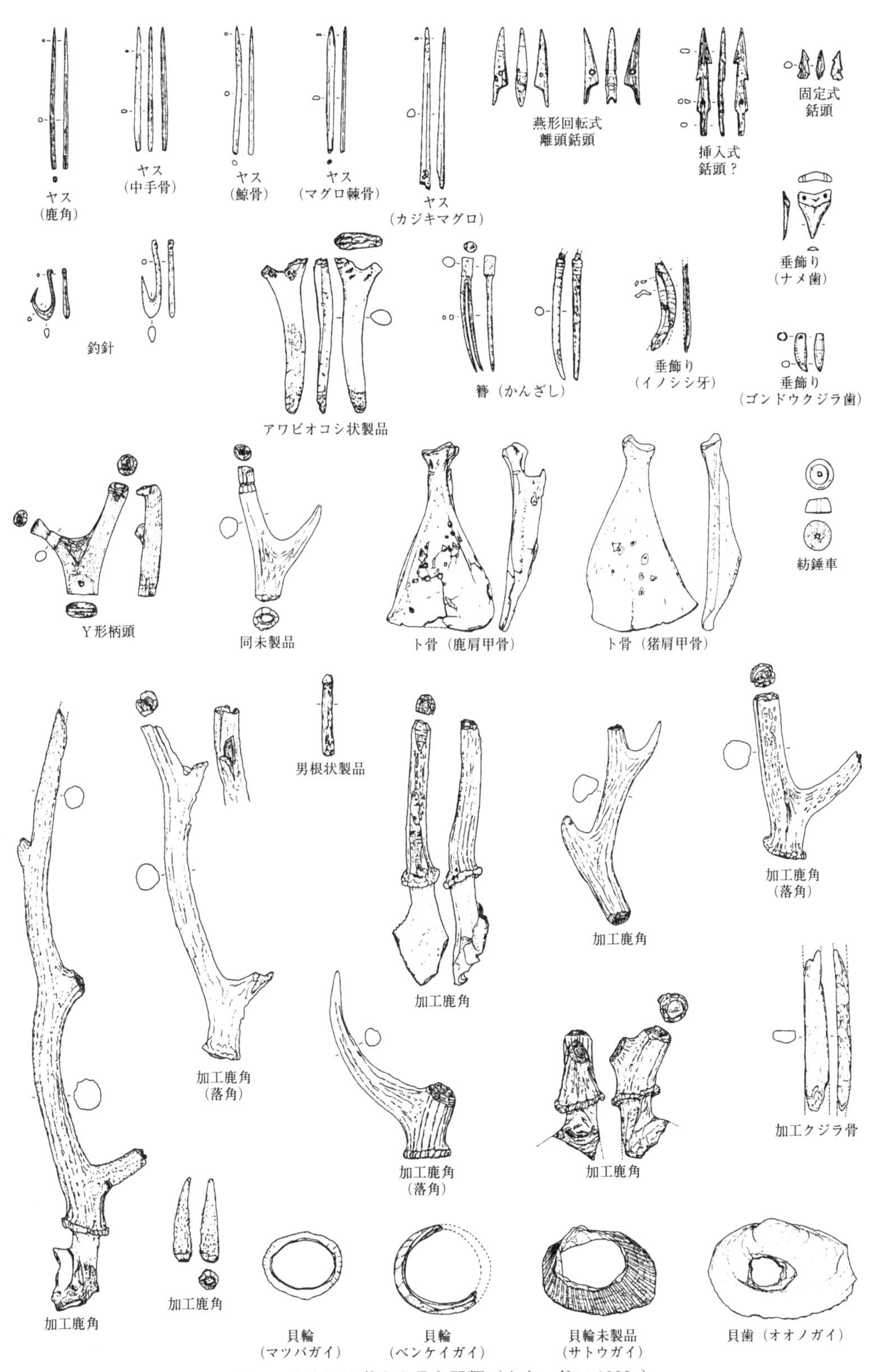

図8　弥生旧河道出土骨角器類（山本・谷口 1999a）

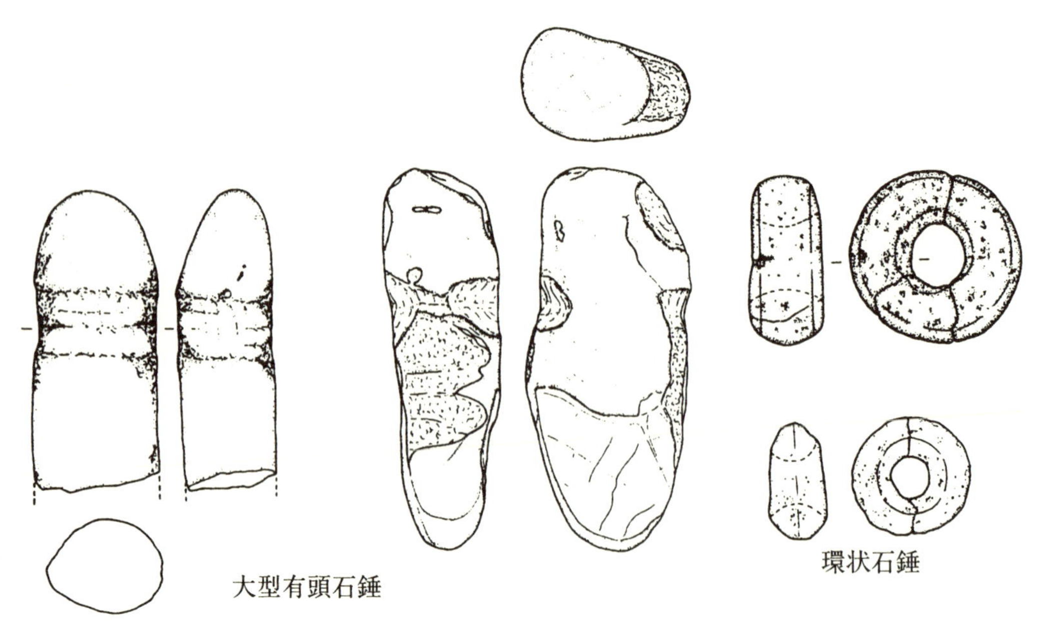

図 9　弥生旧河道出土石錘類（山本・谷口 1999a）

固定銛先 3，回転式離頭銛 2，釣針 3，「アワビオコシ」状製品 3 であり，弥生旧河道出土の骨角器製品全体のほぼ半数を占める。このほかに原材と思われる加工痕のある鹿角（先端部を切り取ってから廃棄されたもの）が多量に出土しており，特に鹿角先端部を使用する銛先類は，出土量以上に多くの製品が作られていたものと想定される。「アワビオコシ」状製品としたものは，洞穴遺跡でも出土していて，アワビとは限らないが，岩礁にへばりつく貝類等を剝がし取るための道具と思われる。なお，洞穴遺跡でしばしば出土するアワビ製の「貝包丁」は，原材となるアワビの貝殻自体も含めて，池子遺跡では 1 点も出土していないことも注目される。

漁撈具としての石器としては，石錘があるが（図 9），大型有頭石錘が 7 点（No.1-A 地点で 5 点，No.1-A 南地点で 2 点（うち未製品 1）），環状石錘 2，有溝石錘 1，両端打欠石錘 1，というように，縄文時代の可能性が強い後 2 者を加えたとしても，骨角器や後述する魚貝類関係遺物から想像される池子弥生集落の当時の漁撈活動を考えると，量的には多くはないように思える。これまでの台地上での「宮ノ台期」集落の調査では石錘類の出土事例に乏しく，沿岸部の遺跡ならではの資料であるが，「宮ノ台期」全体で 7 点という数字にどの程度の評価を与えるべきなのかは一寸迷うところである。石錘類はもっぱら住居内に保管され，旧河道内に遺棄されるような場面は少なかったのか，そもそも本来は，さらに海寄りの海岸近く（船着き場周辺？）で保管されていたのか，などと考えてしまう。

漁撈に係る木製品だと，「たも」の網枠が 1 点と必ずしも漁撈だけとは限らないが櫂状の製品がある（図 10）。櫂状製品は，全部で 13 点出土していて，現在の「オール」に近い形状のものもあるが，全長 1.5 m を超える長大で水かき部分が軍配状になり，さらに先端が細く突出する独特の形状となるタイプが未製品を含めて半数以上の 8 点を占め，「池子の櫂」を特徴づけており，

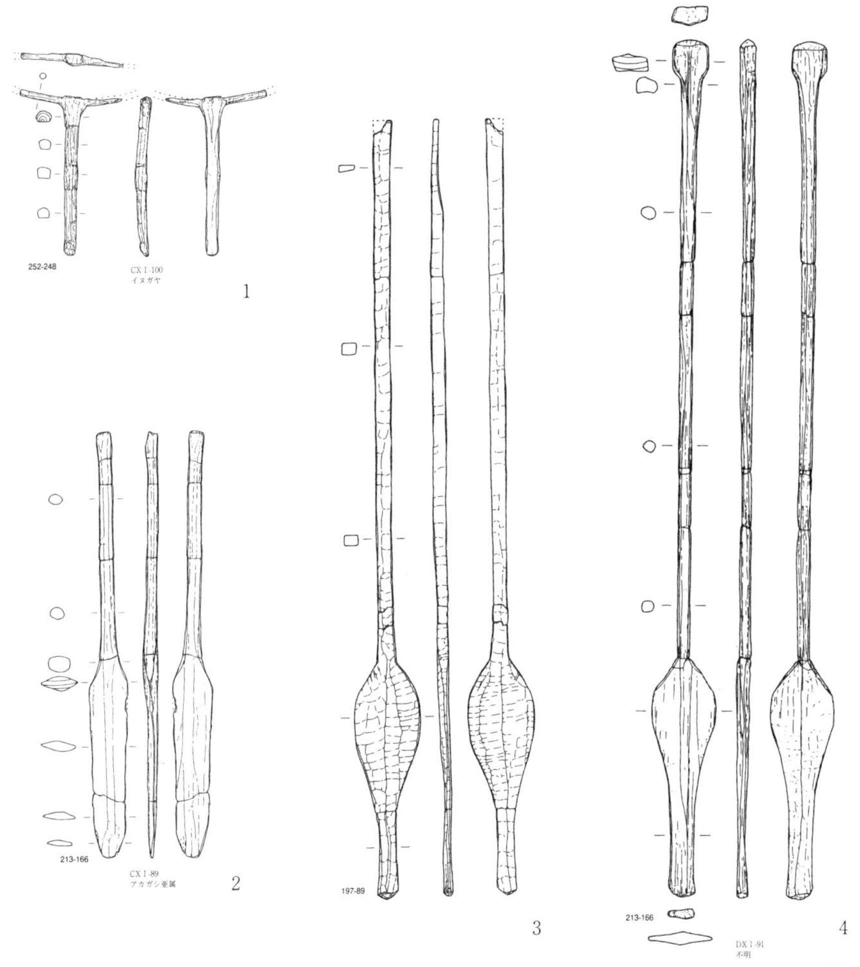

図10　弥生旧河道出土「たも枠」（1）**と「櫂状製品」**（2~4）（S=1/16，山本・谷口 1999a）

報告時に筆者は「池子型」櫂状製品と仮称した。報告では，この形状が本遺跡に独特のタイプであり，本遺跡を含む三浦半島～相模湾～伊豆半島の沿岸部では縄文時代以来より伊豆諸島方面と盛んに行き来していること，木取りや樹種が他の製品のような「アカガシ亜属で柾目」といった標準的な製作法ではなく，板目もあったり，樹種もシキミなどまちまちなことから，「池子型櫂状製品」が弥生期に他の地域から池子に伝わったものではなく，相模湾周辺における縄文時代以来の伝統的な航海用具ではないかと推定した。その意味では，遠洋航海的な櫂になる可能性があり，後述の樋泉岳二の魚類遺体の分析による「相模湾沖での表層漁業がかなり特化した様相を呈している」という指摘と整合する。そのほか，旧河道分岐部周辺より「筌」状の編み物製品が1点出土している（図11）。樋泉の分析によると，淡水魚の魚骨の出土は皆無なので（当時の河道に淡水魚が生息していた可能性は低い），この場所で使用されたものかどうかは不明であり，製作途中の「水さらし」的行為の可能性もあるが，近辺でこのような道具を使用した漁撈が試みられていた可能性はある。

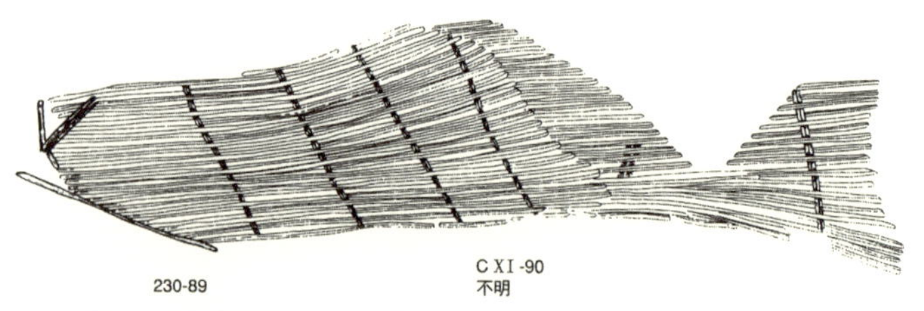

図11　弥生旧河道出土「筌」（縮尺不同，山本・谷口 1999a）

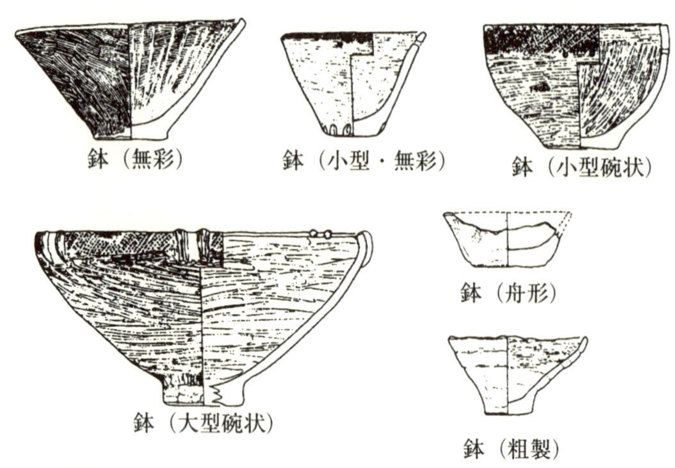

図12　弥生旧河道出土鉢類（縮尺不同，山本・谷口 1999a）

見方を変えて，土器と木製品で直接「食事」に関わる「食器」類だと，小型の鉢類がまず想定されるが，土器の鉢は甕や壺に比べると出土量はかなり少ない。No.1-A 地点側のカウントだと，実測数で甕 721，壺 930，鉢 139，高坏 47 となる（宮ノ台期全体）。鉢としても大中小サイズがあり，形態も定型化してはいない（図 12）。この状況は，他の遺跡の出土傾向と同様であり，以前より佐原眞らによって説かれてきたところではあるが，弥生後期以降の高坏の増加，古墳時代中期以降の碗・坏類の急増に比較して，この頃は，いわゆる家族銘々がそれぞれの食器を手にして食事するという場面は，必ずしも一般的でなかったことを示す。なお，木製品の鉢・高坏類はさらに少なく，これも常態的な食器類とは評価しにくいが，食器的な容器類は，そうでないものと比較した場合，ほぼ必ず「柿渋」様の黒色塗料？が内面に塗布されていることは注目される（図 13）。以上のように，土器や容器の木製品から池子弥生人がコメのほか，イノシシ・シカの陸獣や魚貝類など様々な食料資源を獲得し，調理していたと思われるが，実際の食事の場面でどのように「盛り付けて」，銘々が「口に運んでいたのか」の具体は，それほど明瞭ではない。

次に実際の「食」に関する有機質遺物の分析であるが，前述した「池子遺跡群自然科学分析調査会」では，「貝類」，「哺乳類遺体」，「炭化米」，「魚類遺体」を分析対象としている[5]。

「貝類」では，旧河道内の一部に残されていた「貝塚」状の集中箇所の資料を中心に分析が行われ，「当時の弥生人は池子川沿いに数 100 m 下ったこの海岸（＝古逗子海岸：引用者註）へ出か

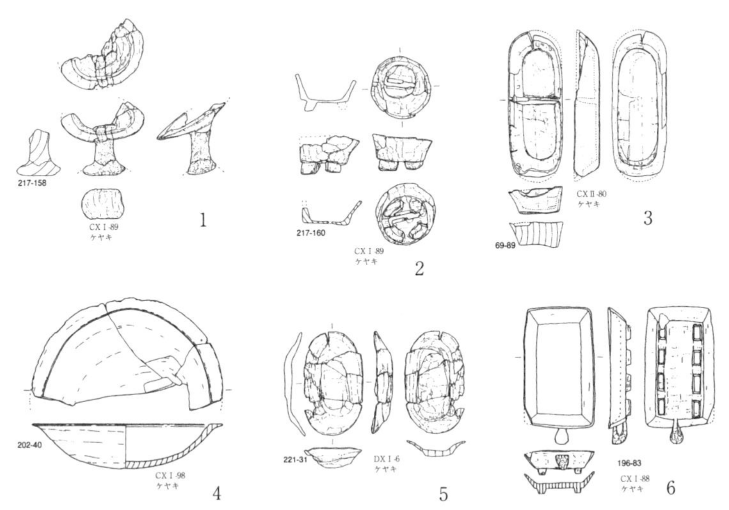

図13　弥生旧河道出土木製容器類（縮尺不同，山本・谷口 1999a，1〜5は内面に黒色塗料塗布）

表1　弥生旧河道出土動物遺体（山本・谷口 1999a）

動物遺体種別／調査地点	イノシシ類	シカ	ウマ	ウシ	イヌ	サル	ヒト	タヌキ	キツネ	アナグマ	ツキノワグマ	ウサギ	合計
No.1-A 弥生時代	22	24			2	9	1	1	1	1	1	1	63
No.1-A 東弥生時代	1	2						1					4
No.1-A 南弥生時代	2	3			2		1	1				2	11
No.1-C 弥生時代	1	2			1								4
合計	26	31	0	0	5	9	2	3	1	1	1	3	82

け，砂浜の入り江ではイボキサゴ，ハマグリ，アサリ，カガミガイなどを泥干潟ではマガキ，オキシジミ，オオノガイ，ウミニナ，イボウミニナなどを，鐙摺や大崎の岩礁海岸ではバテイラ，クマノコガイ，ヘソアキクボイガイ，イシダタミ，サザエ，スガイ，オオヘビガイなどの貝類を採集していたと推定される。（中略）淡水域の貝類は海生種に比べて生息密度が小さくあまり採集されなかった。採貝された多くの海生種には，大きく成長している個体も多く，当時の逗子湾の環境が貝類にとって恵まれていたと推定される。」と結論されている（松島 1999）。

「哺乳類遺体」では，表1（報告書より弥生旧河道関係抜粋）のようにイノシシ類とシカがほとんどの割合を占め，しかも両者はほぼ同数であることがわかった。分析者は「弥生時代にはシカ狩猟をはじめとした野生動物の狩猟が盛んであった」としている。なお，「イノシシ類」との表記は，分析者が「ブタ」が含まれる可能性を示したためであり，「弥生時代には西日本から持ち込まれたブタも飼育されたが，イノシシ狩猟もおこなわれていたことが考えられる。（中略）野生イノシシの割合は西日本よりも高かった可能性がある。形質的特徴からイノシシかブタかの判断ができない幼獣・若獣個体もあり，野生イノシシの子を捕獲し飼っていたことも想定される。」

と述べられている（西本・姉崎 1999，姉崎 1999）。

「炭化米」は，資料数は限られているが，ＤＮＡ分析の結果，「ジャポニカ型の稲」であることが判明し，また，分析の際のスキャニングにおいて，茎を含む稲束であることもわかった（佐藤 1999）。

「魚類遺体」については，弥生時代に焦点を絞ったうえで，多角的な分析が行われており（樋泉 1999），出土資料の同定結果から漁獲対象について，「湾外を主な生息域とする表層回遊魚類（サメ類，マカジキ科，カツオ，ブリ属，サバ属，マアジ，マイワシ，カタクチイワシ）が大半を占めている。」として，「魚類資源利用に関する限り，本遺跡の漁撈活動は集落の周辺水域に存在していたであろう多様な魚類資源の利用に対しては消極的であり，相模湾の地先～沖合海域における表層漁業へと著しく集中しているように見える。しかも，相模湾における多くの回遊魚類の中で積極的な漁獲対象とされたのは数種に限られており，それらを狙い撃ちにするような漁獲様式が採られていた可能性が高い。」と指摘されている。特にカタクチイワシ・サバ類・カツオ・サメ類については，「それぞれを対象とした独特の漁法が存在した可能性が高」く，「これらの魚類がかなりしっかりした漁獲技術によって，安定的・継続的に供給されていたことを示す。」とされた。そのうえで，当時の漁撈体制について，「出土した魚類のすべてまたは大部分は遺跡内に存在していた漁民によって直接にもたらされたと考えた方が自然」として，さらに専門的な漁撈知識や高度な技術を必要とする大型回遊魚であるカツオ漁やサメ漁に関する「スペシャリスト」が当時集落内に存在していた可能性を指摘されたうえで，「本遺跡での漁撈活動は独立した専業的組織によって分担されていたと考えたい。すなわち，本遺跡では，漁撈民と農耕民が生業組織としてはそれぞれ独立した集団を保持しつつ，ひとつの集落内で共生系を成していた可能性が濃厚である。」と踏み込んだ考察をされている。また，三浦半島洞穴遺跡群と関係していた可能性も論じられている6)。

以上のように，自然遺物も含む出土遺物からは農業も狩猟も漁撈活動も個々を取り出すと，いずれも「盛んに行われていた」と評価できてしまう状況である。池子弥生集落は，農耕適地である低地部，周囲はシカ・イノシシが群れを成す照葉樹林（堅果類もある）が生い茂る丘陵地，そして数分の距離にある海岸といった，当時の様々な食料獲得の機会に極めて恵まれた立地を最大限に活かしていたものとまとめることができるのである。ただし，漁撈活動ではカツオ・サメ類大型回遊魚類にほぼ特化した状況が看取され，縄文時代とは様相が異なり，ある程度の戦略性が指摘できる。さらに「ブタ」飼育の可能性は，管理された獣肉（に加えて道具の原材としての骨）の獲得戦略をうかがわせる，といったようにこの時期，地域ならではの独自性も認められる。

「生業」ではなく，今回の研究テーマである「食」で単純に表現すれば，コメも食い，肉も食い，魚（やや特殊な嗜好であるが）も貝もそれなりに食べていたことになる。それが池子弥生集落の集団の構成とどのような関係になるのか，筆者はいまだに把握しきれていないが，実際はそれほどきっちりとしたものではなく，「宮ノ台式土器作り」に見られるようなかなりファジーでルーズな性格が濃かったものと勝手に想像している。

おわりに ―今後の展望（21世紀の自然科学分析への期待）―

筆者は，平成2年度の調査参加後，No.1-A地点，No.1-A東地点，池子遺跡群全体としても最後の調査区となったNo.1-A南地点の調査と続いた弥生旧河道の発掘調査，それに引き続いての出土品整理および報告書刊行まで，ほぼ全て携わることができた。報告書をお読みいただければおわかりになると思うが，出土状況も含めた大量の出土遺物の事実記載にとにかく傾注した一方，考察部分では思いついたことを片端から書いていく，ということで，それまでの研究成果との比較検討や推敲が不十分なままの中途半端なものとなった。言い訳になるが報告書刊行直後，市町村に派遣され，その後は文化財保護行政側に異動（そして現在に至る）したこともあり，その後の調査担当者としての「落とし前」（＝再考察，改考察？）もまともにつけられないまま，いつしか20年も経ってしまった。

ここへきて，自分の門外漢の自然科学分野，しかも調査当時とは視点も手法も異なる新しい観点から再検討の試みがなされると聞き，当時の調査担当者の一人としての責任の一端を果たす意味でこのような「露払い」の一文を草した次第である。

今後も新たな自然科学分析手法の開発，発展にしたがって，まだまだ知られていない「池子遺跡」の「ポテンシャル」が続々と引き出されていくのであろう。今回の再検討を契機にして，有機質遺物を含む「池子遺跡」の膨大な出土資料に埋もれている未知の情報の解明がより進むことになれば，かつての調査担当者としてこれほど嬉しいことはない。

註

1)　池子の谷戸には，1938年（昭和13年）の日本海軍による接収前までは，ごく一般的な近代農村が存在していた。その後，弾薬庫設置→戦後米軍に接収→ベトナム戦争まで米軍弾薬庫→軍事施設としては閉鎖，と変遷し，発掘調査着手時には，「池子米軍提供用地」と呼称され，横浜防衛施設局の管理棟のみが建っていた。その時点では，弾薬庫供用時と思われる建物も谷戸の奥の方に朽ち果てた状態で一部が残存していた。また，丘陵に穿たれた横穴状の弾薬庫（規模が大きいのでおそらく米軍の設置）も数箇所残されており，調査中の我々はその1ヶ所を大量の出土遺物の保管庫として利用していた。その場所をどういうわけか，我々は「シェルター」と呼んでいた。

2)　池子遺跡群の古代の調査成果については，近年，当時の調査担当の一人であった依田亮一氏がまとめられている（依田2015）。No.1-A地点古墳時代前期の方形周溝墓群については，池子遺跡群本格調査着手当初の担当者の一人であった西川修一氏が最近新たな観点をもって考察を加えられている（西川2017）。

3)　池子遺跡群におけるグリッド（調査のための升目）の設定は，広大であるため一般的な東西南北10m四方ごとの東西方向ABC……南北方向123……として，ある10m四方の範囲を「B3グリッド」などと呼称するという単純な方法では対応しきれない。そこで，まず調査範囲全体をカバーできるように100m四方の大グリッド（東西ABC……南北ⅠⅡⅢ……）を組み，その内部をさらに10m四方の小グリッドに細分して北西から南東にかけて1から100まで番号を振る，という方式を採用した。No.1-A地点は，大グリッドでは，C-XI，C-XII，D-XI，D-XIIグリッドにまたがる。弥生旧河道を最初に確認した場所は，D-XI-91・92グリッドにあたる。

4) この問題点は，旧河道の底面近くから「宮ノ台期」以前の縄文時代終末から弥生時代中期前半までの土器片がレベル的に混在した形で出土したことからもうかがえる。時期的に県内全体でも出土量が少ない資料であり，「もの」としては貴重ではあるが，長期間にわたることが想定されるにも関わらず，ほぼ最下層の同一層位で出土しており，個別資料同士の共伴性を層位的に証することができない。おそらくは，当初の堆積が「宮ノ台期」初頭頃の河道の下刻作用によって再堆積したものの可能性がある。なお，報告書刊行当時，この問題点を筆者に対して最初に指摘していただいたのは，安藤広道氏である（口頭による）。

5) 報告書『池子遺跡群X』の「別編 自然科学分析編」の目次を見ると，当時の池子遺跡群における「自然科学分析」の方向が主に自然環境方面に傾いていたことは明らかである。実際，弥生旧河道の河底は深い場所では，縄文海進時の自然貝層に達しており，当時の貝類資料や各調査地点の岩盤に見られる穿孔貝の巣穴痕跡，谷戸側の調査区における海進以降の埋没谷の土層など，弥生以前の環境復元に関しても有益な材料を提供していた。このため，弥生旧河道の有機質遺物の分析および弥生時代当時の環境復元，という池子遺跡群自然科学分析調査会の当初の設置動機が弥生以前も含めた古環境全体の復元といった方向に次第に変質してゆき，それはそれで非常に重要で大きな成果を挙げたことは間違いないが，最終的に弥生中期後半「宮ノ台期」へのフォーカスが絞り切れなかった観がなきにしもあらず，という状況となった。これは，かつての事務局側の我々による分析調査会の方向づけに曖昧さを残したまま時間だけが推移してしまった結果なのであり，今更ながらこのような大所帯の研究者による「分析調査会」の運営（コントロール）の難しさを感じる。

6) 池子遺跡の漁撈民と三浦半島洞穴遺跡の漁撈民の関係については，報告書刊行後，まず，山浦清氏によって考察の対象として取り上げていただき（山浦 2001），後に設楽博己氏が広い視野から興味深い考察を加えられているが（設楽 2005），これらの論考に対する筆者の評価は保留としたい。

引用・参考文献

姉崎智子 1999「弥生時代の関東地方におけるブタの存在」『動物考古学』第12号 動物考古学研究会 39-53頁

神奈川県立埋蔵文化財センター 1990『池子遺跡群調査だより』6

佐藤洋一郎 1999「No.1-A地点弥生時代旧河道出土炭化米の分析」『池子遺跡群X No.1-A地点』

設楽博己 2005「側面索孔燕形銛頭考—東日本弥生文化における生業集団編成のあり方をめぐって—」『海と考古学』海交史研究会考古学論集刊行会編 六一書房 299-330頁

谷口 肇 1999「第3節 No.1-A地点の出土遺物について」『池子遺跡群X No.1-A地点』

谷口 肇 2004「逗子市池子遺跡群の弥生時代集落について」『考古論叢 神奈河』第12集 神奈川県考古学会 47-70頁

谷口 肇 2009「池子遺跡群における弥生時代木器生産について」『木・ひと・文化～出土木器研究会論集～』出土木器研究会 13-30頁

谷口 肇 2017「池子遺跡群における弥生中期木製品生産について」『二十一世紀考古学の現在』六一書房 505-514頁

樋泉岳二　1999「池子遺跡群 No.1-A 地点における魚類遺体と弥生時代の漁撈活動」『池子遺跡群Ⅹ　別編・自然科学分析編』
西川修一　2017「池子遺跡群の方墳について」『二十一世紀考古学の現在』六一書房　525-534頁
西本豊弘・姉崎智子　1999「池子遺跡群の哺乳類遺体」『池子遺跡群Ⅹ　別編・自然科学分析編』
松島義章　1999「池子遺跡群より明らかになった貝類」『池子遺跡群Ⅹ　別編・自然科学分析編』
山浦　清　2001「東日本太平洋岸弥生文化における漁撈民」『貝塚』57　物質文化研究会　10-19頁
山本暉久・谷口肇　1999a『池子遺跡群Ⅸ　No.1-A 東地点・No.1-A 南地点』財団法人かながわ考古学財団調査報告45　財団法人かながわ考古学財団
山本暉久・谷口肇　1999b『池子遺跡群Ⅹ　No.1-A 地点』財団法人かながわ考古学財団調査報告46　財団法人かながわ考古学財団
依田亮一　2011「古代相模国における山川藪沢開発の諸相―鎌倉群沼濱郷周辺の事例を中心として―」『神奈川考古』第47号　神奈川考古同人会　55-88頁
若松美智子　2000『神奈川県逗子市池子桟敷戸遺跡』東国歴史文化研究所

第2章　池子遺跡の自然遺物

杉山　浩平

はじめに

東日本では稀にみる土器や石器などの人工遺物と，種子・動物骨・魚骨・貝などの自然遺物が池子遺跡では大量に出土している。本章においては，報告書の記述を基に池子遺跡から出土している自然遺物（人骨を除く）の特徴を捉える。しかし，出土した自然遺物の資料すべてを無批判に同時期の検討資料とすることができないことは，すでに序章において記したとおりである。そこで，まず池子遺跡においてはどのように自然遺物が回収され，同定等の分析が行われていたのかを検証する。こうして池子遺跡の自然遺物の様相を明らかにしたうえで，南関東地方の弥生時代の遺跡との比較を行う（図1）。

なお，池子遺跡以外の自然遺物については，植物・動物・魚類・貝類など複数種の食糧資源が出土している遺跡を対象とした。穀物類や堅果類などの植物資料のみが出土している遺跡については，近年さまざまなところで集成（安藤 2002・中山 2007 ほか）が発表されているので，本論では触れていない。

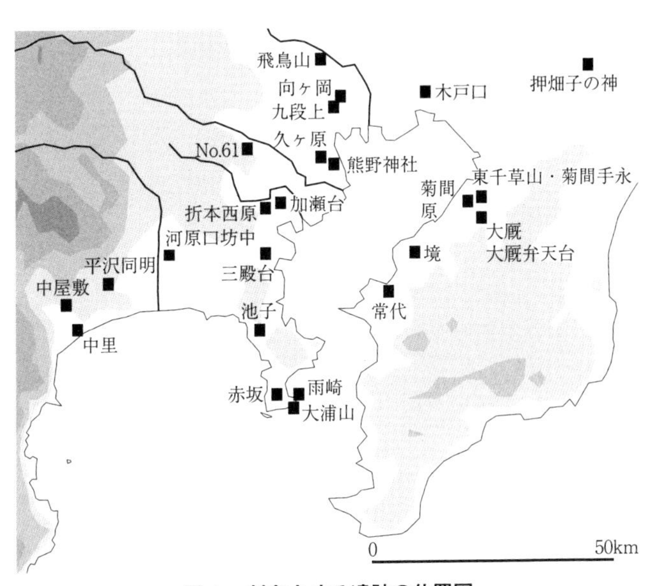

図1　対象とする遺跡の位置図

1.　池子遺跡の自然遺物

池子遺跡における自然遺物は，低湿地部であるNo.1-A地点およびNo.1-A南地点の旧河道部（古池子川）から集中して出土している（本章図2，第1章図2・4参照）。植物化石・動物・魚

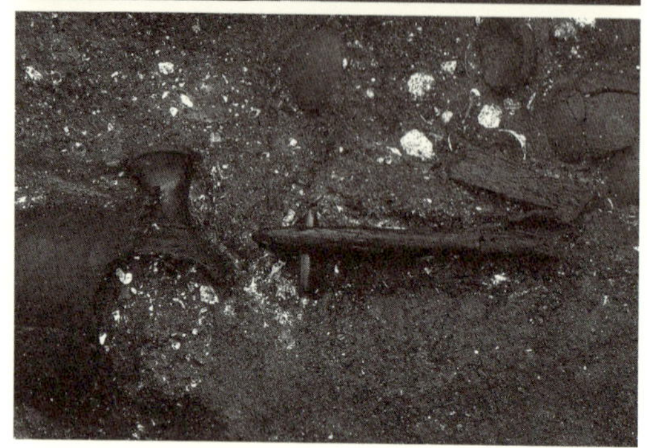

図2　池子遺跡の旧河道と自然遺物の出土状況

類・昆虫・珪藻・花粉・植物珪酸体などが確認されており，往時の池子遺跡周辺の自然環境の特徴を示す資料が多く検出されている。ここでは，No.1-A 地点および No.1-A 東地点と No.1-A 南地点から出土し，主に食用に供されたと考えられる植物化石・動物・魚類・貝類に着目していく。ただし，すでに第1章にて谷口肇も触れたとおり，各資料については報告時に詳細な検討が加えられている。本書の趣旨からすれば，これらの資料が，池子遺跡の食文化を考えるうえでの基礎資料となるがゆえに，改めてここに提示しておく必要があり，後章につづく各種分析成果とのクロスチェックを行わなければならない。

また，その出土状況とサンプルの採取の方法についても，報告書の記載を基に検討しておく必要がある。各種遺物の項目ごとに，どのように資料が発掘現場から回収され，選別と同定が行われて，分析資料となったのかを確認しておきたい。

出土動物

陸上動物，おもに哺乳類は西本豊弘と姉崎智子の両氏により分析が行われている（西本・姉崎 1999）。報告書をみるかぎり，サンプリングの手法等は記されていない。また，出土地点の詳細については，グリット名のみが一覧表のなかで記されている。おそらく，発掘調査時に目視で確認され，取り上げられた資料が，発掘調査時の所見（地点と層位と共伴土器）に基づいて，時期判定が行われているものと推定される。

陸上動物は，9 種報告されている（表1）。最小個体数としてイノシシ類（ブタを含む）が 27，シカが 32 と報告されている。鳥類は少ない。イノシシ類は若獣が多く，飼育されたブタの存在を推定している。その一方でイノシシも確認されている。

海洋動物は，アシカ・イルカ・クジラ・カメの骨が数点出土しているのみである。出土したイルカの頭骨には，ヤスの先端が刺さっていた（図3）。イルカなどは，狩猟もしくは打ち上げられた直後に砂浜などで解体されることが考えられるため，これらは部位として持ち込まれたものと推定される。

表1　池子遺跡　自然遺物（1）

動物遺体　最小個体数			
イノシシ	27	アビ？	
シカ	32	ミズナギドリ科	
イヌ	5	アホウドリ	
サル	9	ハクチョウ	切断痕
タヌキ	3	キジ科	
キツネ	1	ヒシクイ	
アナグマ	1	カイツブリ科	
ツキノワグマ	1	アシカ類	骨2点
ウサギ	3	イルカ	骨2点
カモ類		クジラ	骨1
ウ類		カメ	

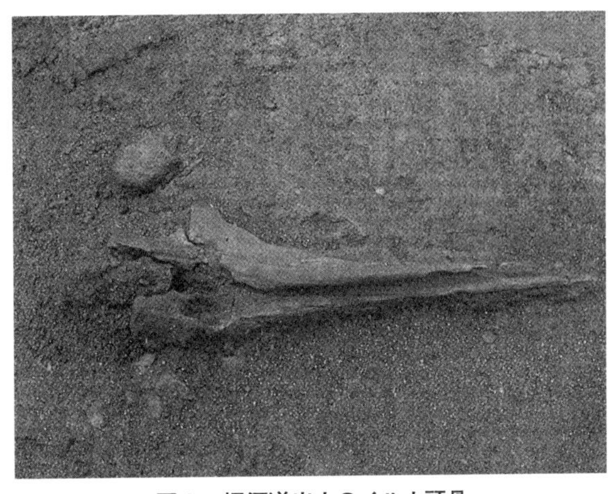

図3　旧河道出土のイルカ頭骨

出土魚類

魚類は樋泉岳二により分析が行われている（樋泉 1999）。最も多くの魚類遺体を出土したNo.1-A 地点では旧河道内の2ヶ所で貝層が検出され，1号貝塚・2号貝塚と命名された。貝層の大きさは3 m × 10 mほどであるが，取り上げられたサンプルをみた樋泉の認識では，貝層というよりも泥層や砂礫層中に貝殻が混じり込んでいたような状況であると記されている。つまり，貝塚といっても集中的で継続的に廃棄された状況ではなさそうである。

魚類の資料は掘削時において目視した資料と，上記貝塚部分の柱状サンプル資料である。柱状サンプル資料は，1号貝塚においては8～18kg を一つの単位として23サンプル。2号貝塚では1～3kg を1単位として51サンプルをとり，そのなかから1号貝塚では11サンプル，2号貝塚では17サンプルを抽出し，5mm・2.5mm・1mm メッシュの篩を用いて水洗選別し，同定している。その結果，軟骨魚類4分類群，硬骨魚類20分類群，計24分類群の魚類が検出されている（表2）。

資料の回収の方法に起因しているが，水洗選別では小型魚が回収され，現地採集資料では大型魚が検出されている。水洗資料ではカタクチイワシ・サバ属・カツオが多い。カツオは40～60cm 大の個体だが，カタクチイワシやサバ属などは体長が20cm かそれ以下の小型が主体を占めている。一方，現場採集資料では，板鰓類（サメ類）とカツオが圧倒的に多く，マダイ・クロダイ属・マカジキ科もやや多い傾向にある。サメ類の椎骨の横径は2～4cm ほどの大型で，水洗資料を含めても小型の個体は出土していない。カツオも大型個体のものが検出されている。マカジキ科は最小個体数2個体だが，腹椎の大きさから大型と推定されている。このように，海水魚は大型から小型まで多岐にわたる魚種が出土している。淡水（または汽水）種ではコイ科が見られるが，その数は少ない。この点はいわゆる内水面漁撈を行うようになる弥生時代の農耕集落との相違が気になるところである。

表2　池子遺跡　自然遺物（2）

魚類	1号貝塚	2号貝塚	現場採集
水洗資料	標本数（個体数ではない）	標本数（個体数ではない）	
サメ類	3	1	
ネズミザメ科			1
トビエイ科	1		
板鰓類（はんさいるい）（サメもしくはエイ）	3	1	195
ウツボ科	1		
サヨリ属			1
ニシン科	2	2	
カタクチイワシ	21	18	
コイ科	1		
コチ科	1		
ブリ属	1	1	
マアジ	4	8	
マダイ			3
クロダイ属	1	6	3
コブダイ			1
タイ科	5	1	2
ボラ科	1	4	1
ハゼ科	4	1	
サバ属	23	35	5
マカジキ科			24
カツオ	38	23	47
ササウシノシタ亜目	1	2	1
マイワシ		1	
フサカサゴ科		2	
スズキ属		4	
ヒラメ		1	

また，漁撈の方法についてもカタクチイワシなど小型魚が網猟であり，そのほか出土釣り針から釣猟・骨角器のヤスなどから刺突猟など複合的な漁撈体系が取られている点も着目する必要がある。

出土貝類

貝類は松島義章により分析が行われている（松島 1999）。貝類は旧河道の覆土および覆土内の1号貝塚から多く検出されている。層位的には出土貝資料は，絶滅種を除いて弥生時代中期に属するものと推定されている。旧河道におけるサンプリングの記載は無いが，1号貝塚においては，採取した層位と5mmメッシュの篩を用いたことのみが記されている。

旧河道からは25種，1号貝塚からは36種の（ともに絶滅種を除く）貝類が出土している（表3）。

表３　池子遺跡　自然遺物（３）

		貝類	総数	弥生１号貝塚	旧河道（古池子川）
巻貝類	岩礁域	アワビの一種	R	R	
		マツバガイ	R	R	R
		バテイラ	VA	VA	VA
		ヒメクボガイ	C	C	
		ヘソアキクボガイ	C	C	R
		クマノコガイ	R		R
		イシダタミ	A	A	R
		スガイ（殻と蓋）	VA	VA	VA
		サザエ（殻と蓋）	VA	VA	VA
		オオヘビガイ	R	R	R
		レイシガイ	R		R
		アマガイ		R	
		イボニシ	VA		
		タマキビ		R	
		キクスズメガイ		VA	
		アガキガイ		R	
		ボサツガイ		R	
	内湾砂底・干潟	イボキサゴ	VA	VA	
		ウミニナ	VA	VA	R
		イボウミニナ	VA	VA	
		アカニシ		R	C
		カワアイガイ			R
		ヒメカニモリガイ		R	
		ホソヤツメタガイ		R	
		バイガイ		VA	R
	間潮～淡水域	フトヘナタリガイ	VA	VA	
		カワザンショウ		A	
		カワニナ	VA	VA	R
二枚貝類	岩礁域	イガイ	C	C	R
	内湾砂底・干潟	ハマグリ	VA	VA	VA
		カガミガイ	R		R
		サトウガイ		R	
		サルボウガイ			R
		シオフキ	R	R	
		アサリ	VA	VA	VA
		マガキ	VA	VA	VA
		オキシジミガイ	VA	VA	VA
		オオノガイ	A	C	C
		アカガイ？		R	
		イタヤガイ		R	R
		カモノアシガキ		C	C
		スダレモシオガイ		R	
		ヒメシラトリガイ		R	
	間潮～淡水域	ヤマトシジミ	A	R	R
		ベンケイガイ		R	
		イシガイ	C	C	

VA：非常に多い，A：多い，C：普通，R：少ない

すべて海産貝類であり，自然環境を示す陸産の微小貝類などはサンプリングから漏れている。旧河道と１号貝塚，それぞれの地点から出土している貝類の種構成は変わりなく，おおよそ次の７種に分類することができる。

①内湾の湾奥部潮間帯の泥質底に生息するマガキ・オキシジミ・オオノガイなど。

②内湾の湾奥から湾央部の砂質底に生息するサルボウ・ハマグリ・アサリなど。

③内湾の湾央部の砂泥質底に生息するバイガイ・アカニシ。

④外洋に面する岩礁から岩礫底に生息するマツバガイ・バテイラ・クマノコガイ・イシダタミ・サザエ・スガイ・レイシガイなど。

⑤外洋に面する沿岸の砂泥質底に生息するイタヤガイ。

⑥汽水域に生息するヤマトシジミ。

⑦淡水域に生息するカワニナやマツカサガイ。

旧河道においては，潮間帯に生息する①・②・④が大部分を占めており，１号貝塚では，旧河道の主要種に加えて⑥や⑦などが検出されている。つまり，池子遺跡では逗子湾とその周辺水域で主に潮間帯に生息する貝種を採取していたと考えられる。

出土植物類

ここでは，植物類のなかでも，花粉や珪酸体などを除き，報告書にて大型植物化石として報告されている資料について取り上げる。大型植物化石については，百原新・久保田礼・那須浩郎により分析が行われている（百原・久保田・那須 1999）。分析した資料は２種類の方法で回収されたものである。一つは発掘調査時に現地で採取されたものであり，その中には肉眼で確認され採取されたものと，現地で 5mm メッシュの篩を使って土壌を水洗し，回収したものがある。この水洗資料についてはサンプル量の記載はない。そのほか，旧河道の C-XI-98 グリットから 1,400cm^3，C-XI-78～90 グリットにおいてそれぞれ 100cm^{3}の土壌をサンプリングし，0.25mm メッシュの篩を用いて採集されたものもある。

表４　池子遺跡　自然遺物（４）

現地取り上げ植物化石		
種	状態	点数
オニクルミ	核・完形（二つに割れたモノもある）	702
	核・半分	614
モモ	核	200
カヤ種子	種子	107
イヌガヤ種子	種子	107
ムクロジ果実	果実	181
イチイガシ	堅果	31
ツクバネガシ	堅果	36
クリ	堅果	6
マクワウリ	種子	7
イネ	外頴	229
クヌギ	堅果	1
アカガシ亜属	堅果	5
クヌギ	殻斗	1

選別された種は多岐にわたるが（表４），それらのなかには人為的な関与が想定しにくい，遺跡周辺の樹木からの自然落下による混入も多く含まれていると考えられる。多量に出土しているが食用にはならないカヤ種子・イヌガヤ種子・ムクロジ果実などは周辺からの混入と推定される。一方，食

用可能な主としてはクルミ核・モモ核・イチイガシ堅果・ツクバネカシ堅果などが出土している。なお，発掘調査が及んだ範囲では，クルミ塚やドングリが集積したピットや堅果類の水さらしのための水場遺構などは検出されていない。

現地で取り上げられた植物化石は視認されたものが主であるため，1cm 以上の大きさのものが多く，穀類などの小型のもの（雑穀類など）はサンプリングから漏れてしまっていると考えられる。コメについては旧河道の覆土から炭化米のブロックが 10 点ほど検出され，籾やワラの塊なども出土している。

池子遺跡の自然遺物の特徴

植物質食糧では，クルミやモモが多く出土しており，ドングリ類やクリは少なく，トチノキに関しては出土すら確認されていない。堅果類の利用については，イチイガシやツクバネガシなどは可食な堅果類であり，アク抜きをする必要がないものである。しかし，池子遺跡において磨石や石皿の出土事例は少なく，また縄文時代に多くみられたクリやトチノキの出土量および旧河道内での木組みによるアク抜き施設なども検出されていないことから，それらの利用はきわめて限定的であったと考えられる。穀類では，イネのみが確認されている。

陸上動物では，イノシシ類（形態的にはブタとされるモノも含まれている）とシカが多く，サル・イヌなども確認されている。海上動物では，カメ・イルカ・アシカなども出土している。

魚類では，主に三つの海域に生息する魚種が確認されている。

①古逗子湾内から河口に主に生息するクロダイ・ハゼ・ボラ・スズキ。

②遺跡に近い地先海域に生息するカタクチイワシ・サバ・マアジ。

③相模湾沖合に生息するカツオ・カジキ・サメなど。

貝類は，磯モノとも称される岩礁域に生息するバテイラ・スガイ・サザエ・イボニシ・イボキサゴ，湾央砂泥に生息するサルボウ・ハマグリ・アサリなどが多く出土している。

これらの出土資料について，サンプリングの基準が一部明確ではないところもあるので，定性的・定量的な評価は難しい。そこで，南関東地方の弥生時代の遺跡出土の食糧資料との比較を通じて，改めてこの池子遺跡の自然遺物を評価したい。

2.　関東地方の弥生集落出土の自然遺物

ここで対象とするのは，神奈川県・東京都・千葉県下の弥生時代の遺跡である。植物質食糧だけではなく，動物・貝類など複数種の資料を出土した遺跡を対象として比較していく。なお，各遺跡の資料の出土数等は，巻末の「南関東弥生時代の自然遺物集成」としてまとめている。遺跡の番号は，集成表の番号に対応するので，参照していただきたい。

千葉県　木戸口遺跡（市川市：中期）・菊間手永遺跡（市原市：中期）・菊間遺跡（市原市：中期）・大厩遺跡（市原市：中期）・常代遺跡（君津市：中期）・押畑子の神遺跡（成田市：中期）・東千草山遺

跡（市原市：後期）・原遺跡（市原市：後期）・大厩弁天台遺跡（市原市：後期）・境遺跡（袖ケ浦市：後期）

東京都　赤羽台遺跡（北区：後期）・熊野神社遺跡（大田区：後期）・久ヶ原遺跡（大田区：後期）・向ヶ岡遺跡（文京区：後期）・九段上貝塚（千代田区：後期）

神奈川県　平沢同明遺跡（秦野市：縄文時代晩期～弥生時代前期）・中屋敷遺跡（大井町：前期）・中里遺跡（小田原市：中期）・河原口坊中遺跡（海老名市：中期～後期）・折本西原遺跡（横浜市：中期）・三殿台遺跡（横浜市：中期）・加瀬台遺跡（川崎市：中期～後期）・赤坂遺跡（三浦市：中期～後期）・雨崎洞穴（三浦市：中期～後期）・大浦山洞穴（三浦市：中期～後期）

千葉県

1. 木戸口遺跡　市川市に所在する弥生時代中期中葉の遺跡であり，竪穴住居址（SI01）の床面近くで貝層が検出されている（松本・松田ほか 1999）。サンプリングの量と資料の回収方法については記載がない。貝類のみが報告され，ハマグリとマガキの出土量が圧倒的に多い。

2. 菊間手永遺跡　市原市に所在する弥生時代中期後葉の遺跡であり，環濠（溝4）の2ヶ所で貝層が厚く堆積している（図4，近藤敏 1987）。資料の回収方法は，調査時に現地で篩にかけられ，貝類は回収されたと記されているのみである。貝類・土器・石などが検出されており，ハマグリ・アサリ・シオフキ・イボキサゴが主体を占めている。

3. 菊間遺跡　市原市に所在する弥生時代中期後葉の遺跡であり，4軒の竪穴住居（4・10・11・53号址）と方形周溝墓から資料が出土している（斎木 1974）。「ブロック」等と記載されているの

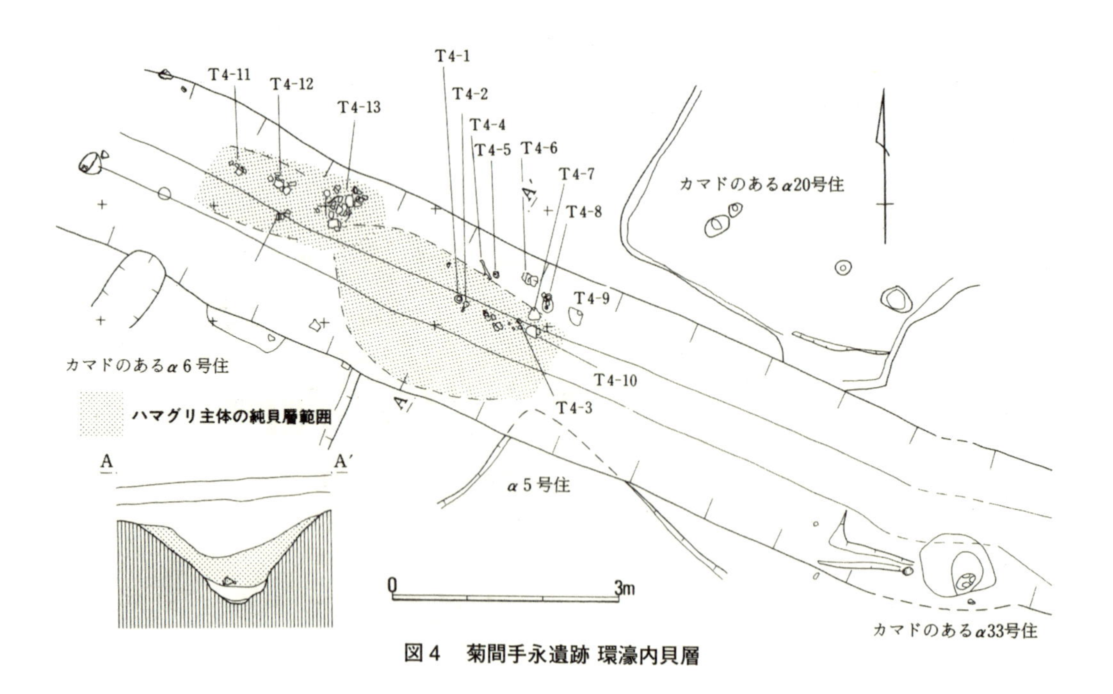

図4　菊間手永遺跡 環濠内貝層

みで，サンプリングの量と回収方法については記載がない。ハマグリが主体である。

4. 大厩遺跡　市原市に所在する弥生時代中期後葉の遺跡であり，竪穴住居（Y-5号址）と土坑（Y-65号址）から貝層が検出されている（三森1974）。サンプリングの量と資料の回収方法については記載がない。Y-65号址ではハマグリ・アサリ・シオフキが主体である。

5. 常代遺跡　君津市に所在する弥生時代中期から後期の遺跡であり，大溝（SD220）から植物遺体・動物遺体が出土している（甲斐1996）。資料は現地にて採集されたものと，堆積土（800cm^3）を篩がけした（篩のメッシュは不明）ものとがある。穀物ではイネが採取され，そのほかマクワウリやサナエダテなどが検出されている。オニグルミやモモなどは現地にて採集されている。動物遺体ではイノシシ・シカのほか，解体されたニホンザルなども出土している。

6. 押畑子の神遺跡　成田市に所在する弥生時代中期後葉の遺跡である。1号方形周溝墓の覆土内から貝層が検出された（末武・斎藤1988）。サンプリングの量と資料の回収方法については記載がない。貝層はアサリの純貝層となっており，そのほか，シカやイノシシの臼歯と四肢骨が少量出土している。

7. 東千草山遺跡　市原市に所在する弥生時代後期の遺跡であり，第6号住居址で貝層が検出されている（図5，近藤・田中1989）。サンプリングの量と資料の回収方法については記載がない。貝類と魚類のみが検出されている。ハマグリ・シオフキ・アサリ・イボキサゴなどが多く検出されている。

8. 原遺跡　市原市に所在する弥生時代後期の遺跡である（越川1984）。土壌のサンプル量と篩のメッシュの記載はない。2軒の竪穴住居址（第4号住所址・第22号竪穴住居址）の覆土から貝層が検出されている。アサリ・マガキ・ハマグリ・シオフキが主体で，動物骨などは検出されていない。

9. 大厩弁天台遺跡　市原市に所在する弥生時代後期後半の遺跡である（大村1989）。土壌のサンプル量と篩のメッシュの記載はない。1号住居址の覆土下層にて貝層が検出されている。シオフキ・ハマグリ・アサリ・カキ・イボキサゴが主体であり，魚骨・動物骨などは検出されていない。

10. 境遺跡　袖ケ浦市に所在する弥生時代後期の遺跡である（小沢1985）。土壌のサンプル量と篩のメッシュの記載はない。2軒の竪穴住居址（第36号住居址・第39号住居址）の住居内ピットなどから貝層ブロックが検出されている。両遺構ともにアサリ・シオフキ・ハマグリが主体であり，貝以外の動物などの

図5　東千草山遺跡 住居内貝層

検出はない。

東京都

11. 赤羽台遺跡　北区に所在する弥生時代中期から後期の環濠集落である。環濠の覆土にブロック状を呈した貝層が数箇所検出されているが，詳細は不明である（大谷 1992）。サンプリングの量と資料の回収方法については記載がない。報告書には貝類の出土のみが記されており，ハマグリとカキが主体とされている。

12. 熊野神社遺跡　大田区に所在する弥生時代後期の遺跡であり，溝（Y 1 号溝）から貝層が約幅 3m，厚さ 50cm ほどで検出されている（佐々木 1991）。篩がけ（メッシュサイズ不明）は行われており，多種にわたり出土しているので，集成表には 10 個体以上出土している資料のみを記載した。貝類ではマガキとハマグリが主体であり，そのほかアカニシやフトヘナタリガイなども多く見られる。魚骨の検出はきわめて少なく，動物骨は確認されていない。

13. 久ヶ原遺跡　大田区に所在する弥生時代後期の遺跡であり，竪穴住居址の覆土からブロック状にまとまって貝層が検出されている。戦前に発見されており，資料は現地にて肉眼観察で採取されたものである（中根 1928，甲野 1930）。貝類を主体としており，なかでもハマグリがもっとも多く，アカニシやカキなども混ざっている。動物の出土は少ないようである。

14. 向ヶ岡貝塚　文京区に所在する弥生時代後期の遺跡であり，溝（V 字溝）から出土している（渡辺 1979）。サンプリングの量と資料の回収方法については記載がない。マガキが主体であり，そのほかウネナシトヤマガイ・オキシジミなどが比較的多く検出されている。動物骨はシカ，魚骨はクロダイが検出されているが，きわめて少ない。

15. 九段上貝塚　千代田区に所在する弥生時代後期の遺跡であり，竪穴住居の覆土から貝層が検出されている（和島 1960）。サンプリングの量と資料の回収方法については記載がない。約半分はすでに破壊されていたものの，貝層の長さ 2m，厚みは 40cm であった。貝類はマガキ・ハマグリ・サルボウ・アカニシが主体で，魚骨や動物骨はきわめて少ない。

神奈川県

16. 平沢同明遺跡　秦野市に所在する縄文時代中期から弥生時代中期の遺跡であり，とくに縄文時代晩期末から弥生時代前期の資料を多く出土している（戸田・霜出ほか 2010，戸田・大倉ほか 2012）。平沢同明遺跡では，動物と魚類・貝類は出土しているが，植物遺体は出土していない。各種資料は土坑等の遺構からも出土しているが，大部分は包含層内でバラバラになった状態で発見されている。なお，サンプリングの量と資料の回収方法については記載がない。

動物では，シカとイノシシが主体であるが，資料の破損が激しい。魚類ではアオザメの歯が出土している。鳥類はガンカモ目，貝類ではアカニシが 1 点のみ出土している。

17. 中屋敷遺跡　大井町に所在する弥生時代前期後葉の遺跡である。現地にて肉眼で植物種子類の存在が確認されたため，土壌ごとサンプリングし，0.25mm と 0.5mm および 1mm メッシュの篩いを用いて水洗選別された（小泉・山本ほか2008）。動物遺体および貝類はすべて現地にて手で拾い上げられたものである。

穀物類はコメのほかキビとアワが出土しており，年代測定も行われ，弥生時代前期のものであることが報告されている。堅果類では，穀物類が出土している土坑内からもオニグルミ・トチノキ・クリなどが出土している。魚類ではカツオ，貝類では二枚貝，動物ではイノシシとシカが出土している。

18. 中里遺跡　小田原市に所在する弥生時代中期中葉の遺跡である。サンプリングの量と資料の回収方法については記載がない。植物遺体の多くは1号旧河道跡から出土しており，コメとブドウ属の種子のみが土坑から出土している（戸田・河合ほか2015）。コメは334号土坑から127点出土している。堅果類はオニクルミ・トチノキのほか，アカガシ亜属・コナラ属・マテバシイが出土しているが，その数は少ない。

魚類ではメジロザメ科のみであり，動物ではイノシシとシカが出土している。

19. 河原口坊中遺跡　海老名市に所在する弥生時代中期から後期の遺跡である。旧河道跡から多くの遺物が出土している低湿地遺跡である。また，梁なども検出され内水面漁撈なども行われている。これまでに1次・2次・4次の発掘調査の報告書が刊行されており，ここでは調査時ごとに概観しておく。

1次調査では，植物類・動物と魚類のみが出土している（飯塚・高橋ほか2014）。動物遺体は現場で回収されたものと，土壌（26.5kg）から1mmメッシュの篩を用いて水洗選別を行ったものがある。植物類は現地で回収されたものとサンプル土壌（200cm^3）を0.25mmメッシュで水洗選別したものがある。植物類で可食となるのはイネとブドウ属・ウリ類であるが，その出土量はきわめて少ない。動物ではシカ・イノシシが中心であり，わずかにトリが出土している。魚類では弥生時代の時期の細分はできないが，アオザメやカツオなど相模湾沖合での漁撈対象となるものが出土している。淡水魚ではアユが弥生時代の後期の資料として採集されている。

2次調査では，植物類・動物・魚類が出土している（池田2015）。資料はすべて現地で目視にて確認されたものが大部分であり，一部植物遺体のサンプリング（2号旧河道）においては，300cc（一部は50cc・100cc）で10試料として，0.25mmメッシュの篩を用いて水洗選別を行っている。

植物類では堅果類と穀物が出土している。堅果類はオニクルミ・モモ・トチノキ・クリが出土しているものの，出土量は1点から多くても破片で10点程度である。また，トチノキでは未熟果が含まれており，遺跡周辺の自生のものが混入している可能性が報告者により指摘されている。穀類ではヒエ属・炭化したイネとキビが出土している。動物ではイノシシ・シカが主体で，そのほかオオカミやツキノワグマなども出土している。魚類は，弥生時代後期から古墳時代前期に伴うカツオのみである。

4次調査では，弥生時代後期および後期から古墳時代前期までを含む植物類・動物が出土している（阿部・高橋2014）。植物類はすべて現場で取り上げられた資料である。動物は，47号竪穴では17kgの土壌を1mmメッシュの篩を用いて水洗選別を行っている。堅果類はオニグルミ・

クリ・モモ・トチノキが検出されている。穀物はコメが2点のみである。動物ではイノシシとシカがともに少なくとも3個体ずつ検出されている。

20. 折本西原遺跡　横浜市に所在する弥生時代中期後葉の環濠集落である（岡田 1988）。竪穴住居址のピット・壁溝内と方形周溝墓に貝層が堆積しており，他所からの出土も含めて植物類・動物・貝類が出土している。しかし，サンプリングの量と資料の回収方法については記載がない。植物類は6号住居址からモモとスダジイがわずかに出土している。動物ではイノシシのみが出土している。その他はすべて貝類である。特にピット内部の貝層ではナミマガシワが多く，そのほかスガイ・イボニシなど岩礁性の貝類のほか，マガキ・サルボウ・ハマグリなどが出土している。

21. 三殿台遺跡　横浜市に所在する弥生時代中期の集落である（和島 1965）。竪穴住居址の主柱穴内に動物と貝類が堆積していた。なお，サンプリングの量と資料の回収方法については記載がない。動物はイノシシとシカであり，貝類はハマグリ・マガキ・アカニシである。

22. 加瀬台遺跡　川崎市に所在する弥生時代中期から後期の遺跡であり，南加瀬貝塚とも呼ばれる遺跡である。現在は消滅している部分もあり，遺跡の全体像は不明だが，明治時代に行われた発掘調査では，中間時代（弥生時代）の貝層が検出されている（図6，八木 1906・1907）。貝層ではアサリが主体であり，そのほか動物骨等も出土しているようであるが，詳細は不明である。近年，浜田晋介が加瀬台遺跡群を再検討し，縄文時代の貝層の上に弥生時代の貝層が約 1m〜2m の厚さで形成されており，その時期は弥生時代中期後半から後期前半に該当するとしている（浜田・山本 2017）。

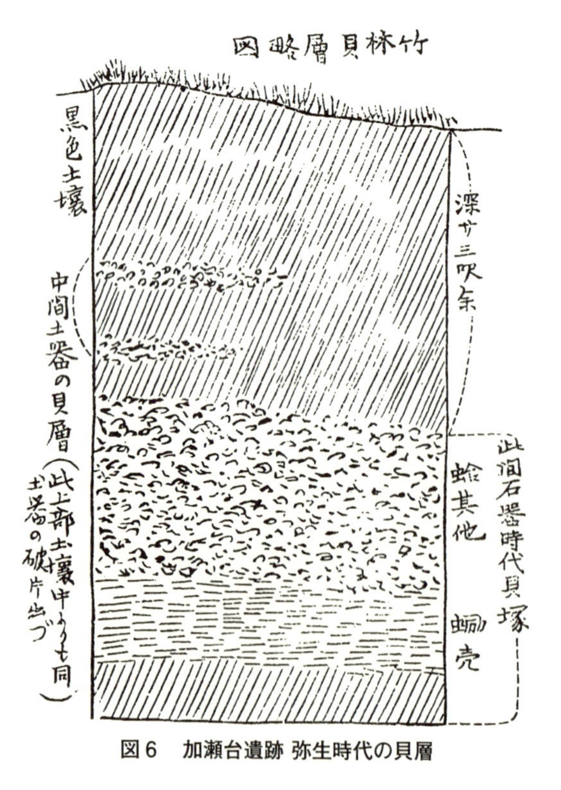

図6　加瀬台遺跡 弥生時代の貝層

23. 赤坂遺跡　三浦市に所在する弥生時代中期から後期の遺跡である。8次調査の第7号住居址（中期後葉）と10次調査の第1A号住居・第7A号住居・第9号住居から自然遺物が出土している。8次調査第7号住居では覆土に貝層のブロックが検出された（中村・諸橋ほか 2004）。土壌サンプル量は 115.7ℓ（95.207kg）であり，1mm と 2mm メッシュの篩を用いて水洗選別が行われている。このブロックでは魚類・貝類と動物が出土している。特に貝類は出土種が多岐にわたるため，5点以上出土しているものをリスト化した。魚類では，カタクチイワシが最も多く，沿岸性の魚類が多い一方で，カツオやエイなども漁撈の対象となっている。貝類はバテイラ・スガイ・サザエなど岩礁性の貝類が多く，マガキやハマグリなどの砂泥性のものは少ない。動物はイノシシ・シカのほかトリ（スズメ類・ウ類）がわずかに出土している。

10次1A号住居からはクロダイとタイ科の骨が出土している（中村・諸橋ほか2004）。同9号住居址からはモモが1点出土している。

24. 雨崎洞穴　三浦市に所在する海蝕洞穴遺跡である。弥生時代では後期（貝層）と中期（貝層下）の堆積層が検出されている（中村・剣持ほか2015）。洞穴内の厚い堆積層の中から動物・鳥類・魚類・貝類が多く出土している。なお，サンプリングの量と資料の回収方法については記載がない。

動物はイノシシやシカが両期を通じて多く出土している。魚類について，中期ではマダイ・メジロザメなどが狩猟の対象となっている。後期では種類も増え，マダイ・メジロザメ・カツオなど比較的沖に出て行く漁撈が行われた可能性が高い。貝類では中期・後期を通じて岩礁性の貝類が主体を占めている。なかでもアワビは多く出土しており，そのほか砂泥性のチョウセンハマグリも後期に多く出土している。

25. 大浦山洞穴　三浦市に所在する海蝕洞穴遺跡である。弥生時代では後期（5層）と中期（6～7層）が検出されている（中村・諸橋ほか1997）。洞穴内の厚い堆積層の中から動物・魚類・貝類が多く出土している。なお，サンプリングの量と資料の回収方法については記載がない。ここでは弥生時代の資料のみを概観する。

魚類では弥生時代中期ではネズミザメ科目が多く見られるが，後期ではカツオやマダイなどが増加してくる。動物は少なく，おもに弥生時代中期の層位に集中している。貝類は逆に後期（5層）に集中しており，ヨメカガサ・マツバガイ・アワビやサザエなどおもに岩礁地域の貝類が多く出土している。

3.　南関東地方の弥生集落における自然遺物の傾向

今回，改めて集成を行った結果，弥生時代前期から後期の遺跡までさまざまな資料が確認された。地域的には，貝塚・貝層が検出されている東京湾沿岸での出土事例が多いものの，旧河道など低湿地性の遺構の検出事例の増加や水洗選別がより多く実施された遺跡の調査などもあり，地域的には南関東地方全体から26遺跡（池子遺跡を含む）を取り上げることができた。時期別にみると，弥生時代前期は2遺跡，中期の遺跡は10遺跡，後期の遺跡は8遺跡，中期から後期の遺跡は5遺跡である。

穀物類について

コメや雑穀などの穀物類の利用を評価することは，資料回収の段階から様々なバイアスがあり，一筋縄ではいかず，またその数値の理解をめぐっても評価が分かれるところである。今回，池子遺跡の資料を振り返ってみても，水洗選別が実施されていたが，5mmメッシュでは雑穀類はサンプリングエラーとなっているであろう。ほかの遺跡を見ても状況はほぼ同じである。調査の進行上，より細かいメッシュを使うことは難しいことも考えられ，今後もさらにサンプリング方法の検討が一層行われなくては，雑穀利用の問題は解決には向かわないであろう。

動物の利用

縄文時代に引き続き，イノシシとシカが主体となる。そのほかではタヌキやニホンザルなどの小型哺乳類の出土事例も確認されるが，その数はきわめて少ない。イノシシは，池子遺跡の資料を分析した姉崎智子が「ブタ」としての飼育の可能性を形態学的見地から述べているが（姉崎1999），イノシシも存在している。石鏃や鉄鏃などの狩猟具の出土量の少なさから，イノシシおよびシカの獲得方法が問題となるが，農耕社会においても重要なタンパク源であることには変わりはない。

トチノキの消費低下

弥生時代前期の資料は，地域的にも神奈川県西部に限られ，遺跡数も2遺跡に過ぎないため，資料の偏りがある可能性もある。ただし，平沢同明遺跡でのイノシシやシカ骨が焼骨で出土する事例や中屋敷遺跡でのトチノキやクリの利用などは縄文時代後期～晩期の特徴に近い。縄文時代との比較資料として，表5には神奈川県川崎市No.61遺跡出土の植物遺体を示した。No.61遺跡は多摩川の川底遺跡であり，時期は縄文時代後期前葉（堀之内1式）が主体である。木製品やカゴ状製品も含めて植物遺体が多く出土している（戸田1998）。食糧資源としては，特にトチノキが「テンバコ」で3箱分と，植物質資料のおよそ9割を占めるほど大量に出土している。この遺跡に限らず，縄文時代後期から晩期にかけてはトチノキの利用が増えることはこれまでにも指摘されており（國木田2012），No.61遺跡の出土傾向も軌を一にしている。弥生時代におけるトチノキの出土事例をみると，中屋敷遺跡・常代遺跡・中里遺跡・河原口坊中遺跡であり，その数も10点に届かない数量である。穀物類に比べ大型種であり，発掘調査時における発見頻度はむしろ高いと推定されるが，それでも出土数が少ない。また，河原口坊中遺跡の出土資料などには食用に適していないものも含まれており，この出土数のなかには，本来食されて廃棄されたものではなく，遺跡周辺からの紛れ込みも含まれている可能性があり，食用におけるトチノキの比重が縄文時代に比較して低下しているとみることができる。そのほかのいわゆるドングリ類も出土事例が少なく，また，先に記したように旧河道等においても水場遺構が検出されていないことをみると，列島的には弥生時代においても堅果類の利用は見られるものの（高瀬2009），当該地域においては低調であると推定される。

モモとスナック類としてのクルミ

同じ堅果類においてもオニグルミはトチノキと異なる傾向にある。オニグルミが出土しているのは，中屋敷遺跡・常代遺跡・中里遺跡・池子遺跡・河原口坊中遺跡である。その数は池子遺跡

表5　川崎市No.61遺跡出土の植物遺体

遺跡名　宿河原縄文低地遺跡
所在地　神奈川県川崎市
検出遺構　水場遺構
検出状況
時期　縄文時代後期前葉（堀之内1式主体）
文献　戸田哲也　1998『多摩区No.61遺跡（宿河原縄文時代低地遺跡）発掘調査報告書』多摩区No.61遺跡発掘調査団
備考　トチが天箱3箱分で全体の90%を占めている。続いてクルミが少量，ドングリが微量。

植物遺体	シルト2～3層	シルト3層	シルト3～4層	シルト4層	シルト4～5層	シルト5層	シルト5～6層	シルト6層	シルト上層	シルト上・中層	シルト中～下層	シルト下層	シルト
クマシデ		■											
サワシバ		■											
クマシデ属		▲											
コナラ属									■		■		
クリ												■	
ケヤキ							■						
ヤマグワ	▲	▲	△	▲	△	▲		▲					
カジノキ属	▲			▲		■							
キイチゴ属			▲										
カラスザンショウ属								▲					
キハダ			▲										
マタタビ属		▲											
トチノキ				▲					▲	▲			
ノブドウ								▲					
クマノミズキ				▲									
タラノキ		■		▲		■		■					
ニワトコ	▲	▲	◎	○	▲	△	▲	△					
ミクリ属			■	■									
ヒルムシロ属	◎	○		○	◎	▲	△	△					△
イネ科								■					
スゲ属			■										
ホタルイ属		■											
カヤツリグサ科	▲	■	■	△	▲	▲		■					■
カナムグラ					■								
サナエダテ近似種	▲	▲		▲	△	▲	△	△					▲
タデ属	▲	▲		▲	▲	▲	▲	▲					▲
アカザ科ーヒユ科	▲	■				▲							
マルミノヤマゴボウ	■							■					
メハジキ属				▲									
ヒョウタン類									■				

rr = 1：■，r = 2～10：▲，t = 11～50：△，c = 51～100：○，cc=101：◎

の核（完形）702 点，核（半分）614 点を除けば，遺跡あたり 10 点前後ではあるが，後期に至るまで出土例が確認される。また，本章では，取り上げていないが，弥生時代中期・後期の遺跡においても一定数の敲石が出土していることを勘案すれば，食糧としてのオニクルミが弥生時代後期まで継続している可能性は高いとみることができる。

モモは，池子遺跡で 200 点，常代遺跡で 6 点，河原口坊中遺跡で 8 点，折本西原遺跡と赤坂遺跡でも数点出土している。一方，弥生時代前期の中屋敷遺跡ではモモが出土していないことからすると，中期以降にモモの食用がより普及したと推定される。

貝層の形成と漁撈活動の活発化

関東地方では，縄文時代に大規模な貝塚が形成されるのと対照的に，弥生時代には住居内や環濠等の覆土の一部に貝層のブロックが検出されることがある（樋泉 1991）。今回集成したなかにおいても，貝層が検出されている遺跡は 19 遺跡あり，すべて弥生時代中期以降，とりわけ中期後葉から後期にかけてのものが多い。弥生時代の貝塚形成について，これまでの評価は弥生時代の貝類の採取活動が単発的で偶発的なものであり，貝そのものが生活を維持していくための食糧ではなく，スナック的な非常食であったためであるとする解釈（樋泉 1991）や，弥生時代の生業戦略のなかで主体にならなかったため，大型の貝塚が形成されることがなかったと評価されている（阿部 2009）。しかし，貝層の形成が弥生時代中期後半から後期にかけて多くみられることと，三浦半島の海蝕洞穴遺跡の炭と灰と焼土と貝の互層の形成が前後の時期にはなく，中期後半から後期前半に集中的にみられること（杉山 2017）とは無関係ではないだろう。また，池子遺跡で多く出土しているサメ類が中里遺跡や河原口坊中遺跡などでも出土しており，小規模とはいえども，弥生時代中期から後期における海産食糧の利用が活発化し，その流れのなかにおいて池子遺跡でみられるような複数の漁撈体系が営まれていたと考えられる。

まとめ

池子遺跡出土の自然遺物と，南関東地方の弥生時代の自然遺物との比較を行った。その結果，食糧としては，穀物類・シカとイノシシなどの動物・小型から大型までを含む魚類と貝類などが利用されていることが明らかとなった。今回の分析では，特に植物質食糧について，サンプリングの方法が遺跡ごとにことなり，同レベルで比較することが不可能なため，南関東地方の遺跡例と比較することで，最大公約数的に評価した。とりわけ植物質食糧の評価方法については，改めて検討する必要があろう。

魚類についても，大型魚と小型魚の利用に関しての評価は難しい。しかし，池子遺跡の中期後半から後期前半においての魚類と貝類の海産資源の積極的利用は，同時期に南関東地方でも需要の高まりがあることを改めて指摘しておきたい。

引用文献

姉崎智子　1999「弥生時代の関東地方におけるブタの存在—神奈川県逗子市池子遺跡群の出土資料の検討—」『動物考古学』第12号　動物考古学会　39-53頁
阿部友寿・高橋香　2014『河原口坊中遺跡　第4次調査』かながわ考古学財団
阿部芳郎　2009「縄文文化的貝塚はなぜ消滅したのか」『弥生時代の考古学5　食糧の獲得と生産』同成社　198-212頁
安藤広道　2002「異説弥生畑作考—南関東地方を対象として—」『西相模考古』第11号　西相模考古学研究会　1-56頁
飯塚美保・高橋香ほか　2014『河原口坊中遺跡　第1次調査』かながわ考古学財団
池田治・宮井香ほか　2015『河原口坊中遺跡　第2次調査』かながわ考古学財団
大谷　猛　1992『赤羽台遺跡群』東北新幹線赤羽地区遺跡調査団
大村　直　1989『市原市大厩弁天台遺跡』市原市埋蔵文化財センター
岡田威夫　1988『折本西原遺跡Ⅰ』折本西原遺跡調査団
小沢　洋　1985『境遺跡』君津郡市文化財センター
甲斐博幸　1996『常代遺跡群』君津郡市考古資料刊行会
國木田大　2012「縄文時代中・後期の環境変動とトチノキ利用の変遷」『東北地方における中期/後期変動期　4.3kaイベントに関する考古学現象①』東北芸術工科大学　85-94頁
小泉玲子・山本暉久ほか　2008『中屋敷遺跡発掘調査報告書』昭和女子大学人間文化学部歴史文化学科中屋敷遺跡発掘調査団　六一書房
甲野　勇　1930「東京府下池上町久ヶ原弥生式竪穴に就て」『史前学雑誌』史前学会　17-27頁
越川敏夫　1984『原遺跡』原遺跡調査会
近藤　敏　1987『菊間手永遺跡』市原市文化財センター
近藤敏・田中清美　1989『千草山遺跡・東千草山遺跡』市原市文化財センター
斎木　勝　1974『市原市菊間遺跡』千葉県都市部
佐々木藤雄　1991『山王三丁目遺跡』熊野神社遺跡群調査会
末武直則・斎藤主税　1988『押畑子の神城跡発掘調査報告書』印旛郡市文化財センター
杉山浩平　2017「三浦半島海蝕洞穴遺跡の空間利用」『神奈川考古』第53号　神奈川考古同人会　13-30頁
高瀬克範　2009「弥生時代の雑穀栽培と木の実食の評価」『弥生時代の考古学5　食糧の獲得と生産』同成社　213-227頁
樋泉岳二　1991「関東地方の弥生時代貝塚」『考古学ジャーナル』No.336　ニュー・サイエンス社　16-22頁
樋泉岳二　1999「池子遺跡群No.1-A地点における魚類遺体と弥生時代の漁撈活動」『池子遺跡群Ⅹ　別編・自然科学分析編』かながわ考古学財団　311-339頁
戸田哲也　1998『多摩区No.61遺跡（宿河原縄文時代低地遺跡）発掘調査報告書』多摩区No.61遺跡発掘調査団
戸田哲也・大倉潤ほか　2012『平沢同明遺跡9301地点　発掘調査報告書』秦野市教育委員会
戸田哲也・河合英夫ほか　2015『中里遺跡発掘調査報告書』玉川文化財研究所
戸田哲也・霜出俊浩ほか　2010『平沢同明遺跡2004-04地点・2004-05地点　発掘調査報告書』秦野市教

育委員会
中根君郎　1928「武蔵国荏原郡池上町久ヶ原及びその附近に於ける弥生式遺跡」『考古学雑誌』第18巻第7号　日本考古学会　42-58頁
中村勉・諸橋千鶴子ほか　1997『大浦山洞穴』三浦市教育委員会
中村勉・諸橋千鶴子ほか　2001『赤坂遺跡―第8次調査地点の調査報告―』三浦市教育委員会
中村勉・諸橋千鶴子ほか　2004『赤坂遺跡―第10次調査地点の調査報告―』三浦市教育委員会
中村勉・剱持輝久ほか　2015『雨崎洞穴』赤星直忠博士文化財資料館
中山誠二　2007「関東・中部地方の植物遺存体からみた植物栽培の開始」『日本考古学協会　2007年度熊本大会　研究発表資料集』日本考古学協会2007年度熊本大会実行委員会　385-397頁
西本豊弘・姉崎智子　1999「池子遺跡群の哺乳類遺体」『池子遺跡群Ⅹ　別編・自然科学分析編』かながわ考古学財団　287-296頁
浜田晋介・山本孝文　2017『加瀬台遺跡群の研究―第4・7・8地点―』日本大学文理学部史学研究室
松島義章　1999「池子遺跡群より明らかになった貝類」『池子遺跡群Ⅹ　別編・自然科学分析編』かながわ考古学財団　51-70頁
松本太郎・松田礼子ほか　1999『平成10年度市川市内遺跡発掘調査報告書』市川市教育委員会
三森俊彦　1974『市原市大厩遺跡』千葉県都市公社
百原新・久保田礼・那須浩郎　1999「池子遺跡群の大型植物化石群」『池子遺跡群Ⅹ　別編・自然科学分析編』かながわ考古学財団　161-176頁
八木奘三郎　1906「中間土器（弥生式土器）の貝塚調査報告」『東京人類学会雑誌』248号　東京人類学会　46-55頁
八木奘三郎　1907「中間土器（弥生式土器）の貝塚調査報告」『東京人類学会雑誌』250・251・256号　東京人類学会　134-142頁・186-198頁・409-411頁
山本暉久・谷口肇　1999a『池子遺跡群Ⅸ　No.1-A東地点・No.1-A南地点』財団法人かながわ考古学財団調査報告45　財団法人かながわ考古学財団
山本暉久・谷口肇　1999b『池子遺跡群Ⅹ　No.1-A地点』財団法人かながわ考古学財団調査報告46　財団法人かながわ考古学財団
和島誠一　1960「考古学からみた千代田区」『千代田区史　上巻』千代田区
和島誠一　1965『三殿台』横浜市教育委員会
渡辺貞幸　1979『向ヶ岡貝塚』東京大学文学部

挿図出典

図1 筆者作成，図2 逗子市教育委員会　提供，図3 山本・谷口1999，図4 近藤1987，図5 近藤・田中1989，図6 八木1907，表1～4 山本・谷口1999abより作成，表5 戸田1998より作成

第3章　池子遺跡の弥生人骨

―関東の弥生集落遺跡の出土人骨と比較して―

佐宗亜衣子

はじめに

池子遺跡の人々は，どのような弥生人であったのだろうか。池子遺跡や赤坂遺跡などの集落遺跡は，近隣沿岸の海蝕洞穴遺跡とたびたび対比して論じられてきた（中村 2017）。かつて大浦山洞穴，毘沙門洞穴，間口洞穴から発掘された弥生人骨を研究した鈴木尚は，これらの人骨が後の関東地方の古墳時代人と共通する特徴をもつと述べ（Suzuki 1969），自身の小進化による連続的変形説の基盤資料としている。それでは池子の人骨は洞穴遺跡と同様に渡来系の特徴を示すのだろうか，または在来系（縄文系）の特徴を示すのだろうか。本稿では池子遺跡の人々がこのどちらに近い形態的特徴を示すのかという点を中心に検討してみたい。

池子遺跡の人骨は報告書で出土報告がなされているが（西本・姉崎 1999ab），形態的な詳細についてはこれまで未報告である。本稿では池子遺跡人骨の生物人類学的な記載報告と，関東の他の集落遺跡・再葬墓の出土人骨について記載し，比較を行う。

1.　池子遺跡の弥生人骨

人骨の出土状況および概要

西本・姉崎（1999ab）では 19 点の人骨の出土が報告されている。今回，逗子市教育委員会のご協力を得て，現状調査を行った。西本・姉崎報告（1999ab）の 19 点のうち 13 点と，未報告の資料 7 点（管理番号 20867，20871～20875，24645）を確認し，計 20 点を確認することができた（表 1，図 4・5）。右大腿骨，脛骨，上腕骨などの 6 点（2953，4298，9891，23355，番号なし 2 点）は今回の調査では確認できなかった。

池子遺跡群総集編（1999）P26「No. 1－A 地点　弥生時代面全体」，P85「No. 1－A 南地点　弥生時代面全体」より作成。○の大きさは資料点数を表している。

図1　池子遺跡人骨の出土分布

これら 20 点の出土グリットをプロットすると

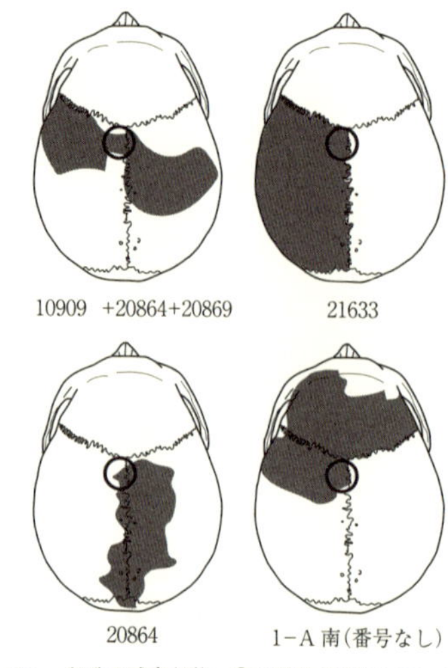

グレー部分が残存部位。○の範囲が重複している。

図 2　池子遺跡の頭骨の重複部位

（図 1），弥生時代の旧河道から出土していることが確認でき，川の合流部や屈曲部に集中していることがわかる。動物骨 140 点とともに出土が確認されており，川中に流れてきた散乱人骨であったと思われた。これらの出土状況から 1-A 地点と 1-A 南地点の人骨は同質の資料と判断し，両者を区別せず統合して鑑定を行った。

残存部位および詳細は表 1 に記載した。最小個体数は左頭頂骨の重複から 4 個体である（図 2）。さらに，骨片の接合や厚さ，血管溝の性状などから個体鑑定を行い，4 個体それぞれに属する頭骨片を同定した。最終的に，① 10909 を主体とする骨片（10909，20864 の 4 骨片のうち 2 片，20869），② 20864（4 骨片のうち 2 片），③ 21633，④ 1-A 南（番号なし）の 4 個体に分けられた。

頭骨片だけからの年齢推定は個体差が大きく，あまり精度が期待できない。だが，仮に頭蓋縫合の癒合状況で推定するならば，①と④の 2 個体は青年，②は熟年，③は壮年と推定される。

下顎骨は 3031 と 20640 の 2 個体がある。3031 は成人でオトガイ部の形態は女性的であり，歯冠径は小さい。第二小臼歯の舌側喉頭が齲歯により欠損し，第二大臼歯の頬側セメント－エナメル質境にも齲歯がみられる。歯槽骨の退縮が認められ，歯周病の状態を示している。20640 は第三大臼歯が未萌出なことから未成年（15 歳 ±3）で，オトガイ部や下顎角の形態は女性的である。右第一大臼歯の第二大臼歯との隣接咬合面に齲歯がみられ，左右第一大臼歯に歯冠損傷（chipping）が認められる。両下顎骨の歯式は以下のとおりである。

3301

（永久歯）	M3	M2	M1	P2	P1	C	I2	I1	I1	I2	C	P1	P2	M1	M2	M3	
右上顎	―	―	―	―	―	―	―	―	―	―	―	―	―	―	―	―	左上顎
右下顎	―	―	―	―	―	―	△	△	△	△	△	△	⊙	△	⊙	•	左下顎

20640

（永久歯）	M3	M2	M1	P2	P1	C	I2	I1	I1	I2	C	P1	P2	M1	M2	M3	
右上顎	―	―	―	―	―	―	―	―	―	―	―	―	―	―	―	―	左上顎
右下顎	●	○	⊙	○	△	○	△	△	△	△	○	○	○	○	○	●	左下顎

○：残存歯，◎遊離歯，⊙：齲歯，●：形成途中・未萌出，△：死後脱落，―破損・不明，•先天欠如

その他の四肢・体幹骨は左鎖骨と左尺骨を除き，いずれも断片的である。22010 の鎖骨は全長が長く男性平均値に近いが，骨幹は細い。あとで詳細を述べるが，東日本の弥生人と比較すると女性の可能性があるようだ。四肢骨について得られた計測値は表 7，歯冠計測値は他の遺跡データとともに表 8 に示している。安定同位体・年代測定のためのサンプリングは上記の頭骨 4 個体および下顎 2 個体より行っている。ストロンチウム分析等のサンプルは下顎 2 個体より採取された。

表1　池子遺跡 1-A 地点・1-A 南地点出土人骨

標本番号	西本・姉崎（1999ab）	部位	グリット	標本の詳細
1-A 地点				
4298		頚椎	CXI-97	本調査では未確認。
9133		肋骨	CXII-38	右第4肋骨。
9891		右大腿骨	DXI-83	本調査では未確認。
10187		肋骨	CXII-18	右上位肋骨第3。
10909		頭骨片	DXII-74	20864（左頭頂骨片）と縫合する右頭頂骨片。縫合は開放しており，青年と思われる。DXII-74 は調査区外であり，グリットが設定されていない。DXI-74 の間違いか？
20597		肋骨	DXI-91	左肋骨，第5～7肋骨あたり。
20598		左尺骨	DXI-91	近位端は癒合（17歳以上），若年ではなく成人，遠位端を欠く。
20640		下顎骨	DXI-91	ほぼ完形。M3 未萠出（15歳 ±3 以下），M2 に咬耗面あり。右 P1 歯冠近心部，右 M1 近心舌側歯冠側面および左 M1 遠心頬側歯冠咬合面に chipping あり。齲歯が右 M1 遠心隣接面にあり。オトガイ部は女性的。
20864		頭骨片	DXI-84	4片あり2片ずつ接合する。一つは左右頭頂骨で頭頂からラムダ付近までの破片で，ラムダ骨が認められる。左右頭頂骨，ラムダ骨は外版が癒合して，内板が癒合消失しており，熟年と思われる。他方は 10909（右頭頂骨片）と縫合する左頭頂骨片。縫合は開放しており，青年と思われる。
20867	報告なし	大腿骨片	DXI-84	骨幹中央外側，左右不明。
20869		頭骨片	DXI-84	左側頭骨片，青年。
20871	報告なし	左第5中手骨	DXI-84	遠位骨頭を欠く。筋付着部が発達し，めりはりのあるシルエット。小さい。
20872	報告なし	指骨（基節骨）	DXI-84	近位骨端を欠く。
20873	報告なし	長骨片	DXI-84	部位不明（上腕？）。
20874	報告なし	右大腿骨	DXI-84	遠位外側。
20875	報告なし	大腿骨片	DXI-84	骨幹中央，左右不明。
21140		肋骨	DXI-84	2片あり接合するが，そのうち1片は図版に掲載されていない。左肋骨，第8～10肋骨あたり，熟年。
21633		頭骨片	DXI-54	ほぼ完形の左頭頂骨。縫合は癒合していたと思われる。前頭縫合からラムダ縫合までの距離が短い。
22010		左鎖骨	CXI-100	ほぼ完形。肩峰端を一部欠く。胸骨端が未癒合（25歳前後以下）。鎖骨長が長い。
23355		脛骨	DXI-83	本調査では未確認。
24645	報告なし	左第4中足骨	DXI-91	遠位骨頭を欠く。
番号なし		第2中手骨	DXI-84	本調査では未確認。
番号なし		中手骨または指骨	DXI-91	本調査では未確認。
1-A 南地点				
2953		左上腕骨	DXII-91	本調査では未確認。
3301		左下顎	DXIII-1	右 I2 歯槽部から左下顎枝までの部分。右 M2 頬側セメントーエナメル境と隣接面，右 P2 の遠心隣接面に齲歯あり。歯槽の退縮がみられ，歯根が露出している。また歯槽中隔にも炎症所見（Cgtegory3）がみられ，M1 の頬側歯槽壁は V 字の歯槽退縮がみられる。オトガイ部の発達は弱く，歯冠計測値においても女性的。
番号なし		頭骨片	DXII-91	前頭骨と一部の左右頭頂骨。縫合は開放，青年。

形態的な特徴：在来系か？渡来系か？

池子人骨資料は散乱人骨で断片的であるため，個体全身の形態的特徴を分析するのは困難である。ここでは非計測的特徴の観察と，四肢長骨で計測可能であった尺骨と鎖骨，そして歯冠計測値から得られた知見について記述する。

20864では形態小変異の一つ，ラムダ骨がみとめられる。形態小変異は集団によって出現率が異なり，集団の出自分析に使用されている。ラムダ骨は縄文人と弥生人以降では出現率が有意に異なり，縄文人に少なく弥生人に多いことが知られている。Dodo and Ishida（1990）によれば縄文集団での出現率は4.5%，渡来系弥生集団では18.0%である。また，歯にみられる形態小変異でも，縄文人と弥生人で出現率が異なる項目が報告されている（Matsumura 1994）。これに照らしてみると，池子遺跡出土人骨は下顎第二大臼歯の5咬頭があり，下顎第一大臼歯に第7咬頭がないという点で渡来系弥生的であり，下顎第一大臼歯屈曲隆線が観察されないという点で縄文的である。

さらに齲歯率や歯の大きさにおいても，縄文と弥生では有意に異なる。齲歯率の平均は縄文人集団で8.2%，弥生人集団で22.6%と報告されている（Fujita 1995, Oyamada ほか 1996）。池子では残存歯11本のうち齲歯が3本認められ，齲歯率は27.3%，一人平均齲歯数（佐倉 1964）は1.2本となる。残存歯の数が少なく，また少数個体からのデータであるため集団の平均値はもう少し低い可能性があるが，古人骨集団としては齲歯率が高かったと推定される。

歯冠の大きさは渡来系弥生人では，縄文人と比べて大きいことが知られている。松村は歯冠の近遠径と頬舌径を計測して分析し，ほとんどの歯冠径において弥生人が有意に大きいことを報告し，渡来系と縄文系の判別関数を提示している（松村 1997・2003, Matsumura 1998）。池子人骨の下顎20640についても分析し，高い確率で渡来系であると判別された（松村 2003）。しかし，20640は第二次成長が終了していない未成年のために性差がはっきりと現れておらず，性判定は難しい。そこで，男性用の判別関数（松村 2003：MF14）についても適用してみると，得点は1.578となり，やはり渡来系と判別される。3303は計測できる項目が少なく判別関数を適用することができない。

鎖骨（22010）は骨幹が長く相対的に細い。このような特徴は縄文人の鎖骨の一般的な特徴と共通する。池子の鎖骨を東日本縄文と関東現代人の計測値と比較すると，最も近いのは縄文人男性の値である（表7）。それでは，この鎖骨は縄文系の形質をもつ男性なのであろうか。四肢骨が残存する，福島県横須川市の牡丹平遺跡と群馬県多野郡神流町の岩津保遺跡から出土した弥生人骨と比較してみる。どちらも全身の形態から縄文系（在来系）弥生人の女性と報告されている（海部 1993, 小方ほか 2000）。池子は岩津保とよく似た値を示す。両者とも長さは男性平均値並みだが，男性にしては骨幹中央周が非常に小さく，中央断面示数でみると縄文や現代人の女性よりもさらに相対的に細い。牡丹平は最大長が損傷により得られていないが，同様に中央断面示数が小さい傾向にある。縄文人と渡来系弥生人の四肢骨の比較分析では，長骨の最大長や骨体断面の扁平性，遠位・近位の長骨間のプロポーションを表す示数において，両集団の有意差が顕著であったと報告されている（瀧川 1999，瀧川ほか 2000）。また，両集団の判別分析では長骨の最大長よりも骨幹周径が影響するという。このことから，ある単一の四肢長骨の比較においては，帰属集団の特徴はその骨のプロポーション（長さに対する太さ）に現れることが示唆されるだろう。さらに海部（1993）によれば，福島県相馬郡三貫地貝塚や岡山県笠岡市津雲貝塚などの縄文集団の女性においても 150 mm を超える鎖骨が 1～2 個体観察されるという。以上のことを統合すると，この鎖骨が縄文系の形質をもつ女性に由来する可能は十分にあるといえる。

まとめ

ここまでの所見をまとめると，池子遺跡 1-A 地点および 1-A 南地点の出土人骨は，現在のところ，20 点が確認できた。そのうち，7 点は未報告資料である。最小個体数は 4 個体で，青年が 2 個体，壮年が 1 個体，熟年が 1 個体と推定され，少なくとも女性 2 個体が含まれる。

ラムダ骨や下顎第二大臼歯の 5 咬頭など，渡来系弥生人に多いとされる形態小変異がやや多く確認された。少なくとも 1 個体においては歯冠が大きく，判別関数において渡来系と判定された。齲歯率は 27.3%と比較的高い。しかし，鎖骨の形態で東日本の縄文系弥生人女性と共通する特徴がみられた。

以上のことから，池子遺跡の人骨では計測的，非計測的特徴の両方において，縄文的特徴よりも渡来系弥生人的特徴が多く認められたが，在来系（縄文系）弥生人の存在も示唆される。

2.　他の関東弥生遺跡の出土人骨

対象とした遺跡

比較のために，関東の集落遺跡や再葬墓から出土した人骨を調査した。調査対象は，埼玉県熊谷市横間栗遺跡，埼玉県深谷市上敷免遺跡，千葉県君津市常代遺跡，神奈川県三浦市赤坂遺跡，静岡県静岡市鷹ノ道遺跡の 5 遺跡である。これらの人骨資料は集落または集落の墓域と推定される地点から出土している。横間栗と上敷免は池子よりも少し古い時期に属し，コメの存在は想定されているが本格的な水田稲作が行われていたとは評価されていない時期である。常代・赤坂・鷹ノ道は弥生時代中期中葉から後葉で本格的な水田稲作が行われている時期で池子と共通している。まずは各遺跡資料の概略と現状について述べる。

横間栗遺跡（埼玉県）

熊谷市教育委員会により行われた 1987 年度の発掘により，弥生前期末～中期前半に属する再葬墓が 13 基検出された。そのうち第 1 号，第 6 号，第 9 号，第 12 号の計 4 基の壺形土器内および周辺より人骨の出土が報告されている。再葬墓の帰属時期は層位などによりⅢ期に分かれるとされ，Ⅰ期が沖Ⅱ段階，Ⅱ期が岩櫃山段階，Ⅲ期が上敷免段階に比定されると分析されている（鈴木編 1999）。第1号墓と第6号墓はⅠ期に，第1号墓と第12号墓はⅡ期に該当する。

本人骨については設楽・松村（1999）が記載している。今回の調査では，第1号墓は脛骨のみを確認できた。また第6号墓では記述のない右上顎第二大臼歯，上顎第一大臼歯（左右不明）を確認した。第9号墓の資料は確認できなかった。歯はすべて歯冠エナメルのみの遊離歯であり，齲歯はみられなかった。標本一覧と計測値は表2・8に，写真は図6に示した。また，歯式は以下のとおり。

第6号墓

（永久歯）	M3	M2	M1	P2	P1	C	I2	I1	I1	I2	C	P1	P2	M1	M2	M3	
右上顎	—	⦿	—	—	⦿	—	—	—	—	—	—	—	—	—	—	⦿	左上顎
右下顎	—	—	—	—	—	—	—	—	—	—	—	—	—	—	—	—	左下顎

第12号墓

（永久歯）	M3	M2	M1	P2	P1	C	I2	I1	I1	I2	C	P1	P2	M1	M2	M3	
右上顎	—	—	—	⦿	⦿	—	—	—	—	—	—	—	—	—	—	—	左上顎
右下顎	—	—	—	—	—	—	—	—	—	—	—	—	—	—	—	—	左下顎

○：残存歯，◎遊離歯，⦿：齲歯，●：形成途中・未萌出，△：死後脱落，—破損・不明，・先天欠如

表2　横間栗遺跡出土人骨

遺構ID	設楽・松村（1999）	部位	標本の詳細
第1号墓	左腓骨		本調査では未確認。
	左脛骨　近位	脛骨	左右不明※，小さく，華奢である。
	左大腿骨　近位		本調査では未確認。
	右大腿骨　近位		本調査では未確認。
	右脛骨　近位		本調査では未確認。
	不明骨片　4点		本調査では未確認。
	肋骨　5点		本調査では未確認。
第6号墓	右上顎P1	右上顎P1	
	左上顎M3	左上顎M3	
	報告なし	右上顎M2	歯冠側面のみ，隣接の咬合ファセットがありM3は萌出していた。
	報告なし	上顎M1	歯冠側面のみ，左右不明。
		他エナメル片	
第9号墓	歯冠の破片		本調査では未確認。
第12号墓	右上顎P1	右上顎P1	
	右上顎P2	右上顎P2	
		他エナメル片	

※　左右は鑑定できず，右脛骨の可能性もある。設楽・松村（1999）報告の左右脛骨のうち，どちらか一つが未確認である。

設楽・松村（1999）によれば再葬墓にはそれぞれ1個体が埋葬されているという。また，第1号墓は女性の可能性が高く，大腿骨の柱状性が高いことから縄文人的，つまり在来系弥生人としている。第6号墓は歯冠径が小さいことから女性，第3大臼歯がほとんど未咬耗である点から青年と判定し，第12号墓は歯冠径が大きいことから男性，年齢は壮年前半と鑑定している。本調査で確認できた資料は3基分であるので最小個体数は3個体となる。今回の所見も設楽・松村（1999）とほぼ相違ない。歯冠計測値でみると第6号墓の歯冠の小ささは縄文的，第12号墓の歯冠の大きさは渡来系弥生人的である。1号墓は大腿骨の観察ができず，歯冠もないため判断できない。

上敷免遺跡（埼玉県）

横間栗遺跡から約2キロに位置する上敷免遺跡では，1977年の発掘で中期中葉に属する再葬墓2基が発掘されている（蛭間編，1978）。第2次調査では古墳時代後期から古代の大集落跡が検出されているが，弥生期の居住域は見つかっていない（澤出編 1985）。

1号再葬墓（Y-1）からは3個の壺形土器が出土し，そのうち一つ（P-2）から人の歯が検出されている。2号墓（Y-2）からも3個の壺形土器が出土し，そのうち2個（P-4，P-5）から人骨と歯が検出された。人骨を鑑定した森本（1978）は2号墓について確定はできないが、どちらの再葬墓も1個体として矛盾ないとし，獣骨はいずれも小さな破片であることから土器中に混入したと考えている。このことから，一人分の骨を複数の土器に分けて納骨したものと解釈されている（石川 1987，設楽 1993）。性別，年齢については，1号墓は歯の咬耗度より壮年期後半から熟年期前半，性別は不明であるとし，2号墓は1号墓と比べるとやや咬耗が弱く壮年期後半，性別は不明と鑑定されている（森本 1987）。

本調査時には標本付属のラベルに混乱が生じていたため，森本（1978）の記述および図版と照合して，表4のとおりと判断した。各墓の人骨は重複する部位はなく，1号墓と2号墓は右上顎側切歯と右下顎第一大臼歯が重複することから，最小個体数は2個体である。各個体の歯式は上記のとおりである。いずれの歯牙にも齲歯はみられない。

1号墓（Y-1）

（永久歯）	M3	M2	M1	P2	P1	C	I2	I1	I1	I2	C	P1	P2	M1	M2	M3	
右上顎	—	—	—	—	—	—	◎	—	◎	—	—	—	—	—	—	—	左上顎
右下顎	◎	◎	◎	◎	◎	—	—	—	—	—	—	◎	—	◎	—	—	左下顎

2号墓（Y-2）

（永久歯）	M3	M2	M1	P2	P1	C	I2	I1	I1	I2	C	P1	P2	M1	M2	M3	
右上顎	—	—	◎※	—	—	—	◎	◎※	—	—	—	—	—	—	—	—	左上顎
右下顎	—	—	◎	—	—	—	—	—	—	—	—	—	—	—	—	—	左下顎

○：残存歯，◎遊離歯，⊙：齲歯，●：形成途中・未萌出，△：死後脱落，—破損・不明，•先天欠如

※　森本（1978）の鑑定に基づく。

表3　上敷免遺跡出土人骨

遺構 ID	土器 ID など	森本（1978）	部位	標本の詳細
1号墓（Y-1）	P-1	獣骨片3片	獣骨片3〜4片	焼骨。
	P-2	左上顎I1	左上顎I1	ラベルに「上免 Y-2」とあるが，森本（1978）より Y-1 P-2 と判断した。
		左下顎I2	上顎右I2	シャベル型の痕跡あり（ヘリチカの tr 型）。ラベルに「上免 Y-2」とあるが，森本（1978）より Y-1 P-2 と判断した。
		左下顎M1	左下顎M1	ラベルに「上免 Y-2」とあるが，森本（1978）より Y-1 P-2 と判断した。
		左下顎P2	右下顎P1	
		右下顎P1	右下顎P2	ラベルに「上免 Y-2」とあるが，森本（1978）より Y-1 P-2 と判断した。
		右下顎P2	左下顎P2	ラベルに「上免 Y-2」とあるが，森本（1978）より Y-1 P-2 と判断した。
		右下顎M1	右下顎M1	第6咬頭あり。
		右下顎M2	右下顎M2	
		右下顎M3	右下顎M3	中心結節あり。ラベルに「上免 Y-2」とあるが，森本（1978）より Y-1 P-2 と判断した。
		歯冠微細片	歯冠微細片	ラベルに「上免 Y-2」とあるが，森本（1978）より Y-1 P-2 と判断した。
		獣骨4片		本調査では未確認。
	P-3	獣骨3片	獣骨片3片	焼骨，ラベルに「上免 Y2（B）弥生再葬墓（P-3）（Y-1）」とあるが，「Y2（B）」は誤りか？
2号墓（Y-2）	P-4（または A）	上腕，橈骨，尺骨，腓骨いずれかの縁部片	橈骨内側縁の骨片	焼骨，ラベルに「上免 Y2（B）弥生再葬墓（A）」とある。
		獣骨片2片	獣骨片2片	焼骨。
	P-5（または B）	上顎右I1	上顎I	ラベルに「上免 弥生再葬墓（B）（Y-2）鬼高期覆土中1」とある。
		上顎右I2	上顎右I2	ラベルに「上免 Y-1 P-2」とあるが，森本（1978）より Y-2 P-5 と判断した。
		上顎右M1	上顎右M1またはM2	ラベルに「上免 Y-1 P-2」とあるが，森本（1978）より Y-2 P-5 と判断した。
		右下顎M1	右下顎M1	ラベルに「上免 Y-1 P-2」とあるが，森本（1978）より Y-2 P-5 と判断した。
		左下顎I2	上顎I	ラベルに「上免 弥生再葬墓（B）（Y-2）鬼高期覆土中1」とある。
		切歯および大臼歯の歯冠微細片	切歯および大臼歯の歯冠微細片	ラベルに「上免 弥生再葬墓（B）（Y-2）鬼高期覆土中1」とある。
		獣骨1片		本調査では未確認。
	鬼高期住居址内	報告なし	頭骨片	焼骨，ラベルに「上免 Y-2　鬼高期住居址内覆土中2」とある。

本調査での所見は森本（1978）といくつか相違点がある。まず，1号墓の左下顎側切歯は右上顎側切歯と同定した。内側にはシャベル型の痕跡が認められた。また，下顎小臼歯については右第一小臼歯は右第二小臼歯，右第二小臼歯は左第二小臼歯，左第二小臼歯は右第一小臼歯と再鑑定した。2号墓の四肢骨片はさらに部位を限定して橈骨片と同定した。また，右上顎中切歯，第一大臼歯と同定された歯冠は，今回は歯種を特定できず上顎切歯，右第一または第二大臼歯とした。その他に森本（1978）に記載されていない頭骨片が1点ある。標本一覧と計測値は表3・8に，写真は図7に示した。

常代遺跡（千葉県）

1988年からの発掘調査で弥生中期中葉の方形周溝墓の主体部より6基の土坑墓が発見された。SZ110およびSK308（SZ75の主体部）の2基より人の歯が，4基は動物の歯が検出された。人骨は梶ヶ山・馬場（1996）により鑑定されており，本調査での所見とおおむね相違ないが，いくつ新たに鑑定した資料がある。SZ110では左下顎第二および第三大臼歯，右下顎第二大臼歯を新たに同定した。また，SZ308で「PまたはMの歯冠片」とされた標本は上顎第大臼歯歯冠片（左右不明）と同定した。さらに報告にない下顎第3大臼歯と思われる歯冠片がある。

年齢・性別については，SZ110は咬耗度より青年から壮年初期で性別は不明，SZ308は咬耗がほとんど無く未成年と思われるが不明，性別も不明と鑑定されている。本調査の知見を加味すると，SK308は下顎第三大臼歯が形成途中と思われ（12歳前後），上顎第二大臼歯片も未咬耗である（10歳前後）であることから，小児であると推定される。また，どちらの個体も歯冠径が小さく，女性の可能性が高い。なお，SZ110の右上顎第一大臼歯には渡来系弥生人におおいカラベリ結節がみとめられた。各墓の人骨は重複する部位はなく，SZ110とSK308は右上顎第一大臼歯と左下顎第一大臼歯が重複することから，最小個体数は2個体である。

標本一覧と計測値は表4・8に，写真は図8に示した。歯式は以下のとおりである。齲歯はみられなかった。

SZ110

（永久歯）	M3	M2	M1	P2	P1	C	I2	I1	I1	I2	C	P1	P2	M1	M2	M3	
右上顎	—	◎	◎	—	—	—	—	—	—	—	—	—	—	—	—	—	左上顎
右下顎	—	—	—	—	—	—	—	—	—	—	—	—	—	◎	—	—	左下顎

SK308

（永久歯）	M3	M2	M1	P2	P1	C	I2	I1	I1	I2	C	P1	P2	M1	M2	M3	
右上顎	—	—	◎	—	—	—	—	—	—	—	—	—	—	◎	—	—	左上顎
右下顎	—	—	◎	—	—	—	—	—	—	—	—	—	—	◎	—	—	左下顎

○：残存歯，◎遊離歯，⊙：齲歯，●：形成途中・未萌出，△：死後脱落，—破損・不明，•先天欠如

表 4 常代遺跡出土人骨

遺構 ID	標本 ID	梶ケ山・馬場 (1996)	部位	標本の詳細
SZ110	SZ110-1	上顎 I1	右上顎 C	エナメル片となっている。
		上顎 C	左上顎 C	エナメル片となっている。
	SZ110-2	上顎 I	上顎 I	エナメル片となっている。小臼歯の破片を含む。切歯はシャベル型の痕跡あり。
	SZ110-3	歯冠片	歯冠片	エナメル片となっている。
	SZ110-6	右上顎 M1	右上顎 M1	カラベリ結節あり。
		右上顎 M2	右上顎 M2	
		左下顎 M1	左下顎 M1	
			左下顎 M2	下顎 M の破片より新たに同定した。
			左下顎 M3	下顎 M の破片より新たに同定した。
			右下顎 M2	下顎 M の破片より新たに同定した。
		下顎 M の破片	下顎 M の破片	
	SZ110-7	歯冠片	歯冠片	微小で鑑定できない。
SK308	SK308-1	右上顎 M1	右上顎 M1	
		左上顎 M1	左上顎 M1	
		右下顎 M1	右下顎 M1	
		左下顎 M1	左下顎 M1	
		報告なし	下顎 M3 歯冠？	左右不明，形成途中と思われる。
		P または M の歯冠片	上顎 M2 歯冠片	左右不明。

赤坂遺跡（神奈川県）

1993 年に赤坂遺跡調査団により行われた発掘で人骨が出土している。弥生中期の 7 号住居址内から発掘され，約 400 点の動物骨の破片の中に人骨の破片が含まれていた（西本・小林 2004）。人骨も動物骨もすべて白色化した焼骨である。約 40 点の人骨片が確認できると報告されているが，今回は確認したのは 11 点である（表 5，図 9）。部位の重複はなく，いずれの破片も成人と思われる。西本・小林（2004）では若年または少年期と記載されているが，観察した資料には若年と推定されるものはなかった。よって，最小個体数は成人 1 個体である。焼骨で変形が激しく，また破片骨であるため，計測できる部位はなかった。

表 5 赤坂遺跡（第 10 次）出土人骨

遺構 ID	標本 ID	西本・小林 (2004)	部位	標本の詳細
7A 号住居	115（22）	頭骨（1 点のみ報告）	頭骨	6 片あり，全て焼骨。うち人骨は 2 点（頭頂骨片 1，左頬骨側頭頬骨突起 1）。他 1 点は動物骨，3 点は判別不能。
	167（29）	頭骨	頭骨	頭骨片，焼骨。
	187（37）	獣骨片	橈骨	左橈骨橈骨粗面付近，焼骨。
	191（40）	頭骨	頭骨	頭頂骨片，焼骨。
	276（54）	頭骨（左側頭骨椎体）	頭骨	左側頭骨椎体，焼骨。
	306（59）	頭骨	頭骨	頭骨片，焼骨。
	233（49）		大腿骨	大腿骨片，焼骨。
	覆土上部（72）	頭骨	頭骨	頭頂骨片，焼骨。
	覆土中部（74）		脛骨	脛骨片，焼骨。
	A ベルト 6 層（76）	獣骨片	上腕骨	左上腕骨三角筋粗面付近，焼骨。
	な し	四肢骨破片　27 点		本調査では未確認。233(49) および覆土中部（74）はここに含まれていた可能性あり。

鷹ノ道遺跡（静岡県）

1994から1995に行われた第3次発掘で，方形周溝墓2基（5号墓・7号墓）の主体部より人骨が検出されている。今回の調査で確認した資料と鑑定結果は表6，図10の通りである。歯はすべて歯冠で，一部の標本内部に歯根組織が残っていた。齲歯は認められなかった。歯式は下記のとおりである。

5号墓

（永久歯）	M3	M2	M1	P2	P1	C	I2	I1	I1	I2	C	P1	P2	M1	M2	M3	
右上顎	◎	—	—	—	—	—	—	—	—	—	—	—	—	—	—	—	左上顎
右下顎	—	—	—	—	—	—	—	—	—	—	—	—	—	—	—	—	左下顎

7号墓

（永久歯）	M3	M2	M1	P2	P1	C	I2	I1	I1	I2	C	P1	P2	M1	M2	M3	
右上顎	—	◎	—	—	—	—	—	—	—	—	—	—	—	—	—	—	左上顎
右下顎	◎	◎	◎	—	—	—	—	—	—	—	—	—	—	—	—	—	左下顎

○：残存歯，◎遊離歯，⊙：齲歯，●：形成途中・未萠出，△：死後脱落，—破損・不明，•先天欠如

7号墓は重複部位がなく，右上下顎の第二大臼歯の咬合も整合的であることから，1個体として矛盾ない。5号墓は判断が難しいが，少なくとも重複する部位はない。よって，最小個体数は2個体である。5号・7号墓ともに年齢は不明，5号墓は性別不明，7号墓は歯冠径が小さく女性の可能性が高い。

表6　鷹ノ道遺跡（第3次）出土人骨

遺構ID	標本ID	部位	標本の詳細
5号墓		歯冠	メモには「LM3」とあり「下顎M3」を意味すると思われるが，中心結節のある右上顎M3と思われる。
		骨片	3片あり，ヒト頭骨片と思われるが詳細部位は特定できず。
7号墓	7	右下顎M2	歯冠内に歯根が残存。
	7-4	右上顎M2	歯冠内に歯根が残存。
	8	右下顎M3	エナメル質のみ残存。
	9	右下顎M1	歯冠内の歯根が骨片となって残存。

池子遺跡との比較

関東集落遺跡の人骨資料は，酸性の土壌に埋葬されることや再葬墓であることから，人骨の保存状態が非常に悪い。ここまでみてきたように，いずれの遺跡も断片・部分骨であり，頭骨や体格の形態的情報を得ることはできない。

かろうじて歯冠はいくつかの遺跡で観察でき，計測値を得ることができた。池子以外の資料では齲歯がみとめられた個体はなかった。すでに記述したように，池子遺跡での観察歯は11点中，

齲歯は3点で齲歯率は27.3%である。横間栗は4点，上敷免は13点，常代は10点，鷹ノ道は4点の歯冠を観察したが齲歯はなく，いずれの遺跡も齲歯率は0%となる。池子のほかはエナメル質の歯冠のみであり，古人骨で齲歯が多くみられるセメント－エナメル境や歯根部の観察ができないため，精度の高い数字とはいえないが，少なくとも池子よりは齲歯率が低かった可能性が高いといえるだろう。

次に，歯冠計測値を比較してみる。残念ながら歯種が不十分で，松村による判別関数（松村1997・2003，Matsumura 1998）を適用できる個体はない。そこで，縄文人と渡来系弥生人の歯冠計測値の平均を男女ともに標準偏差とともにプロットし，そこに池子20640と3303も図示してみた（図3・4）。上下顎の近遠心径と頬舌径，いずれの項目も集団の平均値は，弥生人男性＞縄文人男性＞弥生人女性＞縄文人女性の順となることがわかる。20640は小臼歯がやや大きい近いが，第一大臼歯は小さい。しかし，第一大臼歯と第二大臼歯の差は相対的に小さく，やはり渡来系的である。3303は小臼歯が小さいが，第二臼歯の近遠心径は大きい。この結果から，縄文人的か弥生人的かを述べるのは難しいが，女性との判定とは整合的である。

今回調査した人骨全体でみると，興味深いのは歯冠径の小さな個体が多いことである。最も平均値の大きい弥生人男性の範囲に入ると思われるのは横間栗12号墓のみで，他は弥生人女性あるいは縄文男性の範囲にプロットされる。池子以外の事例の多くは再葬墓あるいは方形周溝墓の主体部から発掘された資料であるが，埋葬された人物には何らかの区別があったことを想起させる結果である。とはいえ，関東の弥生遺跡では酸性土壌のため，人骨の保存状態が悪く，発見される事例も少ない。分析できた資料がたまたま女性ばかりであったという可能性も否定できない。

まとめ

池子遺跡の人骨は部分骨であり，決して保存が良いとはいえない。しかし，関東の集落遺跡における人骨資料を調査すると，さらに保存部位は少なく，形態的な情報を得るのは難しかった。四肢骨の計測値をえられたのは池子遺跡の尺骨，鎖骨のみである。池子遺跡の人骨資料が関東の弥生時代の人々の出自や生活を考えるうえで非常に貴重な資料であることが，改めて認識された。

池子の鎖骨の特徴が東日本から出土した縄文系弥生人の女性と似ている点は非常に興味深い。細く長い鎖骨というのは，縄文系弥生女性に共通してみられる形態的特徴なのかもしれない。この鎖骨の特徴は群馬県岩津保の女性人骨と共通しているが，骨角器においても群馬県新保田中中村前遺跡との関連性が指摘されている。また，計測的・非計測的特徴の多くが渡来系的傾向を示すなかに，縄文系の特徴をもつ個体の存在が示唆されたことは，池子集団に在来系と渡来系の弥生人が混在した可能性を意味するだろう。これもまた，出土遺物の分析から縄文的な暮らしの要素を含みつつ水稲耕作が営まれた複合的生業形態であったと指摘されている点と一致している。

表7　鎖骨および尺骨の計測値（mm）と示数

計測項目[1]	池子	東日本縄文[2]		関東現代人[2]		牡丹平[3]	岩津保[4]
		男性	女性	男性	女性	女性	女性
鎖骨	(No. 22010)						
M1　最大長	151.9	152.1	136.6	147.3	131.8		150.0
M4　中央垂直径	9.7	10.3	8.5	10.6	8.6	9.0	8.5
M5　中央矢状径	13.5	13.4	11.2	12.9	11.1	12.0	13.0
M6　中央周	38.0	39.0	32.4	39.2	32.7	37.0	37.0
M6：M1　鎖骨長厚示数	25.0	25.6	23.7	26.6	24.8		24.7
M4：M5　中央断面示数	71.7	77.3	76.1	82.7	77.6	75.0	65.4
尺骨	(No. 20598)						
M11　骨体矢状径	13.5	14.1	12.5	13.1	11.1	12.5	12.0
M12　骨体横径	17.1	16.1	14.2	16.4	14.4	13.8	17.3
M13　骨体上横径	19.2						21.3
M14　骨体上矢状径	26.9						26.5
M11：M12　骨体横断示数	79.0	90.4	88.5	79.7	77.0	90.9	69.6
M13：M14　尺骨扁平示数	71.5						80.2

1）計測法は Martin and Saller（1957）および馬場（1991）に従った。基本的に右側とし，保存状態によっては左側を記載した。また，近遠位端が破損している場合の骨中央は推定している。2）瀧川（2005），3）小方ら（2000），4）海部（1993）より。岩津保は各個体の計測値より平均値を算出し，他の遺跡の一部の示数も計測値より算出している。

表8　歯冠計測値（mm）

標本 ID		第1小臼歯 MD/BL※	第2小臼歯 MD/BL	第1大臼歯 MD/BL	第2大臼歯 MD/BL	第3大臼歯 MD/BL
上顎						
横間栗　第6号墓	R	—/9.05				10.00/7.83
横間栗　第12号墓	R	7.40/9.97	7.78/9.72			
常代　SZ110	R			10.68/11.34		
常代　SZ308	R			10.49/11.51		
	L			10.49/11.79		
鷹ノ道　5号墓	R					9.36/8.11
鷹ノ道　7号墓	R				10.03/11.42	
下顎						
池子　3301	R		—/7.67		11.31/9.92	
池子　20640	R		7.38/9.11	11.20/10.81	11.15/10.92	
	L	7.69/8.13	7.67/8.85	11.50/10.90	11.32/10.88	
上敷免　1号墓	R	6.69/8.63	7.05/8.57	12.05/11.18	10.75/9.89	
上敷免　2号墓	R			11.79/11.39		
常代　SZ308	L			11.69/10.89		
鷹ノ道　7号墓	R			11.79/10.47	10.99/9.86	10.90/9.78

※　MD＝近遠心径，BL＝頬舌径

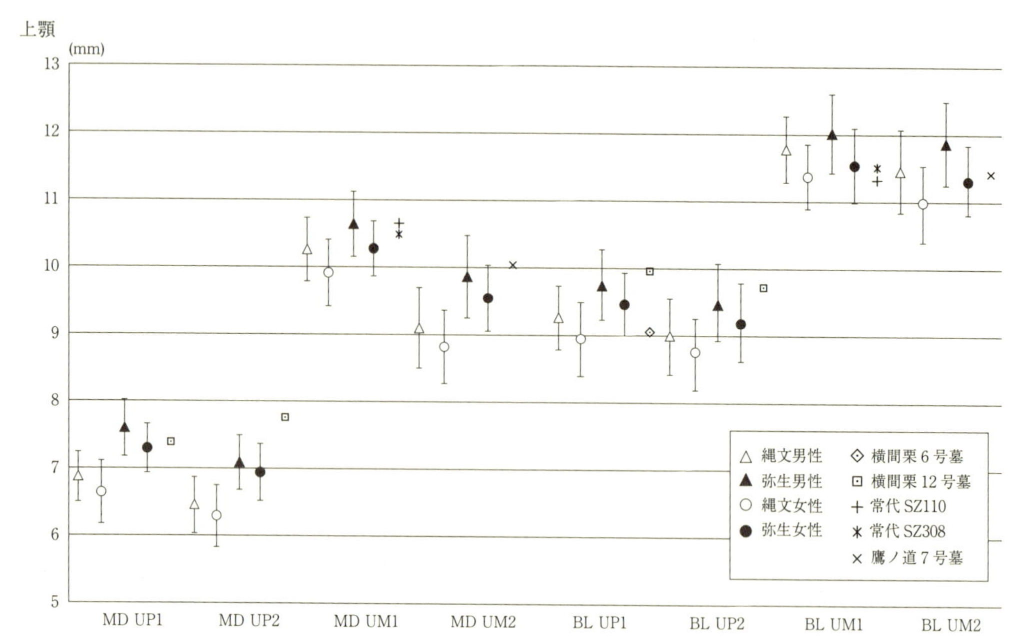

MD= 近縁心径，BL = 頬舌径，UP1 = 上顎第一小臼歯，UP2= 上顎第二小臼歯，UM1 = 上顎第一大臼歯，UM2 = 上顎第二大臼歯。
縄文人と渡来系弥生人は松村（2003）を使用した。縦の棒は標準偏差（1SD）を表している。

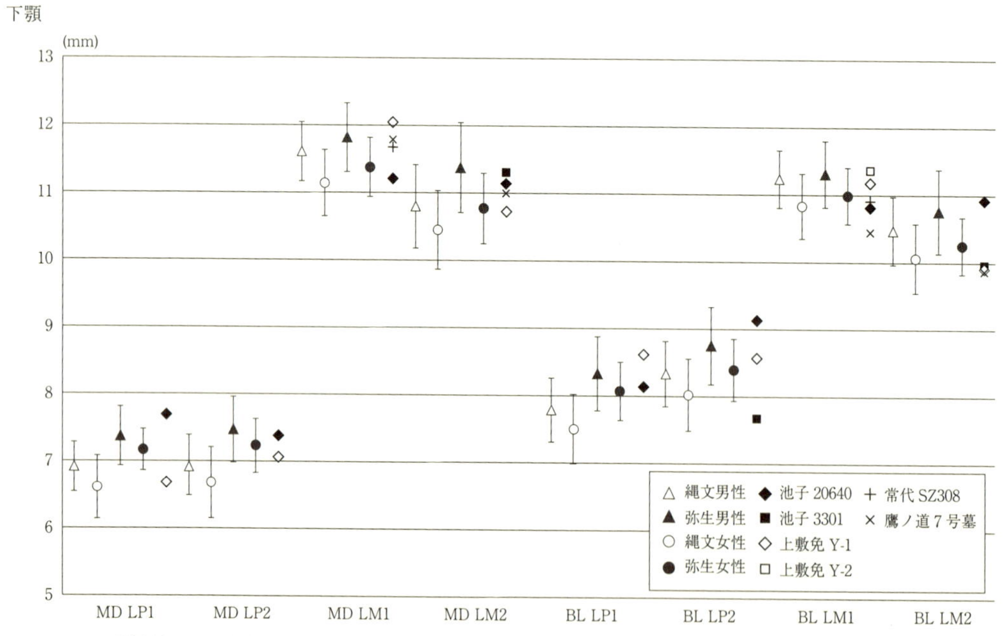

MD=近縁心径，BL = 頬舌径，LP1 = 下顎第一小臼歯，LP2=下顎第二小臼歯，LM1 = 下顎第一大臼歯，LM2 = 下顎第二大臼歯。
縄文人と渡来系弥生人は松村（2003）を使用した。縦の棒は標準偏差（1SD）を表している。

図 3　歯冠計測値の比較

21633

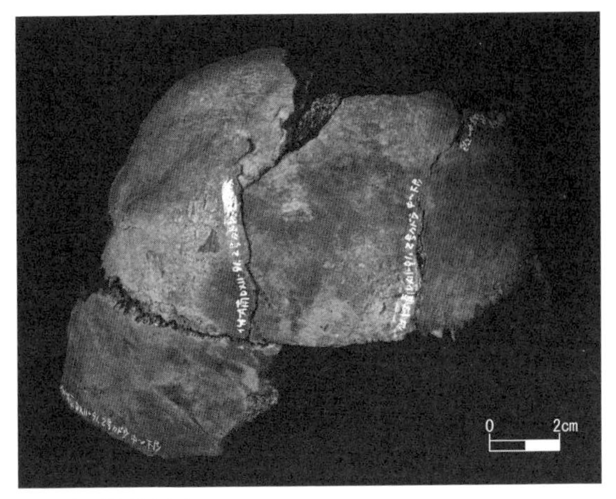

1−A 南（番号なし）

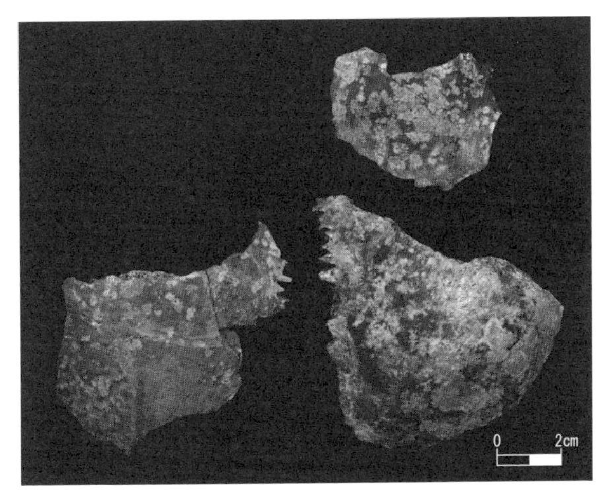

左上 20864，右上 10709，下 20869

20864

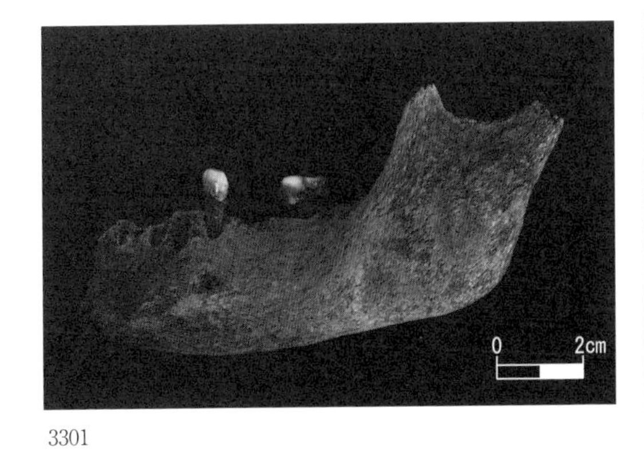

3301

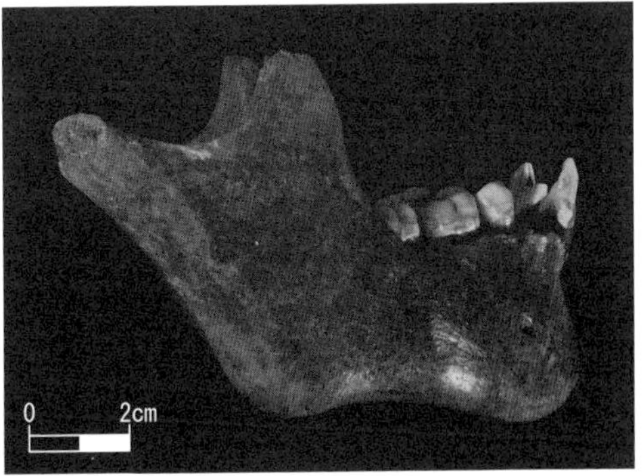

20640

図４　池子遺跡出土人骨　頭骨および下顎骨

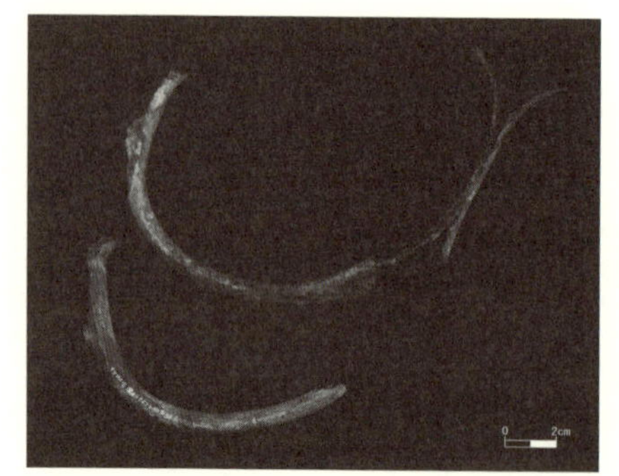
左肋骨 上 20597，下 21140

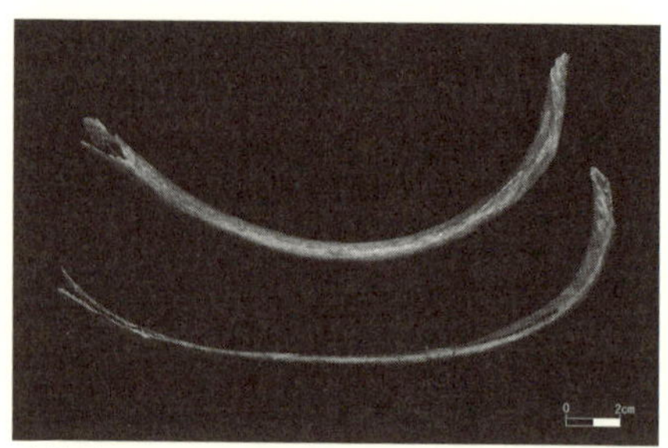
右肋骨 上 9133，下 10187

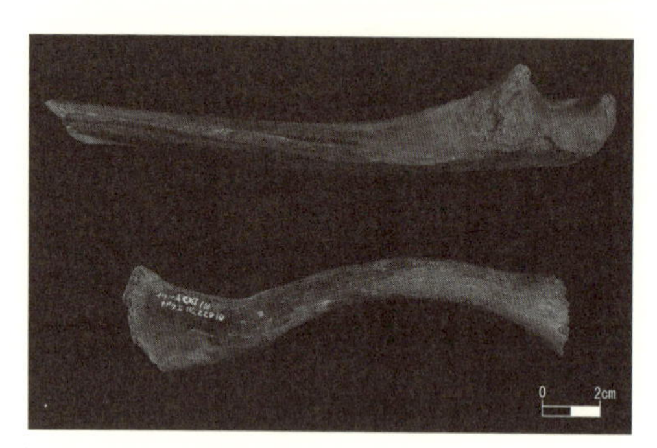
左尺骨 20598，左鎖骨 22010

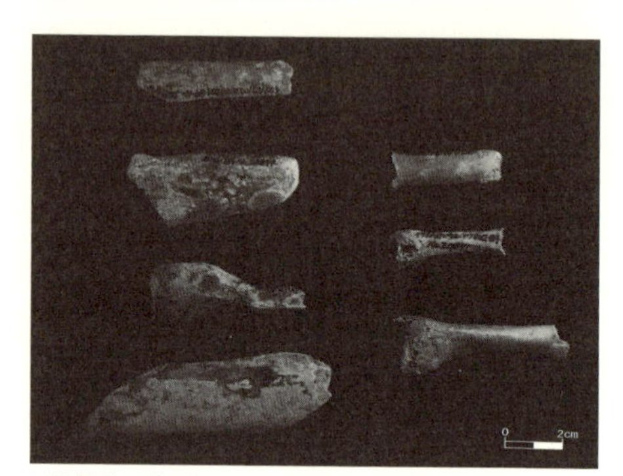
四肢骨片　左列上から：28873，20875，20867，20874，
右列上から：20872，20871，24645

図 5　池子遺跡出土人骨　四肢・体幹骨

第 1 号墓

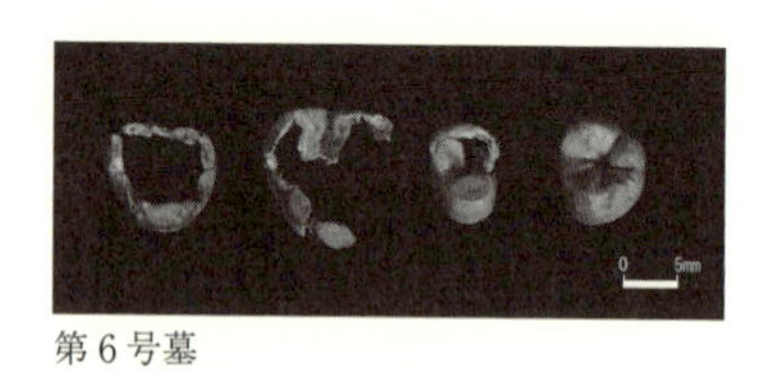
第 6 号墓

第 12 号墓

図 6　横間栗遺跡出土人骨

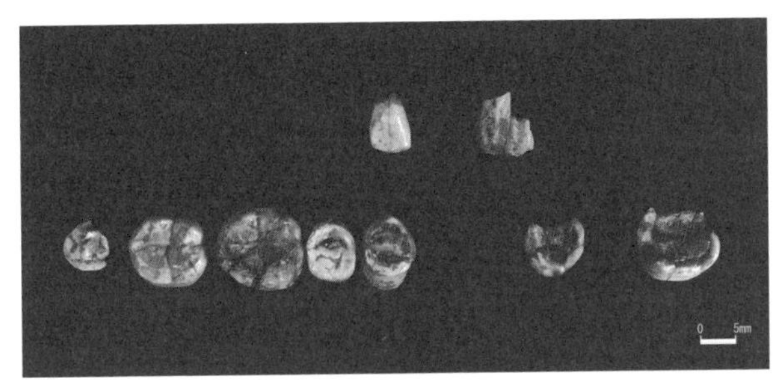

１号墓 P−2

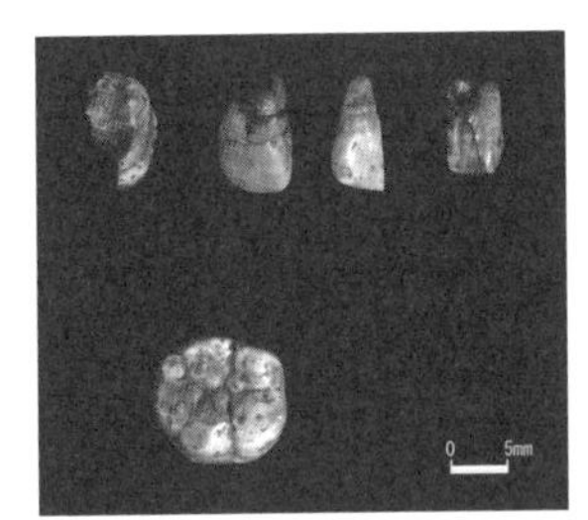

２号墓 P−5

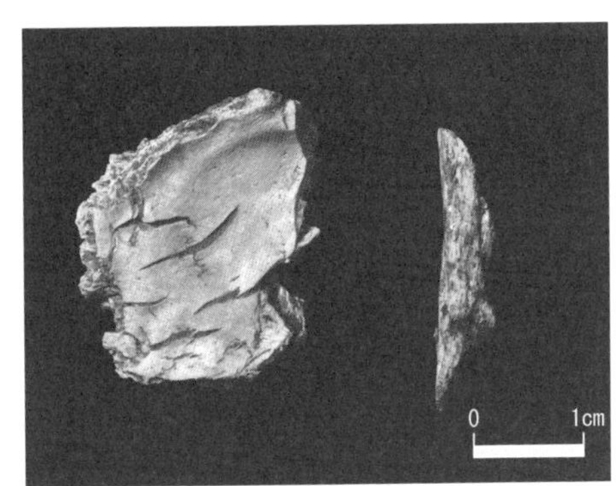

２号墓　橈骨片 P−4，頭骨片　鬼高期住居址内

図７　上敷免遺跡出土人骨

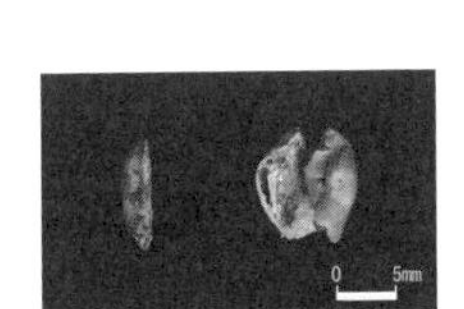

SZ110−1

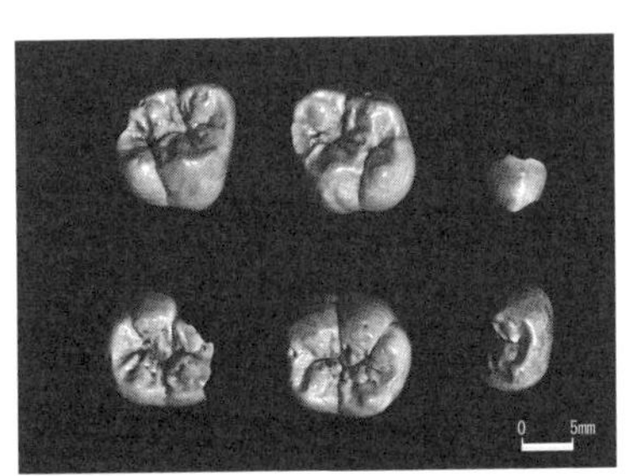

SZ308−1

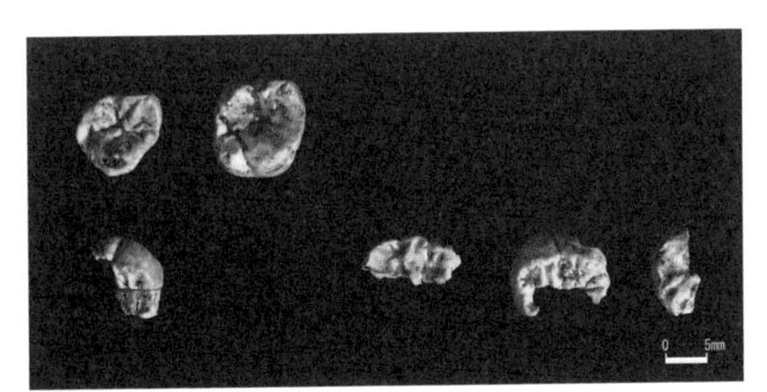

SZ110−6

図８　常代遺跡出土人骨

四肢骨片　上列左より 223（49），A ベルト 6 層（76），
下列左より 187（37），覆土中部（74）

頭骨片　上列左より 115（22），167（29），191（40）
下列左より 276（54），306（59），覆土上部（72）

図 9　赤坂遺跡出土人骨

5 号墓

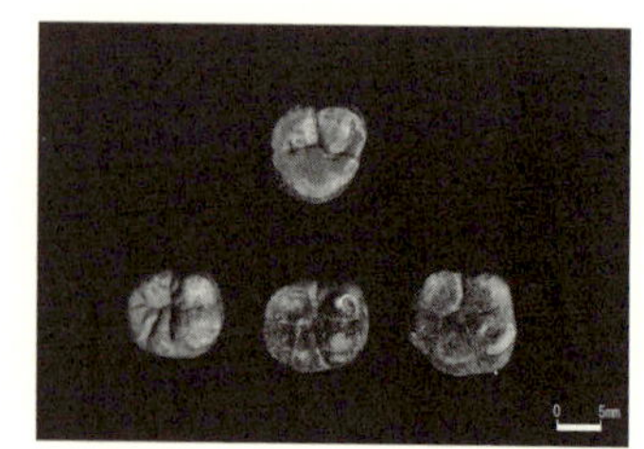

7 号墓

図 10　鷹ノ道遺跡出土人骨

引用文献

石川日出志　1987「再葬墓」『弥生文化の研究』8　雄山閣出版　148-153頁
小片保・加藤克知ほか　2000「福島県須賀川市牡丹平遺跡出土の弥生時代人骨」第1部『Anthropological Science (Japanese Series)』108　7-24頁
海部陽介　1992「群馬県岩津保洞窟遺跡出土の弥生時代人骨」『人類學雜誌』100　449-483頁
梶ヶ山真里・馬場悠男　1996「常代遺跡出土人歯」『常代遺跡群』第3分冊常代遺跡弥生時代大溝・分析鑑定・考察編　君津郡市考古資料刊行会　825頁
佐倉　朔　1964「日本人における齲歯頻度の時代的推移」『人類學雜誌』71　153-177頁
澤出晃越編　985『上敷免遺跡（第2次）・上敷免北遺跡』埼玉県深谷市埋蔵文化財発掘調査報告書第11集　深谷市教育委員会
鈴木敏昭編　1999『横間栗遺跡』平成10年度熊谷市埋蔵文化財調査報告書　熊谷市教育委員会
設楽博己　1993「壺棺再葬墓の基礎的研究」『国立歴史民俗博物館研究報告』50　国立歴史民俗博物館　3-48頁
設楽博己・松村博文　1999「付篇　横間栗遺跡出土人骨」『横間栗遺跡』平成10年度熊谷市埋蔵文化財調査報告書　熊谷市教育委員会　93-94頁
瀧川　渉　2005「四肢骨の計測的特徴から見た東日本縄文人と北海道アイヌ」『Anthropological Science (Japanese Series)』113　43-61頁
瀧川渉・百々幸雄ほか　2000「福島県須賀川市牡丹平遺跡出土の弥生時代人骨」第2部『Anthropological Science (Japanese Series)』108　25-44頁
中村　勉　2017『海に生きた弥生人　三浦半島の海蝕洞穴遺跡』シリーズ「遺跡を学ぶ」　新泉社
西本豊弘・姉崎智子　1999a「Ⅳ．No. 1-A南地点の動物遺体」『池子遺跡群　No. 1-A南地点』かながわ考古学財団調査報告45　かながわ考古学財団　189-193頁
西本豊弘・姉崎智子　1999b「Ⅶ．No. 1-A地点の動物遺体」『池子遺跡群　X　No. 1-A地点　池子米軍家族住宅建設にともなう調査』第2分冊　かながわ考古学財団調査報告46　かながわ考古学財団　899-923頁
西本豊弘・小林園子　2004「各住居址出土の自然遺物」『赤坂遺跡　天地返しに伴う第10次発掘地点の調査報告』三浦市埋蔵文化財調査報告書13　151-153頁
馬場悠男　1991『Ⅰ．人骨計測法』人類学講座別巻1　雄山閣出版
森本岩太郎　1978「深谷市上敷免遺跡出土人骨について」『上敷免遺跡』深谷市埋蔵文化財発掘調査報告書　深谷市教育委員会　66-68頁
松村博文　1997「歯冠計測値にもとづく土着系・渡来系弥生人の判別法」『国立科学博物館専報』30　199-210頁
松村博文　2003「渡来系弥生人の拡散と続縄文時代人（第2部　研究論文）」『国立歴史民俗博物館研究報告』107　199-215頁
Fujita, H. 1995 Geographical and chronological differences in dental caries in the Neolithic Jomon period of Japan. *Anthropological Science* 103, 23-37.
Dodo, Y and Ishida, H. 1990 Population history of Japan as viewed from cranial nonmetric variation. *Journal of Anthropological Society of Nippon* 98, 269-287.
Matsumura, H. 1994 A Microevolutional History of Japanese people as Viewed from Dental Morphology.

National Science Museum, Monograph. No. 9, 1-134.

Martin, R. and Saller, K. 1957 *Lehrbuch der Anthropologie,* 3. Aufl. Gustav Fischer.

Matsumura, H. 1998 Native or migrant ineage? Aeneolithic Yayoi people in western and eastern Japan. *Anthroplogical Science* 106 (Supplement), 17-25.

Oyamada, J., Manabe, Y., Kitagawa, Y. and Rokutannda, A. 1996 Dental morbid condition of hunter-gatherers on Okinawa island during the middle period of the prehistoric shell midden culture and of agriculturalists in northern Kyushu during the Yayoi period. *Anthropological Science* 104, 261-280.

第4章　池子遺跡のヒトと動物の炭素・窒素同位体比からみた弥生時代の食生活

米田　穣

はじめに

弥生時代は，水田稲作を中心とする本格的な農耕が主要な生業となった時代で，先行する狩猟採集漁撈を中心的な生業とする縄文時代とは，大きな画期があったとされる。しかし，弥生時代に水田稲作が生業で果たした役割，すなわち水稲がどのくらい重要な食料資源であったかについては，議論が分かれる。弥生時代の遺跡からは，イネ以外にも堅果類などの多様な食用植物の遺存体が出土しており，縄文時代からの伝統的な生業である採集によって，より多くの食料を得ていたという意見もある（寺沢 1986）。また，弥生時代の水田遺構における花粉やプラントオパールの分析からは，多くの休耕田が存在しており，当時の水田の生産高はかなり低いという推測がある（寺沢・寺沢 1981，高瀬 1999，安藤 2002）。一方で，遺構で確認された密植させた栽培法を再現した実験では，古代の中田から上田に相当する収穫量が得られた可能性が示されており（菊地・三好 2007），弥生時代の水田による生産量が無視できないという意見もある。さらに，近年活発に行われている土器表面の圧痕分析や炭化種実の研究，土器付着物の同位体比分析で，弥生時代の農作物には水稲だけでなく雑穀も存在したことが示されている（小泉ほか 2008，設楽・高瀬 2014）。さらに，地域差に着目すると関東地方や東北地方では，縄文時代からの伝統である狩猟採集経済に，水田稲作と畑作を含む農耕活動が受容されて，複合的な生業が成立したことも示されてきた（設楽 2009）。例えば，本研究で分析した池子遺跡では外洋性回遊魚を対象とした漁撈活動の伝統が発達しており，水田稲作農耕とは独立した漁撈民が存在した可能性が示唆されている（樋泉 1999）。しかし，生活についての痕跡を部分的にしか記録・保存しない遺物や遺構から，食生活についての量的に推定することは非常に困難であり，水稲を含む弥生時代の食生活の復元については新たなアプローチが求められている。

食生活と同様かそれ以上に過去の人口を復元することは難しいが，遺跡の数や規模から，弥生時代には西日本を中心に大きな人口増加があったと考えられている（小山 1984，中橋・飯塚 1998，松木 2014）。狩猟採集による食料獲得段階から農耕牧畜による食料生産段階に社会が変化すると人口が増加することが多く，食料増産による人口支持力の拡大や食料の安定的な供給などによって説明される。弥生時代の遺跡数増加が本当に人口増加によるものならば，縄文時代とは異なる水稲や家畜，水田漁撈による淡水魚を含む新しい食生活が弥生時代にみられると期待される。

古人骨による食生活の復元

そこで我々は，池子遺跡から出土した古人骨の化学成分を分析して，過去の食生活を直接的に復元する研究を行った。体内に取り込まれた食物は，消化，吸収されて，身体を構成する材料や運動するためのエネルギー源になる。もしも，先史時代人の体の成分を研究することができれば，その材料となった食料についても情報を得られるに違いない。そのような発想から，遺跡出土人骨の研究が盛んに行われている。本研究で分析する対象は，コラーゲンというタンパク質の炭素や窒素に含まれている同位体の割合である。恐竜などの化石をみるとわかるように，骨の無機質ヒドロキシアパタイトは時間とともに成分が周辺の元素と置きかわることがある。ヒドロキシアパタイトは，生体中では結晶が未成熟な状態に維持されているので，動物が死亡した後に骨が堆積物中に埋没すると周辺の成分を取り込みながら結晶成長する。成分が変化している化石では，その成分から食物を復元することは困難だ。それに対して，タンパク質が残存していれば，生体中で生成されてそのまま保存されていた可能性が高いと考えられるので，食物の化学的な特徴をそのまま反映していると期待される。

コラーゲンは動物の体内で最も量の多いタンパク質であり，繊維状である特性をいかして，組織を形作る役割をはたすことが多い。骨組織のなかでも，有機物の90%以上はコラーゲンが占めるとされ，条件がよければ数万年前の骨からもほとんど変性しないで確認されることがある。コラーゲンはタンパク質なのでアミノ酸から構成されており，構成するアミノ酸の多くは食物にふくまれているタンパク質に由来している。天然の動植物では生態学の物質循環における位置によって，炭素や窒素に含まれる同位体の割合には特徴があるので，人骨に含まれるコラーゲンで炭素と窒素の同位体比を測定できれば，タンパク質をもたらした食物の種類をある程度推定することができる。例えば，光合成の種類がことなる二つの植物のグループや海産物，淡水魚などの影響などは，後述する古人骨の炭素・窒素同位体比から議論することが可能だ。一方，エネルギー源として重要な炭水化物や脂肪などの成分はコラーゲンには反映しにくい点は，弥生時代では重要なトピックとなる水稲や雑穀の利用を調べるときに注意せねばならない。

同位体という用語は，同じ元素なので化学的性質は同じだが，原子核の重さが異なる原子のことを指す。私たちが分析している炭素では，原子核の重さが12の炭素12（^{12}C）が最も多く炭素の98.9%を占める。約1.1%は炭素13（^{13}C）が含まれており，さらに極めて微量（現代の炭素で約1兆個に1個）の炭素14（^{14}C）が含まれている。炭素14は放射性なので一定の確率で原子核が壊れて窒素に変化するが，炭素12と炭素13の原子核は安定なので，純粋なコラーゲンが回収されれば，生きている時の特徴が数千年後に遺跡から発掘された骨でも，生前の食べ物の特徴を保持していると期待される。また，窒素は安定な同位体である窒素14（^{14}N）が99.6%と窒素15が0.4%という割合で構成されており，炭素の安定同位体比と組み合わせることで，動植物をいくつかのグループに分けることができる（図1）。

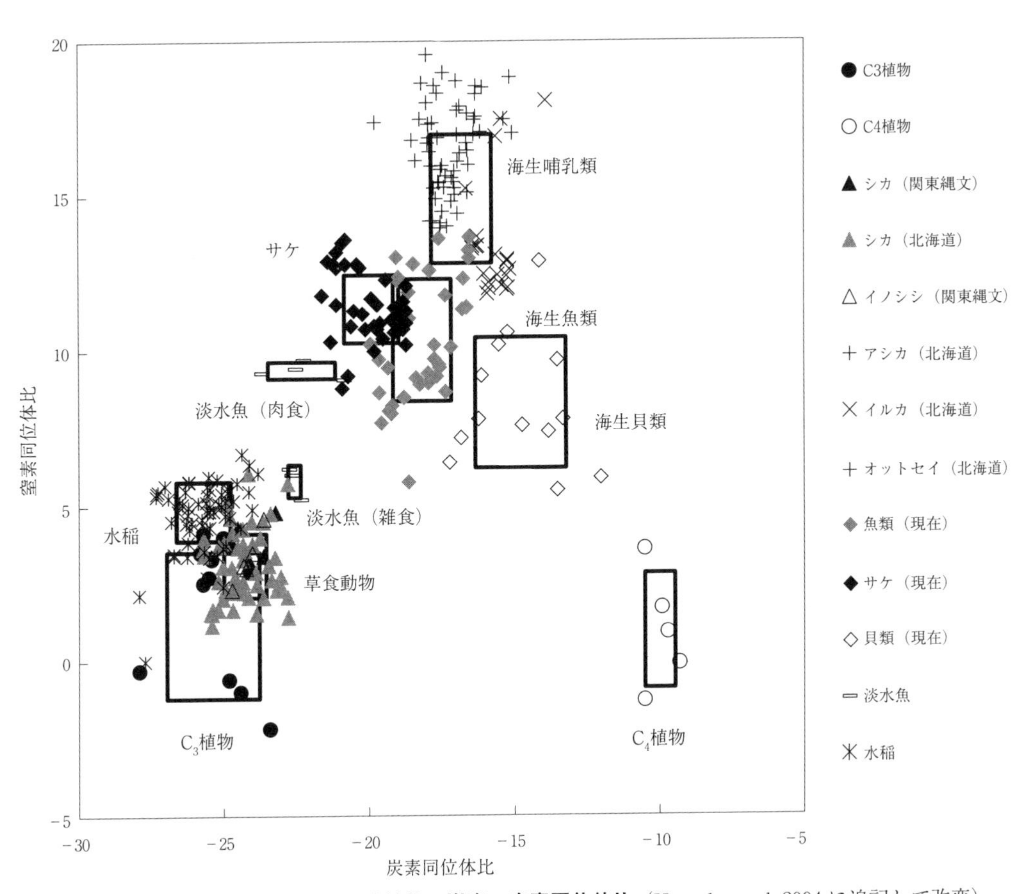

図1　日本列島で食料資源となる動植物の炭素・窒素同位体比（Yoneda et al. 2004 に追記して改変）

同位体の割合は天然では非常にわずかな違いしかないので，国際的に取り決められた標準物質からの偏差の千分率として表現される。千分率の単位はパーミル（‰）になる。炭素の標準物質は，北米産のベレムナイトの化石（PDB），窒素の標準物質は大気中の窒素（AIR）が用いられている。それらの値から，数パーセントの増減を精密に測定する同位体比測定用の質量分析器（IRMS）が測定に用いられる。有機物を燃焼して二酸化炭素と窒素の気体として測定するので，元素分析計を前処理装置として連結させたEA-IRMSと呼ばれる装置を測定するために用いた（図2）。この装置を用いるとわずか400μグラム（1μグラムは1グラムの100万分の1）のコラーゲンで同位体比の測定が可能である。そのため，骨資料としては0.1グラム程度の破片を採取すればよく，貴重な古人骨での分析も可能になった。

炭素や窒素の安定同位体比は，非常にわずかな違いしかないが，生態系中での炭素や窒素の動きを知るための重要な手がかりになる。重たい炭素同位体を濃縮する現象は植物と動物でみられる。植物では光合成の違いによって，アワ，ヒエ，キビなどの雑穀には重たい炭素13が多く含まれる。これらの特殊な光合成をする植物はC4植物と呼ばれる。これに対して，一般な光合成をするC3植物にはクリ，トチ，クルミなどを含む木本類やイネ，コムギ，ソバなどが含まれる。

図 2　東京大学総合研究博物館 AMS 公開ラボに設置された同位体比質量分析装置（IRMS）

動物では海に棲むものが，大気から海水に炭素が溶ける時の作用で重たい炭素 13 を多く含む傾向がある。

重たい炭素同位体がみられた場合，雑穀を利用したことが原因か，それとも海産物の利用によるのか，炭素に加えて窒素の同位体比を測定すれば区別できる。窒素 15 の割合は食物連鎖で濃縮するので，植物プランクトンに始まる長い海洋生態系の上位者（大型魚類や哺乳類）の窒素同位体比は陸上の動植物よりも明らかに高くなる。すなわち，海産物を多く利用した人の骨には炭素 13 だけでなく窒素 15 も多く含まれるが，雑穀を多く利用した人の骨には炭素 13 は多いが窒素 15 は比較的少ないという違いが期待される。

残念ながら，弥生時代に導入された水田稲作農耕で栽培されるイネは，縄文時代に積極的に利用されたクリやトチなどと同じ C3 植物に属するので，炭素同位体比で両者の利用を区別できない。しかし，最近の研究から，イネのなかでも水稲には窒素同位体比が他の植物よりも高いという特徴があることがわかってきた（米田・山﨑 2017）。水稲は通常の植物と異なり酸素が少ない土壌で生育する水棲植物なので，硝酸に酸化する前のアンモニアから窒素を取り込むことが知られている。アンモニアから硝酸に酸化する反応では窒素 15 よりも窒素 14 が少しだけ多く反応するので，残されたアンモニアのなかには相対的に窒素 15 が多くなることが原因のようだ。もしも弥生時代の人々が水稲から多くのタンパク質を得ていたら，炭素同位体比は縄文時代とは変わらないが，窒素同位体比だけ上昇するという変化がみられる可能性がある（図1参照）。

動物骨も重要な情報源

遺跡から出土する資料では，人骨よりも動物骨の方がずっと多い。動物骨はヒトの食物の残渣なので，人が一生の間に食べる動物の数を考えれば，生活の場である遺跡に動物骨が多いのは当然だ。狩猟によって集められた縄文時代の動物骨は，遺跡周辺の生態系やその時間変化を記録しており，縄文時代人がどのような環境に暮らし，どのくらいの範囲から資源を集めてきたかを示す証拠にもなる。弥生時代になると，さらに人間が積極的に動物を管理したと考えられている。家畜としてブタやニワトリを飼育する文化が水田稲作農耕とともに伝搬していたのだ（西本編2008）。

家畜とは，一般的にヒトが動物の繁殖を含めて管理している状態をさすが，考古学的な証拠だけでは野生動物と家畜の線引きは必ずしも容易ではない。例えばブタの場合，雌や子どもは移動の制限をするが，雄は自由に放し飼いにするような粗放的な飼育方法は多くの民族例でみられる。弥生時代の動物骨の研究では，シカに対してイノシシの割合が多くなること，幼獣・若獣の割合が過半を占めること，頭骨や頸椎の変形，歯周病や解体法の変化などから家畜ブタの存在が示唆された（西本1989a）。その後の調査によって，10ヶ所程度の弥生遺跡でイノシシに加えて一定の割合で家畜ブタが報告されており，今回分析した池子遺跡も，弥生ブタが存在したとする証拠に挙げられた遺跡の一つである（西本1989・1991）。しかし，弥生ブタの家畜化による形態学的な変化はかなり微妙で，脳を利用するために縦割りにされた頭骨資料ではその判別が困難ともされ，家畜ブタでは幼獣・若獣が多いため形態学的研究が難しい側面もある点には注意が必要だ（姉崎1999，西本編2008）。

家畜では，形態学的な変化や死亡年齢・性別の偏りに加えて，餌として人間の残飯や人糞などが与えられていれば，食物の変化を通じて骨の成分も変化すると期待できる。雑食性のブタは，イヌと同じくヒトの残飯などを多く利用すると考えられるので，野生のイノシシとは異なる骨の同位体比の特徴を示す可能性がある。例えば，北海道礼文町のオホーツク文化遺跡から出土した，イヌと家畜ブタ（カラフトブタ）では，非常に強く海産物に依存するため炭素と窒素の同位体比が高いというオホーツク時代の人骨にみられる特徴が，イヌでも認められた（Tsutaya et al. 2014，米田2015）。一方，家畜ブタではヒトやイヌと同じく炭素・窒素同位体比から海産物を多く摂取したブタが示されたのと同時に，海産物はあまり摂取せずに野生の動植物を中心に食べたブタも存在していた（図3）。池子遺跡のイノシシ類の骨で炭素・窒素同位体比を分析し，人骨と比較することで，ヒトの食べ物の影響を強くうけた個体の存在を検討し，さらに野生イノシシとの比較によって飼育方法についても議論できるだろう。

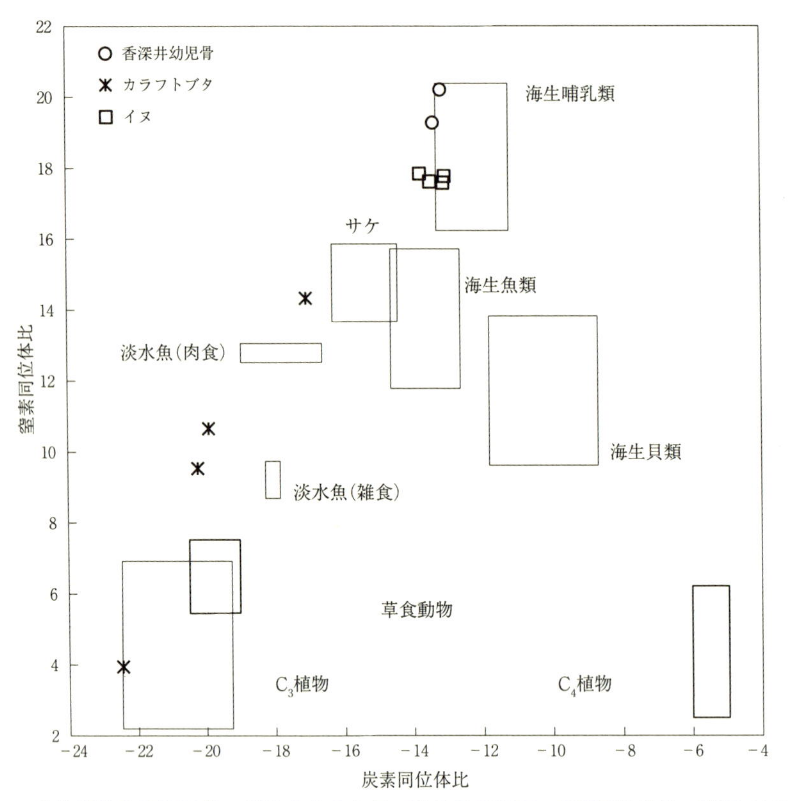

図3　北海道礼文町香深井A遺跡出土の人骨・動物骨の炭素・窒素同位体比（米田 2015a）

池子遺跡出土人骨の分析結果

炭素と窒素の同位体比から，過去の食生活（主にタンパク質源）を推定するために，代表的な食料資源から期待される同位体比と比較した。図4に示したシンボルは池子遺跡から出土した人骨7個体の炭素・窒素同位体比である。試料は重複を避けるために，頭頂骨5個体と下顎骨2個体から0.2〜0.5グラムの骨片を採取した（表1)。池子遺跡から出土した人骨で認められる同位体の特徴は，（1）野生のC3植物を基礎とする生態系に比べて窒素同位体比が高い，（2）炭素同位体比もC3生態系よりもやや高い，（3）海産物からもっぱらタンパク質を得る食生活ではない，

表1　分析に供した池子遺跡出土人骨

資料名	グリッド	資料番号	部位	註記（佐宗による）
No. 1-A 地点	DXI-84	20864	頭頂骨	熟年
No. 1-A 地点	DXII-74	10909	頭頂骨	青年
No. 1-A 地点	DXI-54	21633	左頭頂骨	
No. 1-A 地点	DXI-91	20640 ①	下顎骨	成人
No. 1-A 南地点	DXIII-1	3301 ①	下顎骨	女性的
No. 1-A 南地点	DXII-91	番号なし	頭頂骨	青年
No. 1-A 南地点	DXII-91	番号なし	頭頂骨	青年

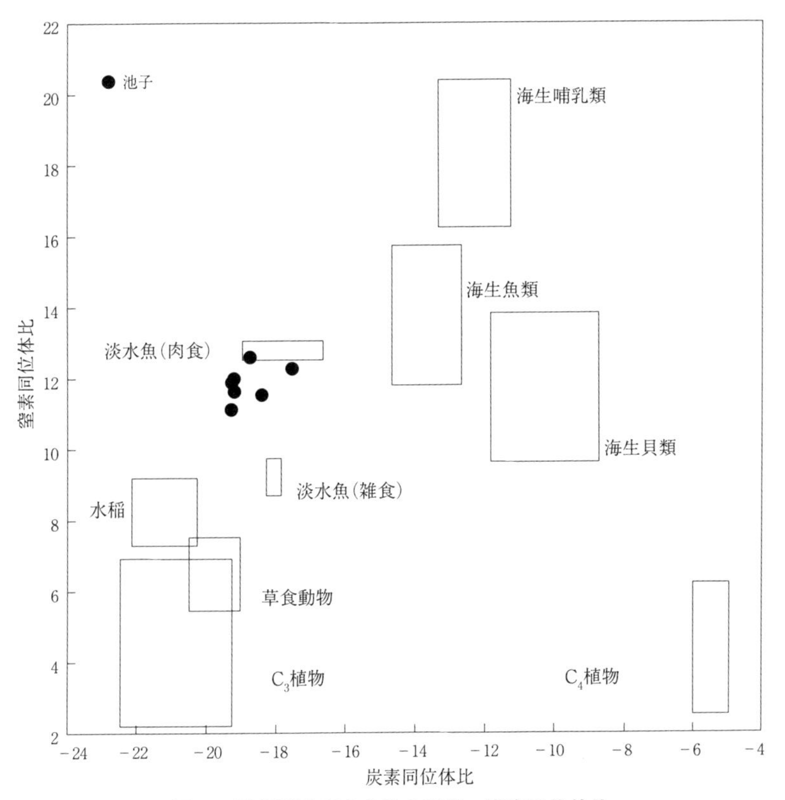

図4　池子遺跡出土人骨の炭素・窒素同位体比

（4）C4植物の雑穀の寄与は大きくない，と解釈できる。

まず，窒素同位体比を上昇させる要因としては，長い食物連鎖の影響で重たい窒素15が濃縮している海産物や淡水魚，あるいは嫌気的な土壌の影響をうける水田で栽培されたイネが考えられる。炭素同位体比も上昇していることから，おそらく海産物の影響で窒素同位体比が上昇していると考えられる。

炭素同位体比に着目すると，陸上生態系よりは高いが海産物が主なタンパク質源といえるほど多く摂取したのではなさそうだ。また，特殊な光合成で有機物を合成する雑穀などのC4植物を多く利用していると，窒素同位体比は低いまま炭素同位体比が高くなると期待されるが，そのような傾向は池子遺跡出土人骨では認められない。雑穀の利用はあったとしても限定的で，主要なタンパク質源ではなかったようだ。

我々が分析しているのは，炭素と窒素の同位体比という二つの指標だけであり，炭素・窒素同位体比だけで推定できる食生活には限界がある。分析結果である炭素と窒素の同位体比の測定値は，生体に由来するコラーゲンをうまく抽出して，きちんと測定すれば，誰が分析しても同じ値をしめすはずだ。すなわち，分析については「科学的研究」で求められる再現性を有している。しかし，その解釈については，図4に示されるように何通りもの解釈が可能だ。池子遺跡の弥生人骨の炭素・窒素同位体比は，もしも淡水魚を中心とした食生活でもこのような値をとる可能性もあるし，海産魚類と水稲から半分ずつタンパク質が由来しても同じ様な炭素と窒素の同位体比になりえるのだ。

考古科学と呼ばれる物理化学的な手法を用いる研究手法は，最先端の研究で客観的で「正しい答え」が提示されると考えられがちだ。しかし，同位体の分析から食生活を推定する過程は，他の多くの考古学分野と同じく，さまざまな情報から総合的に判断することが必要な歴史科学の一つに過ぎない。しかし，上述したように，炭素と窒素の同位体比は生態系のなかでの物質循環や光合成によって支配される特徴なので，他の考古学的情報では得られない独自の情報を提示している。より強い仮説を作る営みである考古学では非常に有力なツールとなるのは，そのためである。

食生活の復元には同位体分析だけではなく，食物の痕跡である動物や植物の遺存体，遺跡立地や道具組成などの情報を総合的に考える必要がある。また，他の地域の弥生時代集団や，同じような環境に暮らしていた縄文時代人との比較によって，池子遺跡の弥生時代の食生活がもつ特徴について手がかりが得られるかもしれない。ここでは，朝鮮半島から水田稲作農耕をもって渡来した集団の直接的な子孫と考えられる北部九州・山口の集団，顔かたちから縄文時代の特徴が色濃いが文化的には渡来系の影響を強くうける長崎県の西北九州集団と比較してみよう。さらに，横浜市の称名寺貝塚から出土した縄文時代後期の人骨の結果と比較することで，池子遺跡の食生活の特徴をさらに考えよう。

他の弥生集団との比較

池子遺跡の食生活の特徴を考えるために，他の弥生時代の遺跡で得られた人骨の炭素・窒素同位体比と比較してみよう。図5に水田稲作農耕の農村と想定された佐賀県の隈・西小田遺跡，沿岸に立地しており漁撈活動も想定される山口県の土井ヶ浜遺跡，西北九州タイプと呼ばれる縄文人的な顔面形態をもち漁撈民とされる長崎県深堀遺跡のデータを示した（米田・山﨑 2017)。一見して西北九州タイプの深堀遺跡が海の魚類に強く依存していたことがわかる。これは，考古学的な研究から漁撈民と考えられていたことと整合的な結果である。それに対し，水田稲作農民と考えられる隈・西小田遺跡では，炭素同位体比はC3植物と同じく低いが，嫌気的な環境のために窒素同位体比が高いという水稲の特徴が良く現れている。C3植物と同程度に低い炭素同位体比と高い窒素同位体比の組み合わせは，縄文時代人骨ではみられない，弥生時代に独特の同位体比の特徴だ。多くの個体が渡来系の顔つきをしている土井ヶ浜遺跡では，北部九州の甕棺人骨（隈・西小田遺跡）と西北九州タイプの深堀遺跡との中間的な値を示している。

池子遺跡の人骨は，隈・西小田遺跡に比べると窒素同位体比は同程度であるが，炭素同位体比がやや高い傾向がある。この同位体の特徴は，土井ヶ浜遺跡の人骨と類似している。土井ヶ浜遺跡は砂浜の墓地遺跡で，生活に関する痕跡はほとんど残されてないが，ハマグリ，チョウセンサザエなどの海生貝類も出土している。次に示す縄文時代の天然のC3植物と海産物の組み合わせ

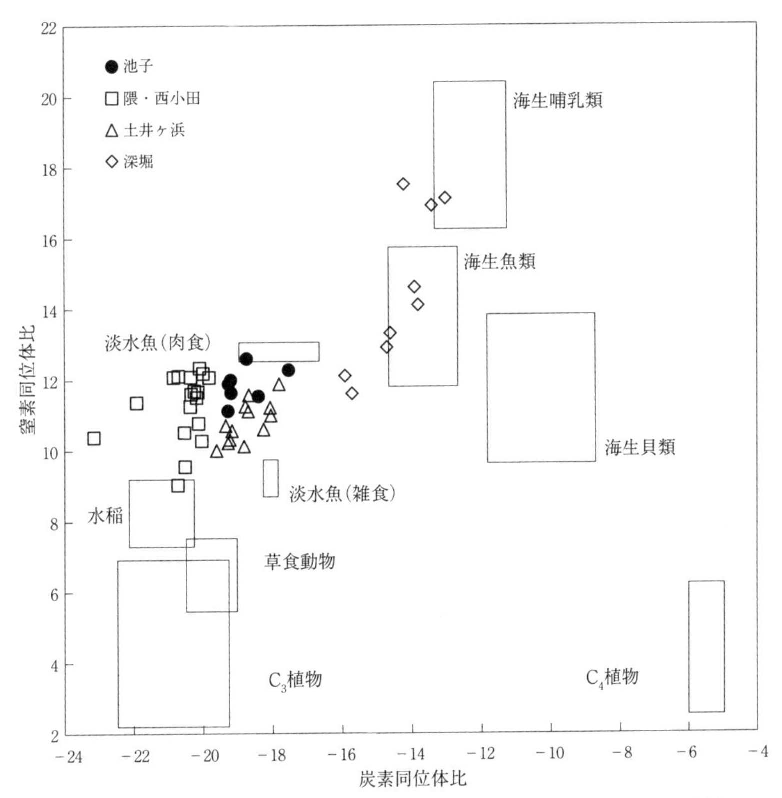

図5　池子遺跡と他の弥生時代集団における炭素・窒素同位体比の比較

に比べると窒素同位体比が高い傾向があり，水稲でみられる高い窒素同位体比の影響と考えらえる。土井ヶ浜遺跡では水田稲作と漁撈活動を複合した生業が営まれたと考えると，古人骨の炭素と窒素の同位体の特徴をうまく説明することができ，池子遺跡との類似性も理解しやすい。

縄文・古墳人骨との比較

それでは，池子遺跡の食生活はどのような歴史変遷に位置づけられるのだろうか。横浜市の称名寺貝塚から出土した縄文時代中期から後期から晩期の人骨の炭素・窒素同位体比（米田 2016），古墳時代の横須賀市八幡神社遺跡の分析結果と比較してみよう（図6）。

称名寺貝塚の縄文人骨は，池子遺跡とは非常に異なる炭素・窒素同位体比を示し，個人差が大きい点が特徴的だ。いくつかの個体は，炭素・窒素同位体比が非常に高いことから，海産物を多く利用していたと推定されたが，C3 植物や草食動物に類似しており，海産物をほとんど利用していない個体まで様々な値を示している。集団としての分布をみると，海産魚類から C3 植物・陸獣の間で直線的な分布を示している。これは縄文時代の集団で典型的にみられる傾向で，炭素・窒素同位体比が低い C3 植物を基点とする陸上生態系と，炭素・窒素同位体比が高い海産物という二つの資源を組み合わせていたことを意味する。池子遺跡の弥生時代人を比較すると，同

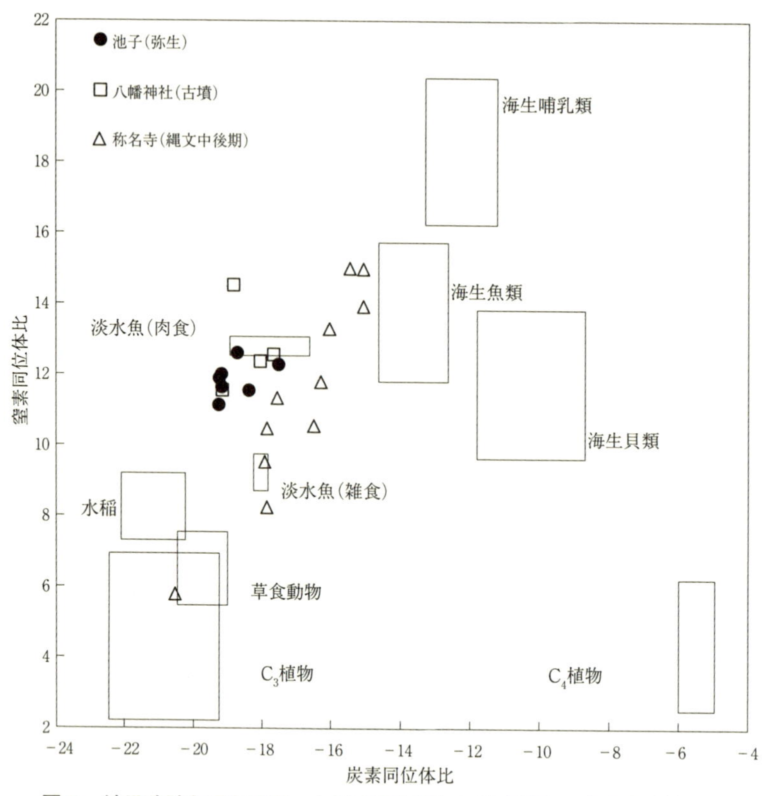

図６　池子遺跡と縄文時代・古墳時代集団における炭素・窒素同位体比の比較

じ程度の炭素同位体比を示す個体では，称名寺貝塚の縄文時代人骨よりも池子の弥生時代人骨の方が高い窒素同位体比を示しており，水稲の利用による影響が考えられる。ただし，淡水魚でも炭素同位体比は比較的低いが窒素同位体比が高いという特徴が示されることもある。淡水魚の同位体比は遺跡によって多様なので，池子遺跡や周辺から出土している淡水魚の同位体比も分析して，さらに検討が必要だろう。

縄文時代の称名寺貝塚でみられた大きな個体差の理由については，時代変化など色々と考えられるが，その理由については定かではない。比較すると弥生時代の池子遺跡では個人差が小さくなっており，食料分配や協働関係などで社会的な変化があったのかもしれないが，人骨の年代差などを詳細に調べて，検討する必要があるだろう。

次に，古墳時代の八幡神社遺跡の炭素・窒素同位体比は，池子遺跡とかなり似ていることがわかった。古墳時代の人々は弥生時代より安定的に水稲を利用できるようになったと考えられるが，同位体でみると池子遺跡の弥生時代人は古墳時代人と同じような食生活をすでに送っていた可能性が示された。神奈川県南部（逗子市，横須賀市，横浜市）で，縄文時代，弥生時代，古墳時代を比較すると，縄文時代から弥生時代の間に変化があり，弥生時代と古墳時代には大きな変化がないと結論できる。このことから，池子遺跡における水稲の重要性はすでに古墳時代と同程度であったとの推定も可能だろう。ただし，水稲の寄与率の定量的な復元には，今回分析したコラーゲンの炭素同位体比と窒素同位体比という二つの指標だけでは不十分であり，さらに様々な分析を組み合わせて，水稲の量的評価法を開発することが必要である。

水田稲作農耕のインパクト

縄文時代から弥生時代の時代変遷を世界的にみると，更新世と呼ばれる氷期から，現在につづく完新世の温暖期に変遷する1万1千年以降に，世界各地で農耕と牧畜によって食料を生産する文化が拡散し，人口が増加した過程に対応する。弥生時代の日本列島は，この農耕牧畜文化の一つである水田稲作農耕が，中国南部から伝搬した最後の地域である。ユーラシア大陸の反対に位置するヨーロッパでは，麦とヒツジ・ウシを中心とした農耕牧畜文化が西アジアから伝搬して，狩猟採集生活から急速で劇的な食生活の変化を示したことが知られている（米田2017）。ヨーロッパの状況と比較すると，弥生時代の水稲稲作農耕は，先行する縄文時代の生業から影響を受けている点が特徴のようにみえる。例えば，西北九州タイプの弥生人は様々な渡来系の物質文化や支石墓などの新しい埋葬方法を受け入れているにもかかわらず，水田稲作農耕よりも漁撈活動を主たる生業としていたことが示されている（Mihara et al. 2004，米田・山崎2017）。

池子遺跡の立地する関東では縄文時代の遺跡の分布密度が非常に高く，西日本とは弥生文化の受容の様相が異なるという指摘があった（設楽2000）。今回の池子遺跡出土人骨の分析から，水田稲作農耕を中心とした北部九州弥生人とは異なり，より積極的な海産物利用を含む複合的な生業を有していた可能性が示唆された。それは，称名寺貝塚などで示された，積極的な海洋資源利用の縄文文化の伝統を反映したのかもしれない。しかし，縄文時代，弥生時代，古墳時代を比較すると，池子遺跡の人骨で示された同位体比の特徴は，縄文時代の称名寺貝塚よりも古墳時代の八幡遺跡のそれに明らかに類似する。このことは，弥生時代の水田稲作農耕が人々の食生活に与えた影響は，かなり大きかったと解釈することができる。同地域で，縄文時代・弥生時代・古墳時代の古人骨を比較できる事例は少なく，池子遺跡をふくむ関東南西部で農耕牧畜への生業転換という人類史での画期が観察できた点は重要な結果といえるだろう。

家畜ブタの存在とその飼育方法

池子遺跡から出土した弥生時代のイノシシ類の骨では，No. 1-A地点とNo. 1-C地点から出土した下顎骨14点と上顎骨1点から，0.2〜0.5グラムの分析試料を切り出した（表2）。そのうち13点から保存状態のよいコラーゲンを回収できたので，EA-IRMSによって炭素・窒素安定同位体比を測定したところ，大変興味深い結果が示された。図7に示すように，イノシシ類のコラーゲンにおける窒素同位体比は，高いグループと低いグループに大別された。炭素同位体比はC3生態系で説明できるが，窒素同位体比が高いグループは，陸上生態系では説明できそうにない。大きく食性の異なる2群が示された傾向は，変動が大きかった礼文島のオホーツク文化遺跡

表2　分析に供した池子遺跡出土イノシシ類骨

資料番号	部位	出土地点	グリッド
6618	左下顎骨	No. 1-A 地点	CXI 89
22857	左下顎骨	No. 1-A 地点	CXI 89
24282	左下顎骨	No. 1-A 地点	CXI 90
8332	左下顎骨	No. 1-A 地点	CXI 98
23143	左下顎骨	No. 1-A 地点	CXI 100
24733	左下顎骨	No. 1-A 地点	CXI 100
4313	左下顎骨	No. 1-A 地点	CXII 28
8556	左下顎骨	No. 1-A 地点	CXII 28
5274	左下顎骨	No. 1-A 地点	CXII 7
No. なし	左下顎骨	No. 1-A 地点	DXI 42
25744	左下顎骨	No. 1-A 地点	DXI 91
20412	左下顎骨	No. 1-A 地点	CXI 100
25060	左下顎骨	No. 1-A 地点	DXI 91
No. なし	左下顎骨	No. 1-A 地点	ほ 14
323	上顎骨	No. 1-C 地点	第 18 号溝(小旧河道)2 区

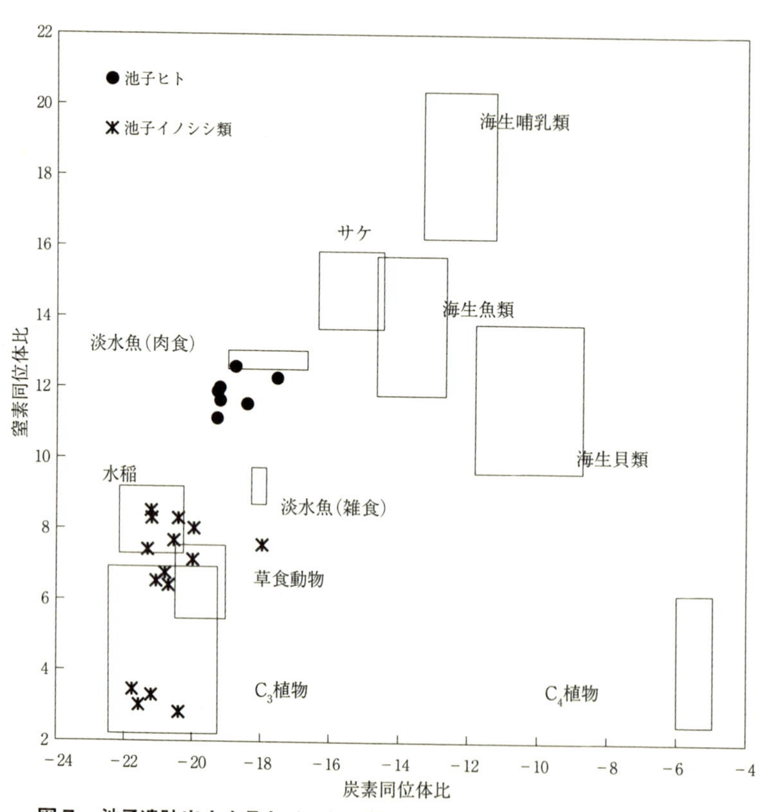

図7　池子遺跡出土人骨とイノシシ類の骨における炭素・窒素同位体比の比較

で発掘されたカラフトブタの，連続的な多様性とは異なり，奈良県の弥生時代の唐古・鍵遺跡のイノシシ類での事例に類似している（米田 2015a）。

イノシシ類の同位体比における多様性についての詳細は別稿に譲るが，もう少しだけ想像力をたくましくして，これらの2群が家畜と野生の違いによるという仮定で議論をすすめてみよう。

まず，個体差が連続的ではなく２群に分かれることは，ヒトの近くと野生を自由に行き来できるような粗放的な飼い方では想定しにくい結果だ。どちらかの１群はヒトに近い位置に移動を制限されていた可能性がある。家畜を集落の内部で飼育するのは，環境汚染や人獣共通感染症などのリスクを高めるので，必ずしも容易なことではない。動物の移動については，歯エナメル質とくに生涯成長しつづける雄の犬歯などを連続的に分析する方法で検討することが可能である。骨コラーゲンの炭素・窒素同位体比で示された食性の違う２群から，動物の移動の情報を抽出すれば，弥生時代の動物飼育についてさらに詳細な知見を得られるだろう。

食性にヒトの影響があるグループ（「家畜」）とヒトの影響がないグループ（「野生」）に分かれているならば，どちらが「家畜」なのだろうか。ヒトの同位体比と比較すると，窒素同位体比が高いという特徴は水稲や水産物を含むヒトの食料の影響を（場合によってか間接的に）受けていると考えられる。しかし，ヒトと非常に似ているかといえば，炭素同位体比は低く別の群にむしろ似ている。これは，縄文時代のイヌで示されるヒトと家畜の類似パターンとは異なる。もしも残飯や人糞による影響ではなく，別途家畜のための餌を準備していたことが窒素同位体比に影響を与えているのならば，窒素同位体比が低い餌が与えられた個体が「家畜」だった可能性も考えられる。例えば根粒細菌が大気中の窒素を固定しているマメ科植物では，通常の植物よりも窒素同位体比が低くなることが知られている。もしも，豆を多く含む餌が与えられていたら，家畜ブタが野生イノシシよりも低い窒素同位体比になることもあり得るのだ。ただし，イノシシは雑食性であり，海鳥や打ち上げられた海洋生物の死骸などを食べる可能性もあるので，他の弥生時代の野生動物や縄文時代や古墳時代のイノシシ類と比較しながら，慎重な議論が必要である。また年代測定を直接資料で行うことで帰属年代を確認し，形態学的な特徴や古代DNAの分析とも組み合わせて，２群に分かれた背景が「家畜」と「野生」といえるのか，検討をすすめたい。

まとめ

古人骨の同位体分析は，保存状態のよいコラーゲンが必要になるので，条件のよい縄文時代の貝塚遺跡に集中しており，弥生時代人骨についての報告は限られていた。今回，池子遺跡の弥生時代人骨から保存状態のよいコラーゲンが回収され，関東南西部における弥生時代人の食生活について一端を垣間見ることができた。近隣に位置する縄文時代中後期の称名寺貝塚や，古墳時代の八幡神社遺跡の分析結果と比較すると，池子遺跡の食生活は明らかに古墳時代に似ている。一方，典型的な渡来系の弥生人である北部九州集団と比較すると，海産物の利用はより多いと考えられ，山口県の土井ヶ浜遺跡の人骨と類似していた。これは，水田稲作農耕に漁撈活動を組み合わせた複合的な生業を示しており，渡来系文化に漁撈活動という縄文時代から伝統が複合したことを示すかもしれない。今後，さらに弥生時代人骨の分析事例が増えれば，日本列島あるいは関東地方における弥生時代の生業活動の多様性が明らかになっていくだろう。

例えば，三浦半島の海蝕洞穴からは海に関わる活動を色濃く残す「海人」集団の存在が指摘されてきた（杉山 2014）。複雑な社会では，人々や集団がそれぞれの得意な生業にある程度特化して，別の生業を行う人や集団と協力することで，より効率的に多くの人口を支えることができるようになったと考えられる。池子遺跡の弥生時代人骨と三浦半島の海蝕洞穴で発見された弥生時代人骨の同位体分析で，海産物の影響が強く示されれば，彼らが食料資源としても海の資源を利用する生活を送っていたと考えることができるかもしれない。あるいは，生業活動の場所や埋葬地は異なっていても，台地上の農民と「海人」の食生活は似ていたかもしれない。さらに研究を進めていきたい。

引用文献

姉崎智子　1999「弥生時代の関東地方におけるブタの存在―神奈川県逗子市池子遺跡群の出土資料の検討―」『動物考古学』12 号　動物考古学研究会　39-53 頁

安藤広道　1993「弥生時代水田の立地と面積：横浜市鶴見川・早淵川流域の弥生時代中期集落からの試算」『史学』62　三田史学会　131-164 頁

菊地有希子・三好伸明　2007「弥生時代の米収穫量について―復元水田における実験考古学的研究―」『古代』120 号　早稲田大学考古学会　87-107 頁

小泉玲子・山本暉久ほか　2008『神奈川県足柄郡大井町中屋敷遺跡発掘調査報告書　南西関東における初期弥生時代遺跡の調査』昭和女子大学人間文化学部歴史文化学科中屋敷遺跡発掘調査団　六一書房

小山修三　1984『縄文時代　コンピュータ考古学による復元』中央公論社

設楽博己　2009「食糧生産の本格化と食糧獲得技術の伝統」『弥生時代の考古学 5　食糧の獲得と生産』同成社　3-22 頁

設楽博己　2000「縄文系弥生文化の構想」『考古学研究』第 47 巻第 1 号　考古学研究会　88-100 頁

設楽博己・高瀬克範　2014「西関東地方における穀物栽培の開始」『国立歴史民俗博物館研究報告』第 185 集　国立歴史民俗博物館　511-530 頁

杉山浩平　2014『弥生文化と海人』六一書房

高瀬克範　1999「弥生時代の水田経営をめぐる問題―東北地方における生産性と労働力―」『北大史学』39 号　北大史学会　1-18 頁

寺沢　薫　1986『日本の古代 4　縄文・弥生の生活』中央公論社

寺沢薫・寺沢知子　1981「弥生時代植物質食料の基礎的研究」『考古学論攷』第 5 冊　奈良県立橿原考古学研究所　1-130 頁

樋泉岳二　1999「池子遺跡 NO. 1-A 地点における魚類遺体と弥生時代の漁撈活動」『池子遺跡群 X　第 4 分冊』かながわ考古学財団　311-343 頁

中橋孝博・飯塚勝　1998「北部九州の縄文～弥生移行期に関する人類学的考察」『人類学雑誌』第 106 巻第 1 号　日本人類学会　31-53 頁

西本豊弘　1989a「下郡桑苗遺跡出土の動物遺体」『下郡桑苗遺跡』大分県教育委員会　48-61 頁

西本豊弘　1989b「弥生時代のブタ」『季刊考古学』第 28 号　雄山閣　91-92 頁

西本豊弘　1991「弥生時代のブタについて」『国立歴史民俗博物館研究報告』第 36 集　国立歴史民俗博物館　175-188 頁

西本豊弘編　2008『人と動物の日本史 1　動物の考古学』吉川弘文館

松木武彦　2014「人口と集落動態からみた弥生・古墳移行期の社会変化　吉備中南部地域を中心に」『国立歴史民俗博物館研究報告』第185集　国立歴史民俗博物館　139-154頁

米田　穣　2015a「同位体分析からみた家畜化と日本人の食―自己家畜化の視点から―」『野生から家畜へ』ドメス出版　64-86頁

米田　穣　2015b「八幡神社遺跡から出土した古墳時代人骨の同位体分析と放射性炭素年代」『八幡神社遺跡』横須賀市教育委員会　104-108頁

米田　穣　2016「称名寺貝塚から出土した縄文人骨の化学分析」『称名寺貝塚　土器とイルカと縄文人』横浜市歴史博物館　60-61頁

米田　穣　2017「骨の化学分析からみた「新石器革命」」『西洋史研究』新輯46　132-144頁

米田穣・山﨑孔　2017「同位体分析からさぐる弥生時代の食生態」『季刊考古学』第138号　雄山閣43-46頁

Mihara S., K. Miyamoto, T. Nakamura, H. Koike 2004 14C age determination for human bones during the Yayoi period –the calibration ambiguity around 2400 BP and the marine reservoir effect. Nuclear Instruments and Methods in Physics Research B 223-224, 700-704.

Tsutaya, T., Y.I. Naito, H. Ishida, M. Yoneda 2014 Carbon and nitrogen isotope analyses of human and dog diet in the Okhotsk culture: perspecitives from the Moyoro site, Japan. Anthropological Science 122, 89-99.

Yoneda, M., Y. Shibata, M. Morita, R. Suzuki, T. Sukegawa, N. Shigehara, and T. Akazawa 2004. Isotopic evidence of inland-water fishing by a Jomon population excavated from the Boji site, Nagano, Japan. *Journal of Archaeological Science* 31(1), 97-107.

第5章　池子遺跡出土弥生土器の種子圧痕分析

遠藤英子

はじめに

今回のシンポジウムは，発掘調査から25年を経た池子遺跡について，豊富な出土資料とともに，この25年間に進んだ新たな分析法も交えて再検討しようとするものである。「池子遺跡に暮らした人々の食糧事情」がそのテーマであるが，なかでも本稿では穀物栽培に注目して，池子遺跡での農耕開始期の実態を探りたい。またその結果と周辺遺跡との比較から弥生時代中期の関東地方に展開した弥生農耕や，範囲をやや広げて中部高地や北陸までの弥生農耕についても対比，検討してみたい。

レプリカ法による新たな栽培穀物情報

今日，関東地方の農耕開始期については，弥生時代中期中頃に小田原市中里遺跡に代表される水田稲作集落が突如出現し，中期後半のまさに池子遺跡が最も繁栄していた時期に，各地に本格的農耕社会が展開した（石川 2001）との考え方がほぼ共通の理解と考える。なかでも，池子遺跡で土器組成の中心となる宮ノ台式土器は，関東地方南部を中心に広く分布し，この宮ノ台式土器圏では，鶴見川・早渕川流域での大規模な環濠集落群の存在，植物遺存体や石器組成から予測されるコメへの高い依存度（安藤 1992）などから，灌漑水田稲作を基盤とした社会が予測されてきた。一方で相模湾に面する池子遺跡では，豊富な魚骨類や漁撈具の検出から外洋を含めた盛んな漁撈活動が予測され（樋泉 1999），宮ノ台式期の遺跡のなかでもひと味違う，縄文系の漁撈集団が農耕集団と共生するという生業形態が予測されている（設楽 2005）。

池子遺跡の発掘調査では，多量の弥生土器，石器，木製品，骨角製品などに加えて炭化イネが検出されており，これらのイネは，水田稲作が可能な平地や谷戸といった立地，鍬や鋤などの木製品，その木製品の製作に必要な石斧類などとともに，池子遺跡での稲作の存在を推定させる重要な根拠となっている[1)]。しかし残念ながら発掘調査当時の植物資料の検出には限界もあり，弥生時代の植物利用を充分反映しているものとは考えにくい。一方で，近年考古学に植物種子を検出する新たな手法が加わった。土器に残された圧痕にシリコン樹脂を充填してレプリカを採取し，顕微鏡で観察して原因物質の同定を行うというレプリカ法である（丑野・田川 1991）。今回，池子遺跡出土の弥生土器を対象としてこのレプリカ法の調査を実施した。25年を経て土器は新たな情報を語ってくれるだろうか。

レプリカ法とは？—作業手順と種子同定基準—

本稿では福岡市埋蔵文化財センター方式（比佐・片多2005）に基づきレプリカ法を実施した。その主な手順は以下の通りである。

1）土器表面や断面を肉眼やルーペで観察し，種子と推定される圧痕を探索
2）柔らかい豚毛歯ブラシなどを用いての圧痕内のクリーニング（砂などの除去）
3）土器の保護のため，圧痕やその周辺への離型剤（パラロイドB72を5%溶かしたアセトン）の塗布
4）シリコン樹脂（今回の調査ではトクヤマフィットテスターを使用）の充填
5）硬化後，レプリカの取り出し
6）アセトンによる離型剤の除去
7）圧痕を採取した土器や，圧痕の写真撮影
8）レプリカの検鏡（明治大学日本古代学研究所所蔵の走査型電子顕微鏡（SEM）KEYENCE VE-8800を使用）
9）レプリカの同定，撮影，データの記録

種子同定は，現生種子とのサイズ，形状，表面組織などの形態的比較によって著者が行った。本稿で報告するイネ，アワ，キビの同定基準を，レプリカ法で同定される種子の産状の大部分を占める有ふ果の状態（穎果が内外穎に包み込まれた状態を指す）を中心に紹介すると，

1）イネ *Oryza sativa* は，籾（有ふ果）でも玄米（穎果）の状態でも長楕円形の側面観をもち，維管束による凹凸が両先端部に収束する縦筋のように観察される。籾の表面には顆粒状突起（直径約50 μm）が観察されるが，玄米表面は平滑で，胚が欠けた部分に凹みがある。
2）アワ *Setaria italica* は，有ふ果の場合，背腹面観が卵状円形～楕円形で，側面観は外穎側が膨らみ内穎側が平坦な個体が多い。内外穎には乳頭状突起（15～20 μm）（Nasu et al. 2007）が観察されるが，内外穎境目には三日月状の平滑な部分が観察される。穎果には「粒長の2/3ほどの長さのA字形をした胚」（椿坂1993）が観察される。
3）キビ *Panicum miliaceum* は，背腹面観は倒広卵形で両先端部がツンと尖る個体が多い。側面観は内外穎側とも膨らむ個体が多く，表皮は平滑で，内外穎の境目には外穎が内穎を包み込むような段差が見られる。穎果には「粒長の1/2ほどの胚」（椿坂1993）が観察される。

池子遺跡および周辺遺跡の先行栽培穀物情報

調査結果を報告する前に，既報告の池子遺跡および周辺遺跡での栽培穀物データを集成して，これまでに把握されている情報を確認しておきたい（表1）。

まず池子遺跡で中心となる宮ノ台式期の前段階の資料として重要なのが，大井町中屋敷遺跡のデータである。9号土坑からは炭化イネ393点，炭化アワ1,871点，炭化キビ26点が検出され，このうちイネ2点からは2395±30BP，2320±30BP（パレオラボAMS年代測定グループ2008），アワ2点からは2430±40BP，2410±40BP（学術創成研究グループ2008）という炭素年代測定値が得

表1　神奈川県下の縄文晩期末～弥生時代の栽培穀物

遺跡	地点、遺構、時期など	炭化種子			圧痕（レプリカ法）			文献
		イネ	アワ	キビ	イネ	アワ	キビ	
平沢同明	大洞A式平行土器（弥生時代前期後半）					有	有	佐々木ほか2010b
中屋敷	9号土坑(前期末～中期初頭)	393	1,871	26				新山2009
	前期後葉土器				0	10	18	佐々木ほか2010a
下大槻峯	縄文晩期終末					1		設楽・高瀬2014
中里(秦野市)	縄文晩期終末?弥生前期						1	
矢頭	縄文晩期終末?弥生前期						1	
上村	弥生前期				1			
北原	弥生前期					2	4	
河原口坊中	p28地区YH1号旧河道(中期後半～後期)	1	0	0				火山灰考古学研究所2014
	p22地区YH74住地床炉伏甕内灰（中期後葉）	6	0	1				佐々木ほか2014a
	p22,23,24,26地区中期後半土器				1	0	2	佐々木ほか2014b
	同地区中期後半～後期土器				2	0	0	
	河川改修1地点中期土器				8*	1	8	佐々木ほか2015（*は同定に「ごはん型」）を含む
	河川改修1地点中期～後期土器				2*	0	0	
	河川改修1地点後期土器				57*	0	5	
砂田台	炉覆土(中期中葉)	4	0	0				神奈川県立埋蔵文化財センター1991
	炉覆土（中期中葉～後期末）	2,500	0	0				
	「須和田式」～中期中葉土器				4	0	0	遠藤2014a
	中期後半土器				3	0	0	
	後期土器				1	1	0	
中里(小田原市)	土坑（中期中葉）	約400	0	0				弥生時代研究プロジェクトチーム2001
大塚	住居などの土壌（中期後葉）	40±塊	0	0				
佐原泉	焼失住居床面土壌（中期後葉）	1,868	0	0				
馬場台	焼失住居床面土壌（中期後葉）	38,329	0	0				
三殿台	焼失住居柱穴土壌（中期後葉）	有						
関耕地	4号住居土器（中期中葉）				0	0	0	守屋2014
	7号,47号住居土器（中期末）				3	1	0	
池子	中期旧河道No.1-A地点（縄文晩期）	0	0	0				百原ほか1991
	中期旧河道No.1-A地点（中期）	221	0	0				
	中期旧河道No.1-A地点土器（前期末）				0	4	0	本稿
	中期旧河道No.1-A地点土器（中期中葉）				3	0	0	
	中期旧河道No.1-A地点土器（宮ノ台式期）				28	2	5	

られている。また出土土器のレプリカ法調査でも，弥生時代前期末から中期初頭の土器からアワ10点，キビ18点が同定されており（佐々木ほか2010a），炭化種子，圧痕，どちらの資料からもすでに弥生時代前期のうちに神奈川県下で穀物栽培が開始されていた可能性が示された定点的資料といえる。

池子遺跡では，『池子遺跡群X No. 1-A地点』に「No. 1-A地点の大型植物化石群」（百原ほか1999）の報告がある。縄文晩期と弥生時代中期の旧河道の土壌がサンプリングされ，縄文晩期土壌から栽培穀物は検出されていない。一方で「「弥生時代旧河道」を埋積する堆積物」からは水洗選別法によりイネ221点が検出されている。同時に水田雑草や畑雑草も多く同定されており，現地での栽培を予測させるが，雑穀はまったく検出されていない。

一方，周辺遺跡の情報としては，すでに2001年にかながわ考古学財団の弥生時代研究プロジェクトチームによって，炭化種子と種子圧痕の集成がなされている（弥生時代研究プロジェクトチーム2001）。この集成では，中期中葉の遺跡では砂田台遺跡から2点，中里遺跡から約400点の炭化イネが，池子遺跡の宮ノ台式期と重なる弥生時代中期後葉の大塚，佐原泉，砂田台，馬場台，三殿台の5遺跡からは計43,000点をこえる大量の炭化イネが報告されており，この結果について，中期中葉には「県西部に限られるものの」，中期後葉には「横浜市域，特に鶴見川流域に偏在する傾向はあるが，山間部を除く各地に分布域が拡がり」と分析されている。一方種子圧痕集成では，イネ圧痕は中期中葉の資料からの報告は無く，すべてが中期後葉以降の資料からの検出である。またアワやキビなどの雑穀は，後期の横浜市道高速2号線No. 6遺跡で炭化アワ26点の報告があるが，これ以外はいずれの時期の遺跡からも炭化種子も圧痕も報告されておらず，この高速2号線の資料については，多種類の栽培穀物がコメをはるかに凌ぐ比率で出土する弥生時代の遺跡が他に確認できないことや，検出栽培植物種子が住居址覆土上層出土であるといった問題点も指摘されている（安藤2002）。

一方，近年はレプリカ法の普及により，確実性の高い圧痕データが蓄積されつつある。神奈川県下で早い時期の栽培穀物としては，秦野市平沢同明遺跡でレプリカ法により弥生時代前期後半の土器からアワとキビが同定されている（佐々木ほか2010b）。また秦野市下大槻峯遺跡で縄文晩期終末期のアワ1点，秦野市中里遺跡と大井町矢頭遺跡で縄文晩期終末～弥生前期のキビ各1点，愛甲郡清川村上村遺跡で前期のイネ1点，同清川村北原遺跡で前期のキビ4点，アワ2点の報告がある（設楽・高瀬2014）。また海老名市河原口坊中遺跡では地床炉伏甕（中期後葉）内の灰から炭化イネ6点と炭化キビ1点（佐々木ほか2014a）や，旧河道土壌サンプルから炭化イネ1点（火山灰考古学研究所2014）のほかに，レプリカ法でP22，23，24，26地区出土の中期後半の土器からイネ1点とキビ2点，中期後半から後期の土器からイネ2点（佐々木ほか2014b）が，河川改修1地点出土の中期から後期のイネ67点（「ごはん型」35点を含む），アワ1点，キビ13点が（佐々木ほか2015）報告されている。またおなじくレプリカ法により横浜市関耕地遺跡の中期末の土器からイネ3点とアワ1点（守屋2014），秦野市砂田台遺跡の中期前半の土器からイネ4点，中期後半の土器からイネ3点（遠藤2014a）の報告がある。

以上，神奈川県下の栽培穀物をまとめると，中屋敷遺跡のデータからはすでに弥生時代前期末にはイネも雑穀も栽培が開始されていた可能性が高い。そして弥生時代中期中葉には複数の遺跡でイネが検出されるようになり，後葉にはその検出量が飛躍的に増加したようだ。また確実な炭化雑穀の検出はわずかだが，フローテーション法やレプリカ法の導入により確実なアワやキビのデータも蓄積されつつある，といったところだろうか。では，池子遺跡の栽培穀物をみてみよう。

池子遺跡出土弥生土器のレプリカ法調査結果

池子遺跡では弥生時代前期末から中期後葉宮ノ台式土器までの時間幅をもった土器が出土しており，農耕開始期の栽培穀物を通時的に検討することが可能である。そこで今回の調査では宮ノ台式土器1,010点と，それを遡る弥生時代前期末から中期中葉の土器239点を観察対象としてレプリカ法調査を実施した。その結果，宮ノ台式土器から62点，前期末から中期中葉の土器から7点のレプリカを採取し，前者からイネ28点，アワ2点，キビ5点を，後者からイネ3点，アワ4点を同定した。資料ごとの同定結果を表2に，細別時期別集計を表3に示した。

表2　池子遺跡レプリカ同定一覧

資料番号	報告書図版番号	器種	土器型式／時期	細分時期	圧痕部位	圧痕検出面	種子同定	種子の産状	写真番号
0001	246図172	鉢(高坏?)	宮ノ台式	3～4期	胴部	外面	不明		
0002	262図64	甕	宮ノ台式	3～4期	胴部	外面	キビ	有ふ果	16,17,18
0003	231図6	甕	宮ノ台式	4～5期	胴部	外面	不明種子		
0004	240図72	甕	宮ノ台式	4～5期	胴部	断面	不明		
0005	265図121	甕	宮ノ台式	3～4期	胴部	外面	不明		
0006	273図213	(広口?)壺	宮ノ台式	3～4期	胴部	内面	不明		
0007	262図59	甕	宮ノ台式	2～3期	胴部	外面	イネ	籾	40,41,42
0008	242図113	壺	宮ノ台式	3～4期	胴部	外面	不明		
0009	296図49	壺	宮ノ台式	4～5期	胴部	内面	不明		
0010	223図18	壺	宮ノ台式	3期	胴部	外面	不明		
0011	265図119	甕(ミニチュア)	宮ノ台式	2～3期	胴部	外面	キビ	有ふ果	19,20,21,22
0012	270図172	壺	宮ノ台式	3～4期	胴部	外面	イネ	籾	37,38
0013	270図172	壺	宮ノ台式	3～4期	胴部	外面	イネ	籾	37,39
0014	235図25	甕	宮ノ台式	4～5期	胴部	外面	不明		
0015	222図2	甕	宮ノ台式	2～3期	胴部	外面	不明		
0016	222図7	甕	宮ノ台式	4～5期	胴部	外面	不明		
0017	231図7	甕	宮ノ台式	2～3期	胴部	外面	不明		
0018	245図165	広口壺	宮ノ台式	2期	胴部	外面	胴割れ米?	玄米	
0019	164図151	鉢	久ヶ原式	(後期前半)	口縁	外面	イネ	玄米	
0020	185図16	壺	宮ノ台式？	1～2期	底部外面	底部外面	イネ	籾	
0021	173図75	壺	宮ノ台式	3期	胴部	内面	イネ	籾	
0022	207図61	壺	宮ノ台式	3～4期	胴部	外面	不明種子		
0023	207図61	壺	宮ノ台式	3～4期	口縁	断面	イネ	籾	
0024	172図50	壺	宮ノ台式	3期	胴部	外面	不明種子		
0025	191図34	壺	宮ノ台式	2～3期	底部外面	底部外面	イネ？	籾	

資料番号	報告書図版番号	器種	土器型式／時期	細分時期	圧痕部位	圧痕検出面	種子同定	種子の産状	写真番号
0026	191図34	壺	宮ノ台式	2～3期	底部外面	底部外面	巻貝		
0027	239図62	甕	宮ノ台式	4～5期	底部外面	底部外面	イネ	籾	
0028	240図79	甕	宮ノ台式	2～3期	底部外面	底部外面	イネ	籾	
0029	240図80	甕	宮ノ台式	2～3期	底部外面	底部外面	イネ	玄米	
0030	191図39	鉢	宮ノ台式	2期	胴部	外面	不明種子		
0031	191図39	鉢	宮ノ台式	2期	胴部	外面	籾ガラ	籾ガラ	29,30,31
0032	259図35	甕	宮ノ台式	3～4期	胴部	内面	イネ	籾	
0033	266図127	壺	宮ノ台式	3～5期	底部外面	底部外面	イネ	籾	
0034	178図14	甕	宮ノ台式	2～3期	胴部	外面	アワ	頴果	26,27,28
0035	178図4	壺	宮ノ台式	2期	口縁	口唇	不明種子		
0036	168図13	甕	宮ノ台式	3期	胴部	外面	不明種子		
0037	246図168	広口壺	宮ノ台式	2期	底部外面	底部外面	イネ	籾	
0038	243図118	壺	宮ノ台式	2～3期	底部外面	底部外面	キビ	有ふ果	
0039	275図250	広口壺	宮ノ台式	2期	底部外面	底部外面	イネ	籾	
0040	263図69	甕	宮ノ台式	2期	口縁	外面	イネ	籾	34,35,36
0041	263図70	甕	宮ノ台式	3～4期	底部外面	底部外面	イネ	籾	
0042	259図33	甕	宮ノ台式	3～4期	底部外面	底部外面	イネ?	籾	
0043	259図33	甕	宮ノ台式	3～4期	底部外面	底部外面	イネ	籾	
0044	259図33	甕	宮ノ台式	3～4期	胴部	外面	不明種子		
0045	324図115	壺	宮ノ台式	3～4期	底部外面	底部外面	イネ	籾	
0046	318図21	甕	宮ノ台式	2期	底部外面	底部外面	不明植物		
0047	319図34	甕	宮ノ台式	3～4期	底部外面	底部外面	イネ	籾	
0048	272図201	壺	宮ノ台式	3～4期	胴部	外面	イネ	籾	
0049	265図104	甕	宮ノ台式	3～4期	底部外面	底部外面	イネ	籾	
0050	265図101	甕	宮ノ台式	3～4期	底部外面	底部外面	イネ	籾	
0051	265図102	甕	宮ノ台式	3～4期	底部外面	底部外面	キビ？	有ふ果	
0052	276図258	鉢	宮ノ台式	2～3期	胴部	内面	不明種子		
0053	265図95	甕	宮ノ台式	3～4期	胴部～底部	外面	イネ	籾	
0054	303図132	鉢	宮ノ台式	2期	底部外面	底部外面	イネ	籾ガラ	32,33
0055	273図203	壺	宮ノ台式	2期	胴部	外面	キビ？	有ふ果	
0056	274図239	壺	宮ノ台式	3～4期	胴部	断面	キビ	有ふ果	23,24,25
0057	433図34	有文甕	前期末		胴部	断面	アワ	有ふ果	1,2,5
0058	439図128	壺	中期中葉	新段階	胴部	内面	イネ	籾	
0059	436図98	壺	中期中葉	新段階	胴部	外面	イネ	籾	12,13,14,15
0060	436図97	壺	中期中葉	中段階？	胴部	内面	イネ	籾	8,9,10,11
0061	433図34	有文甕	前期末		胴部	内面	アワ	有ふ果	1,2,3,4
0062	433図34	有文甕	前期末		胴部	内面	アワ	有ふ果	1,2,6
0063	433図34	有文甕	前期末		胴部	内面	アワ	有ふ果	1,2,7
0064	427図6	壺	宮ノ台式	4～5期	底部外面	底部外面	アワ	有ふ果	
0065	427図6	壺	宮ノ台式	4～5期	底部外面	底部外面	イネ	籾	
0066	427図6	壺	宮ノ台式	4～5期	底部外面	底部外面	イネ	籾	
0067	427図6	壺	宮ノ台式	4～5期	底部外面	底部外面	キビ	有ふ果	
0068	264図82	甕	宮ノ台式	2期	胴部	外面	不明物質		
0069	322図91	壺	宮ノ台式	2期	口縁	内面	イネ	籾	
0070	264図88	甕	宮ノ台式	3～4期	胴部	外面	イネ	籾	43,44,45

土器時期細分については，『池子遺跡群X』山本・谷口1999を参照した。

表3　池子遺跡穀物時期別集計

	前期末	中期中葉中段階？	中期中葉新段階	宮ノ台？1～2期	宮ノ台2期	宮ノ台2～3期	宮ノ台3期	宮ノ台3～4期	宮ノ台3～5期	宮ノ台4～5期	後期前半（久ヶ原）
アワ	4					1				1	
キビ						2		2		1	
イネ		1	2	1	6	3	1	13	1	3	1

紙面の都合上一部の資料に限られるが，以下に土器の実測図や写真，圧痕写真，SEM 画像を提示して種子同定や土器時期比定の根拠を説明したい。

まず弥生時代前期末の資料としては，IKGO-0057，0061～0063 があげられる。これらのレプリカを採取したのは，報告書に「太描きの沈線による変形工字文が口縁部にめぐる甕で，特に弧状を呈するもの」（山本・谷口 1999：704 頁）として池子最下層 1 期の標準資料として掲載されている有文甕からである。（図 1-1・2）。この甕の胴部断面や内面の圧痕からアワ有ふ果 4 点を同定した。0061 は有ふ果内穎側の乳頭状突起，内外穎境目の平滑な細い三日月状の部位，その向こう側に外頴の乳頭状突起がわずかに観察される（図 1-3）。同じく 0061 の側面観は，外頴側が膨らみ内頴側は平坦で，やはり境目に平滑な三日月状部位が観察される（図 1-4）。0057（図 1-5），0062（図 1-6），0063（図 1-7）はいずれも有ふ果外頴側で，膨らみをもった外頴に乳頭状突起が観察される。

次に中期中葉の資料では，IKGO-0060 は，報告書で「いわゆる「須和田式」の壺」，「「平沢式」よりは新しいものと思われる」池子最下層 3 期（同：705 頁）と細分されている壺からの検出で，中期中葉中段階？と比定した。この壺（図 1-8・9）の胴部内面圧痕（図 1-10）からはイネ籾を同定した。片端が欠損しているが，両先端部に収束する縦筋のように見える維管束による凹凸や，表面の顆粒状突起が観察される（図 1-11）。このイネは今回同定したなかで最も古い可能性があるイネ資料だが，報告書では「駿河（～小田原周辺？）と考えられる」（同：705 頁）土器胎土から，非在地の資料の可能性が指摘されている。IKGO-0059 は，報告書で「ヘラ描き波状文を主体とする壺」として池子最下層 3 期に細分されている（同：705 頁），中期中葉新段階と比定した壺（図 1-12・13）の胴部外面圧痕（図 1-14）から同定したイネ籾である。維管束による凹凸や顆粒状突起が観察される（図 1-15）。なお波状沈線をもつこの壺については，「中期中葉「中里式」と中期後葉「宮ノ台式土器」の境目に位置づけられるような土器群」（横浜市歴史博物館 2017：26 頁）という評価もある。

宮ノ台式期の資料では，IKGO-0002 は，口縁に指頭によるキザミをもつ甕（図 2-16）胴部外面圧痕（図 2-17）から同定したキビ有ふ果である（図 2-18）。腹面観が倒広卵形で先端部がツンと尖り，側面は内外穎側とも膨らみ，表皮は平滑で，外穎が内穎を包み込むような段差が観察される。IKGO-0011 は，ミニチュアの甕（図 2-19）の胴部外面圧痕（図 2-20）から同定したキビ有ふ果である。両端がツンと尖る形状（図 2-21），内外穎が膨らむ側面観（図 2-22）が明瞭である。IKGO-0056 は，底部に木葉痕をもつ赤彩の壺（図 2-23）の胴部断面圧痕（図 2-24）から同定した

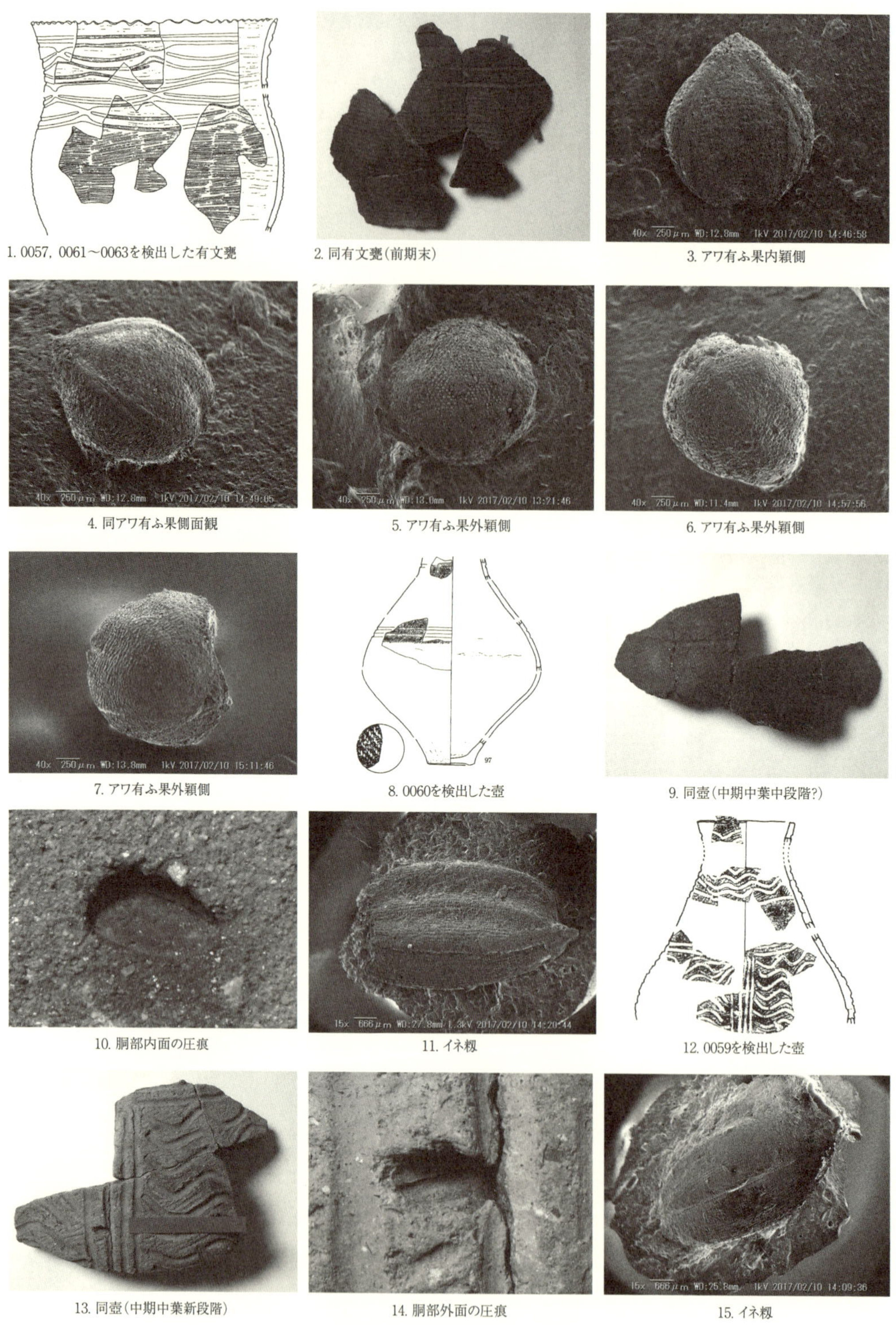

1. 0057, 0061～0063を検出した有文甕　2. 同有文甕（前期末）　3. アワ有ふ果内穎側

4. 同アワ有ふ果側面観　5. アワ有ふ果外穎側　6. アワ有ふ果外穎側

7. アワ有ふ果外穎側　8. 0060を検出した壺　9. 同壺（中期中葉中段階?）

10. 胴部内面の圧痕　11. イネ籾　12. 0059を検出した壺

13. 同壺（中期中葉新段階）　14. 胴部外面の圧痕　15. イネ籾

図1　観察土器とレプリカSEM画像（1）

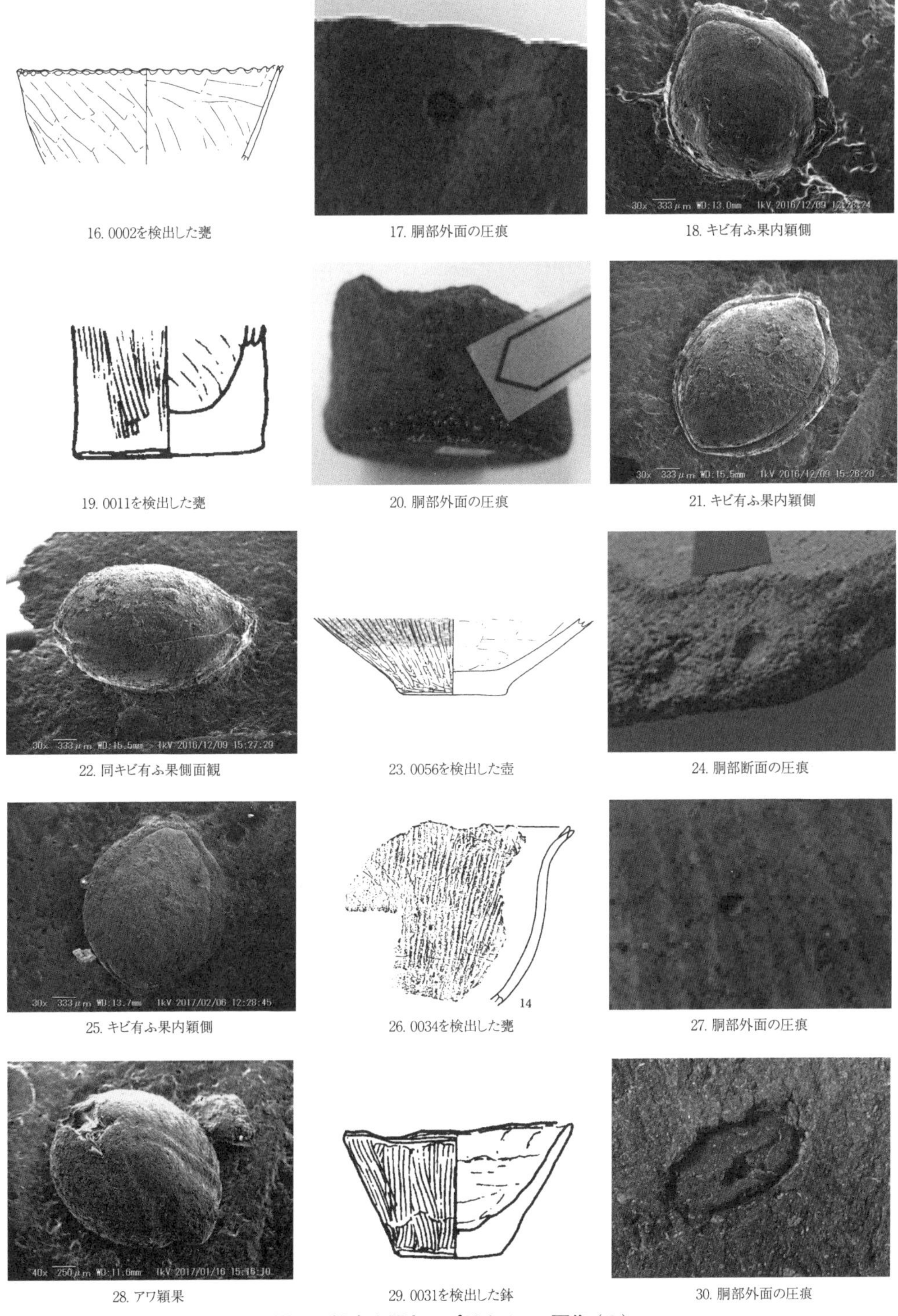

16. 0002を検出した甕
17. 胴部外面の圧痕
18. キビ有ふ果内穎側
19. 0011を検出した甕
20. 胴部外面の圧痕
21. キビ有ふ果内穎側
22. 同キビ有ふ果側面観
23. 0056を検出した壺
24. 胴部断面の圧痕
25. キビ有ふ果内穎側
26. 0034を検出した甕
27. 胴部外面の圧痕
28. アワ穎果
29. 0031を検出した鉢
30. 胴部外面の圧痕

図２　観察土器とレプリカ SEM 画像（２）

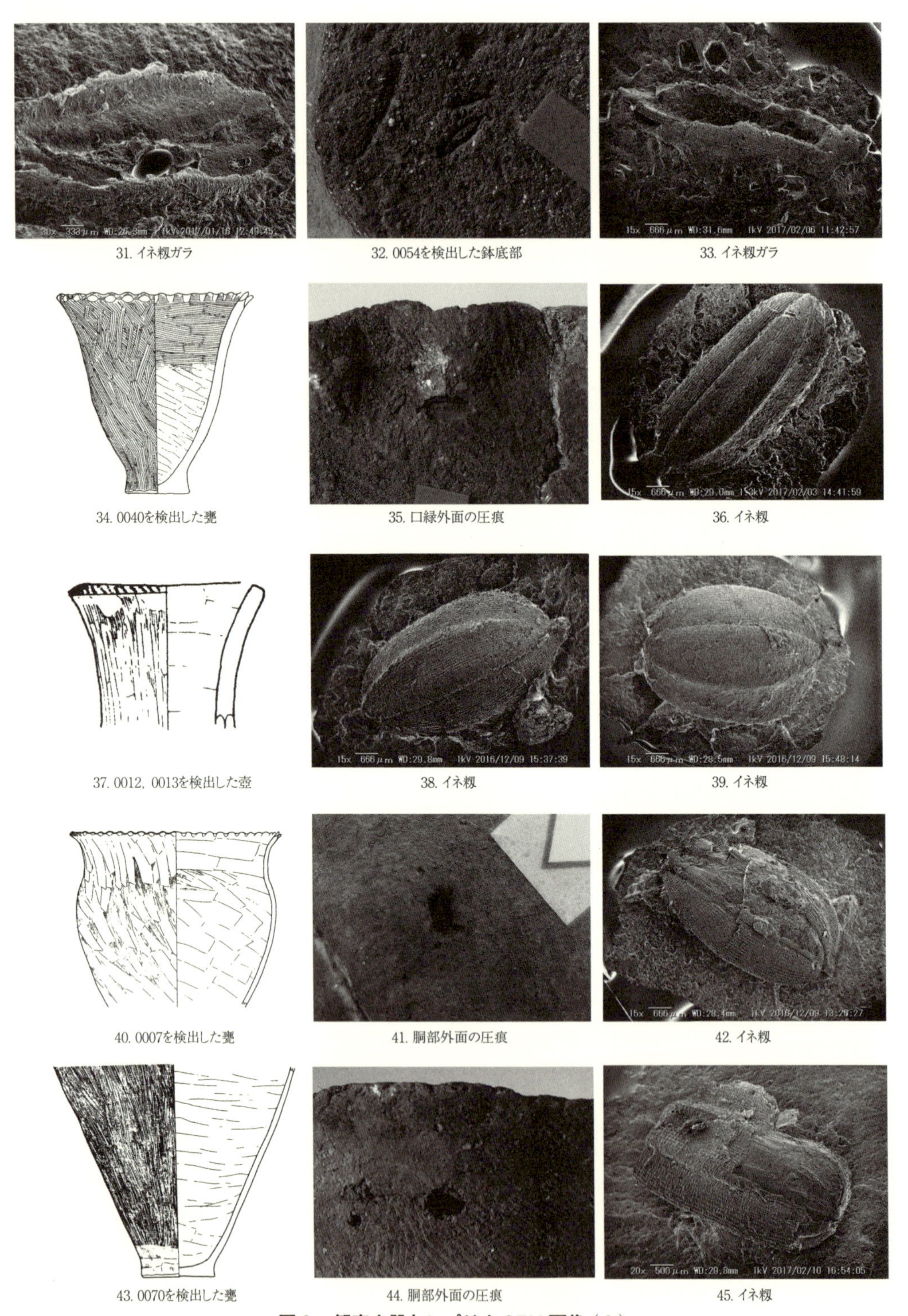

31. イネ籾ガラ　32. 0054を検出した鉢底部　33. イネ籾ガラ

34. 0040を検出した甕　35. 口縁外面の圧痕　36. イネ籾

37. 0012, 0013を検出した壺　38. イネ籾　39. イネ籾

40. 0007を検出した甕　41. 胴部外面の圧痕　42. イネ籾

43. 0070を検出した甕　44. 胴部外面の圧痕　45. イネ籾

図３　観察土器とレプリカ SEM 画像（３）

キビ有ふ果である（図2-25）。IKGO-0034は口縁端部に表裏指頭押捺をもち，外面に縦ハケ，内面にヘラナデが観察される小型甕（図2-26）胴部外面圧痕（図2-27）から同定したアワ穎果である。表面は平滑で，粒長の2/3ほどの長さのA字形をした胚が観察される（図2-28）。IKGO-0031は，小型鉢（図2-29）の，胴部外面圧痕（図2-30）から同定したイネ籾ガラである。外面に乳頭状突起の残る籾ガラのみで中に穎果はなく空洞である（図3-31）。IKGO-0054も鉢底部外面圧痕（図3-32）から同じくイネ籾ガラを同定した（図3-33）。IKGO-0040は，口縁端部に表裏指頭押捺をもつハケ甕（図3-34）で，胴部外面圧痕（図3-35）からイネ籾（図3-36）を同定した。IKGO-0012,0013はRL縄文が口縁端部に施文された壺胴部（図3-37）外面の2点の圧痕からイネ籾を同定した（図3-38・39）。IKGO-0007は口縁端部に表裏指頭押捺をもち，ハケの後，内外全面ヘラナデが施された甕（図3-40）で，この胴部外面圧痕（図3-41）からイネ籾を同定した（図3-42）。一部籾ガラが剝がれているのが観察される。IKGO-0070は縦ハケをもつ甕（図3-43）胴部外面の圧痕（図3-44）から，こちらも一部籾ガラの剝がれたイネ籾を同定した（図3-45）。

栽培穀物からみた，池子遺跡の弥生農耕

池子遺跡での栽培穀物の出現期

IKGO-0057，0061～0063のアワ資料からは，池子遺跡の栽培穀物の出現期は弥生時代前期末，中屋敷遺跡9号土坑とほぼ並行期まで遡ると推定できる。この時期の資料からイネは同定されず，確実なイネは中期中葉新段階から出現するが，それ以前にイネが存在していなかったどうかは今回の調査のみからは断定できない。圧痕の形成のチャンスが非常に限られていること（遠藤2014b），前述の中屋敷遺跡で炭化イネは検出されながらレプリカ法では雑穀のみでイネは同定されなかったことなどを考慮すれば，今後周辺遺跡などで対象資料を増やしてデータを蓄積したうえで検討を重ねる必要があろう。

いずれにしても，秦野市，大井町，清川村など県西部でしか確認できていなかった弥生前期末に遡る栽培穀物が，相模湾の東端に位置する池子遺跡で確認できたことは成果の一つといえるだろう。

栽培穀物の組み合わせ

宮ノ台式期では，1期と比定できる確実な資料を欠くものの，2～5期の土器圧痕からはイネを同定した。同定数にばらつきはあるが宮ノ台式期を通じてイネは存在しており，池子遺跡におけるイネの重要性を示していると考える。また，雑穀の占める割合は同定穀物全体の20%で[2)]，栽培穀物はイネが中心であったと判断できる。

同じく宮ノ台式土器を主体とする横浜市大塚遺跡では現在レプリカ法調査が継続中で「イネとエゴマの圧痕が検出され」，「3000点以上の土器破片や完形土器の圧痕を調査したが，アワやキ

ビなどの雑穀は１点も検出されていない」（佐々木2107）という途中経過が報告されている。砂田台遺跡でも同定数はイネ３点と少ないが雑穀は同定していない。池子遺跡ではこれほどまでのイネへの集中はみられなかったが，宮ノ台式土器圏でのイネの優勢は確実と思われる。

ただ，表１からも明らかなように，1990年代の調査では中期後葉の炭化雑穀は一切検出されておらず，近年の層位的なサンプリングと目の細かい篩を用いた慎重なフローテーション法や，レプリカ法の導入によってようやく，これまで検出が難しかった雑穀データが蓄積されつつある。したがってイネがこの時期主要な栽培穀物であったことは確実と思われるが，これまで予測されてきた「水田稲作に適した気候の条件をもつ東日本南部以西各地では，確実な稲作の定着後しばらくすると，（中略），僅かな畠作物を伴いつつも，コメの単作に近い状態になっていたことが想定される」（安藤2007：433頁）という栽培穀物の組み合わせについては，今後フローテーション法とレプリカ法，双方をすり合わせたデータを蓄積したうえで，もう一度検討する必要があるのではないだろうか[3]。

宮ノ台式並行期の関東・中部高地・北陸の栽培穀物

最後に範囲をやや広げて池子遺跡と周辺地域の栽培穀物を比較してみたい。

関東地方では「中期の前葉から後葉へと文化・社会の劇的な転換が起きている」（石川2011）とすでに指摘されているが，こうした転換は宮ノ台式に限らず，関東地方北西部に分布する北島

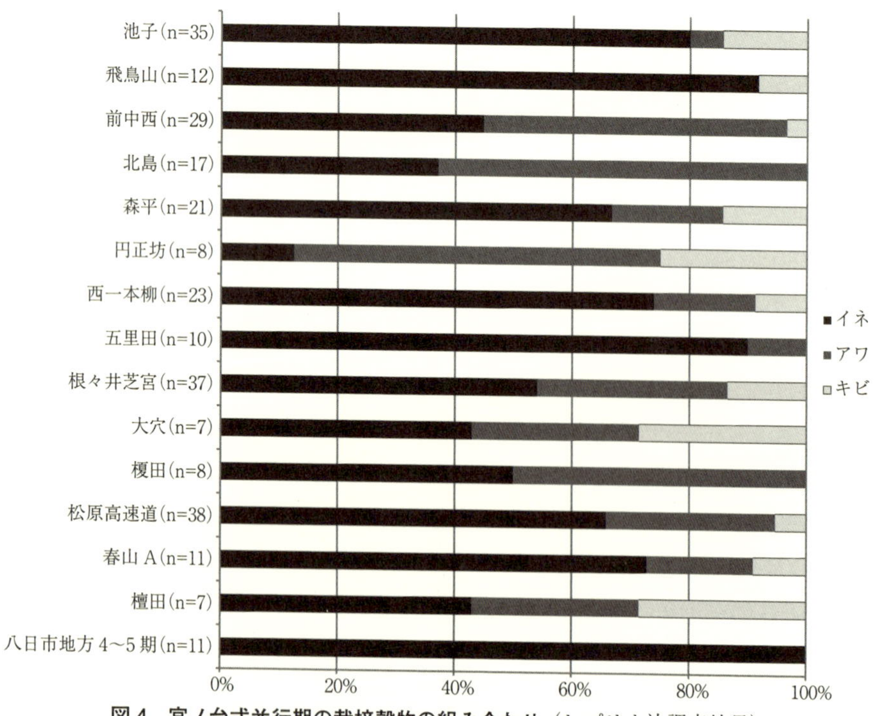

図４　宮ノ台式並行期の栽培穀物の組み合わせ（レプリカ法調査結果）

式，中部高地の栗林式，やや時期は先行するが北陸の小松式の分布圏などでも看取できる。

幸いこれらの地域でもすでにレプリカ法調査が実施されているので，各土器型式の遺跡での栽培穀物の組み合わせを比較してみた（図4）。栗林式土器の調査は千曲川上・中流域の10遺跡のデータ（馬場・遠藤 2017），北島式は熊谷市北島遺跡と前中西遺跡のデータ（遠藤 2014a），宮ノ台式の飛鳥山遺跡は守屋亮報告のデータ（守屋 2014），また現状では小松式土器のレプリカ調査データがないため，北陸のデータについては弥生時代中期前葉，小松式成立前夜の八日市地方4〜5期のデータを借用した（中山ほか 2017）。

同じく弥生農耕定着期と考えられる遺跡群であるが，栽培穀物の組み合わせには相違がみられた。前述の大塚遺跡の「イネのみ」というデータも含めて，宮ノ台式土器圏では多少のばらつきはみられるもののイネへの集中度が高い。一方，北島遺跡は水田と堰，水路などの水利施設が検出され本格的な水田稲作志向をうかがわせる，関東地方を代表する初期農耕集落遺跡の一つであるが，ここでの同定数はイネ10点に対してアワ17点と，雑穀がイネを上回っており，同じく前中西遺跡の中期後半の土器からもイネ13点，アワ15点，キビ1点と，やはりイネより雑穀の割合が高い。同じく関東平野に所在する宮ノ台式グループと北島式グループの栽培穀物の組み合わせについては違いがみられた。そして栗林式圏の10遺跡では，栽培穀物の組み合わせはイネが優勢な遺跡6，雑穀が上回る遺跡3，半々の遺跡1とさまざまであった。調査遺跡は千曲川上流域の佐久市と，中流域の長野市に所在しており，この2地域の標高（佐久市で約680 m，長野市で約360 m），気温（現代の6〜8月の最低気温は佐久市で16.8℃，長野市で19.0℃），降水量（現代の6〜8月の平均降水量は佐久市で125.4 mm，長野市で113.8 mm）などの生態環境差が栽培穀物の組み合わせに反映されているかとも考えたが，栽培穀物の組み合わせと遺跡立地に相関関係は読み取れなかった。なお栗林式期の調査では比較資料として佐久市大豆田遺跡の後期土器の調査も実施したが，箱清水式の栽培穀物はイネ17点，雑穀10点を同定し，イネと雑穀が複合した栽培は後期まで継続していたようだ。北陸に関しては資料数が少ないが，現状ではイネに特化している[4)]。

以上のように，同じく弥生時代中期中葉から後半の弥生農耕定着期の遺跡群でも，イネへの集中度という点では各遺跡で違いがみられた。あえて土器型式別の傾向を読み取ろうとするなら，宮ノ台式土器圏や北陸ではイネへの集中度が高く，対照的に栗林式や北島式の遺跡では雑穀も組成に加わっているといえそうだが，データが最も多い栗林式遺跡群ではばらつきがみられた。

おわりに

上述のような栽培穀物の組み合わせの差が，稲作や雑穀作に対する生態環境差に由来するのか，それぞれの穀物栽培情報発信元の情報差によるのか，または受け入れ側のそれ以前の生業を含めた社会の違いによるのか，それともレプリカ法自体に由来するバイアスなのか，はたまたそれ以外のなんらかの理由があるのかは残念ながら現状では判断できていない。おそらく現在私たちが目にしているデータは，これらすべての要因が複雑に絡み合った結果と思われ，それらを解きほぐし弥生農耕の多様性を具体的に検討していくためには，今後も今回のシンポジウムのような多視点からのアプローチとクロスチェックが必要であろう。

註

1) 『池子遺跡群XI』2011の第7章まとめ 第1節調査の成果と課題 2)弥生時代では，「低地，しかも河跡という滞水性の環境であったため，通常では腐って残らない木製品や動物・魚の骨，木の実などの植物遺体等が極めて保存状態良好なまま出土した。特に豊富かつ多彩な木製遺物の発見は，これまで神奈川県域ではほとんど知られていなかったもので，池子遺跡群の調査によって初めて初期農耕生活の実態が明らかになったといえる。また，No. 1-A・No. 1-C南・No. 5地点に検出された旧河道には，河の流れを堰き止めた「しがらみ」状遺構が検出され，河の水を利用して水田稲作が営まれていたことが明らかになった」とまとめられている。

2) イネ80%，雑穀20%という池子遺跡での宮ノ台式期の栽培穀物の組み合わせは，土器圧痕から同定した栽培穀物の粒数を単純に比較したに過ぎず，当時の人々が穀物をイネ8割，雑穀2割の割合で食べていたという意味ではない。安藤広道が指摘するように「採取された種子遺体の数量関係から，それぞれの食糧としての摂取率や，食性全体の中で占める比率等を推測することは非常に難しい」(安藤2006)。

3) 表1からは，圧痕を対象とするレプリカ法より，炭化種子資料のほうがより大量の種子を検出可能で効果的ともみえるが，二つの手法にはそれぞれ長所と短所があり，レプリカ法では難しい定量的分析が可能な点はフローテーション法による炭化種子資料の大きな長所であり，未炭化種子の表面組織までの詳細な観察からの種子同定や，土器編年を援用した時期細分はレプリカ法の長所といえよう。両手法を相互補完的に取り入れて多角的に検討することが望ましい。

4) 八日市地方遺跡の弥生時代中期の土器は櫛描文系と条痕文系が共伴するが，興味深いことにイネを同定したのは櫛描文系土器に限られ，条痕文系土器からは明解な植物種子は確認されていない（中山ほか2017：44頁)。

引用文献

安藤広道　2014「「水田中心史観批判」の功罪」『国立歴史民俗博物館研究報告』185　405-448頁

安藤広道　2007「東アジア的視点からみた縄文時代・弥生時代の農耕」『日本考古学協会2007年度熊本大会研究発表資料集』日本考古学協会2007年度熊本大会実行委員会　432-451頁

安藤広道　2006「先史時代の植物遺体・土器圧痕の分析をめぐる覚書」『西相模考古』15　西相模考古学研究会　111-122頁

安藤広道　2002「異説弥生畑作考—南関東地方を対象として—」『西相模考古』11　西相模考古学研究会　1-56頁

安藤広道　1992「弥生時代水田の立地と面積—横浜市鶴見川・早淵川流域の弥生時代中期集落群からの試算—」『史学』62-1・2　三田史学会　131-164頁

石川日出志　2011「関東地方における巨大農耕集落の出現とその背景」設楽博己・藤尾慎一郎・松木武彦編『弥生時代の考古学3　多様化する弥生文化』102-113頁

石川日出志　2001「関東地方弥生時代中期中葉の社会変動」『駿台史学』113　駿台史学会　57-93頁

丑野毅・田川裕美　1991「レプリカ法による土器圧痕の観察」『考古学と自然科学』24　日本文化財科学学会　13-36頁

遠藤英子　2014a「栽培穀物から見た，関東地方の「弥生農耕」」『SEEDS CONTACT（植物・土器・人骨を中心とした日本列島農耕文化複合の形成に関する基礎的研究　日本学術振興会平成25年度基盤研究(A)ニュースレター）』2　16-23頁
遠藤英子　2014b「種実由来土器圧痕の解釈について」『考古学研究』60-4　考古学研究会　62-72頁
火山灰考古学研究所　2014「河原口坊中遺跡P28地区YH1号旧河道における自然科学分析」『川原口坊中遺跡第一次調査　首都圏中央連絡自動車道（さがみ縦貫道路）建設事業に伴う発掘調査』かながわ考古学財団調査報告304　第6分冊　76-80頁
学術創成研究グループ　小林謙一・坂本稔・松崎浩之・設楽博己　2008「第1節-2　土器付着物及びアワ胚乳の^{14}C年代測定」『中屋敷遺跡発掘調査報告書』昭和女子大学人間文化学部歴史文化学科中屋敷遺跡発掘調査団　131-135頁
神奈川県立埋蔵文化財センター　1991『砂田台遺跡Ⅱ』
佐々木由香　2017「Column　土器の「くぼみ」から知る弥生時代の食料事情」『横浜に稲作がやってきた！？』横浜市歴史博物館　平成29年度企画展　74-75頁
佐々木由香・米田恭子　2015「レプリカ法による土器圧痕の種実同定」『河原口坊中遺跡第二次調査　相模川河川改修事業・さがみグリーンライン事業（自転車道整備事業）に伴う発掘調査』かながわ考古学財団調査報告307　第4分冊　1474-1483頁
佐々木由香・米田恭子・バンダリスダルジャン　2014a「河原口坊中遺跡炉址内から出土した炭化種実と灰の母植物」『川原口坊中遺跡第一次調査　首都圏中央連絡自動車道（さがみ縦貫道路）建設事業に伴う発掘調査』かながわ考古学財団調査報告304　第6分冊　142-145頁
佐々木由香・米田恭子　2014b「レプリカ法による土器圧痕の種実同定」『河原口坊中遺跡第一次調査　首都圏中央連絡自動車道（さがみ縦貫道路）建設事業に伴う発掘調査』かながわ考古学財団調査報告304　第6分冊　180-186頁
佐々木由香・米田恭子・那須浩郎　2010a「レプリカ法による土器種実圧痕の同定」昭和女子大学人間文化学部歴史文　化学科中屋敷遺跡発掘調査団編『中屋敷遺跡発掘調査報告書2』昭和女子大学人間文化学部歴史文化学科　43-56頁
佐々木由香・米田恭子・戸田哲也　2010b「神奈川県平沢同明遺跡出土土器圧痕からみた弥生時代前期後半の栽培植物」『日本植生史学会第25回大会講演要旨集』28頁
設楽博己　2005「側面索孔燕形銛頭考―東日本弥生文化における生業集団編成のあり方をめぐって―」『海と考古学』海交史研究会考古学論集刊行会　299-330頁
設楽博己・高瀬克範　2014「西関東地方における穀物栽培の開始」『国立歴史民俗博物館研究報告』185　511-530頁
椿坂恭代　1993「アワ・ヒエ・キビの同定」『先史学と関連科学』吉崎昌一先生還暦記念論集　261-281頁
樋泉岳二　1999「池子遺跡群No. 1-A地点における魚類遺体と弥生時代の漁撈活動」『池子遺跡群X第4分冊』311-339頁
中山誠二・下濱貴子・横幕真・稲垣自由　2017「八日市地方遺跡における弥生時代の植物圧痕」『石川考古学研究会会誌』60　37-49頁
新山雅広　2008「土坑から出土した炭化種実同定」昭和女子大学人間文化学部歴史文化学科中屋敷遺跡発掘調査団編『中屋敷遺跡発掘調査報告書』昭和女子大学人間文化学部歴史文化学科　145-147頁
馬場伸一郎・遠藤英子　2017「弥生時代中期の栗林式土器分布圏における栽培穀物」『資源環境と人類』7

明治大学黒耀石研究センター　1-22頁

パレオラボAMS年代測定グループ　佐々木由香・小林紘一・丹生越子・伊藤茂・山形秀樹・Zauri Lomtatidze・Ineza Jorjoliani・藤根久・植田弥生・新山雅広　2008「第5章　自然科学分析　第1部-1 放射性炭素年代測定」『中屋敷遺跡発掘調査報告書』昭和女子大学人間文化学部歴史文化学科中屋敷遺跡発掘調査団　124-130頁

比佐陽一郎・片多雅樹　2005『土器圧痕レプリカ法による転写作業の手引き』福岡市埋蔵文化財センター

松田光太郎・松葉崇・依田亮一・小檜山一良　2011『池子遺跡群Ⅺ　池子米軍小学校新設工事に伴う発掘調査』かながわ考古学財団

百原新・久保田礼・那須浩郎　1999「No. 1-A地点の大型植物化石群」『池子遺跡群Ⅹ―No. 1-A地点』第2分冊　かながわ考古学財団　872-878頁

守屋　亮　2014「東京湾西岸における弥生時代の栽培植物利用：レプリカ法を用いた調査と研究」『東京大学考古学研究室研究紀要』28　81-107頁

山本暉久・谷口肇　1999『池子遺跡群Ⅹ』かながわ考古学財団

弥生時代研究プロジェクトチーム　2001「弥生時代の食用植物―炭化種子及び種子圧痕について―」研究紀要『かながわの考古学』6　かながわ考古学財団　39-58頁

横浜市歴史博物館　2017『横浜に稲作がやってきた！？』平成29年度企画展

Nasu,H., Momohara,A., Yasuda,Y., He,J. 2007 The occurrence and identification of *Setaria italica* (L.) P, Beauv. (foxtail millet) grains from the Chengtoushan site (ca.5800cal B.P.) in central China, with reference to the domestication centre in Asia *Vegetation history and Archaeobotany* 16: 481-494pp

第6章　土器付着炭化物からみる池子遺跡

白 石 哲 也・中村賢太郎

はじめに

研究の目的と背景

土器の用途は，大別すると「日常用」と「祭儀用」に属する。そのうち，日常用土器は水運搬用，貯蔵用，煮炊用，食卓用に分類され，なかでも内部にコメなどが炭化することで付着したコゲが残存し，煮炊き用に使用したと考えられる，釣鐘を逆さにしたような形の丈高く口広い器を，甕形土器もしくは深鉢，深鍋と呼ぶ（佐原 1983，小林 2011）。この弥生深鍋[1] は，弥生時代において最もポピュラーな器種の一つであり，各地で製作・使用された。近年，弥生深鍋の使用痕跡を示す炭化した付着物であるスス・コゲに着目した研究が進展し，弥生時代にどのような食生活が営まれたのかが，徐々に明らかになりつつある。

このようななかで，低湿地状の旧河道からススやコゲが良好に残存する弥生深鍋が，大量に出土した池子遺跡は，スス・コゲを対象とした研究を行う際に，非常に優れた遺跡だと考えられる。また，池子遺跡の立地環境は，相模湾に面し様々な海洋性の魚貝類が出土している。そして，いわゆる農作物に限らない食の多様性が想定されることからも，弥生時代の生業を検討するうえで重要な弥生遺跡の一つである。このような理由から，本稿では，池子遺跡で出土した弥生深鍋を主に検討することで当時の食のあり方について考察を行うことにしたい。

土器に付着した土器使用痕（スス・コゲ）の研究

では，土器に付着したススやコゲから，実際に何がわかるのか。まず一つには，土器の使用痕跡であるスス・コゲの付着状況を詳細に観察することで，その使用方法（調理方法）や機能を明らかにしていく研究が実践されている。これは考古学，民族学，実験考古学といった様々な研究アプローチを通じて，スス・コゲの形成過程や摩耗痕などの土器使用痕に加え，鍋の形態やつくりを詳細に観察することで明らかにしていくものである（小林 2001・2007・2008 ほか）。例えば，小林正史は弥生深鍋のスス・コゲ分析を通して，それらの「使いわけ」と「作りわけ」に関する検討を行った。そして，弥生時代に土鍋が存在することを指摘（小林 2006）し，なかでも中型の深鍋が炊飯に，小型の深鍋はオカズ調理に用いられた可能性があるとして，米食を中心とした深鍋利用の観点から，従来（寺沢・寺沢 1981 ほか）よりも食物摂取バランスのうえで米食がより高い比重をもっていたのではないかと推測している（小林 2009）。

また他にも，土器に付着した内外面の炭化物（スス・コゲ）を，直接的に自然科学分析を行い，その炭化物の由来を調べる方法がある。これは，炭素・窒素安定同位体分析と呼ばれる研究手法である。これは，炭素（δ^{13}C 値）と窒素（δ^{15}N 値）の割合から付着した炭化物の食材を同定する方法で，坂本稔（2007），吉田邦夫（2006），小林謙一（2014），國木田大（2017ab）などを中心に，進められつつある研究分野となっている。なかでも吉田邦夫・西田泰民は，火炎土器を対象として実験的に，食材が炭化する前後の値を測定した分析を行っている。これは，現在の土器付着炭化物を炭素・窒素安定同位体分析で，測定した際に参考とするための重要な基礎データとなっている（吉田・西田 2009）。さらに，宮田佳樹による土器表面に吸着したステロールを用いた動物性ステロールを検出する研究（宮田・堀内ほか 2008）などがあり，着実に進展している分野ともいえる。

土器の機能・用途と自然科学分析と本研究

このように土器に付着したスス・コゲに関する研究は，小林正史らの機能・用途からの検討と坂本稔，吉田邦夫らの自然科学分析による検討が個々別々に行われてきた。しかし，両者が目指すものは同じである以上，総合的な研究が行われることが望ましいことはいうまでもないだろう。

そうしたなかで，阿部昭典らによる縄文時代の注口付浅鉢を対象とした検討（阿部・國木田・吉田 2016）は秀逸である。阿部らは，小林の分析手法に基づき，浅鉢の使用痕分析を行い，調理食材としてデンプン質を用いていた可能性を指摘する。そのうえで，炭素・窒素安定同位体分析を行い，使用痕分析と炭素・窒素安定同位体分析の結果が矛盾しないことを明らかにした。このように，当時の生業状況を検討するうえでは，互いの連携が重要である。そこで，本稿においてもスス・コゲによる使用痕分析と炭素・窒素安定同位体分析の両面を実施することで，弥生土器に付着したスス・コゲから池子遺跡の食生活の一端を明らかにすることを目指す。

1.　弥生深鍋のサイズ

土器のサイズと規格性に関する研究

池子遺跡に限らず，遺跡から出土する弥生深鍋のサイズは大小，様々である。このサイズに関して，小林正史はスス・コゲが付着した深鍋において「器種の使い方の違いを最も反映するのは容量（大きさ）」であり，土器使用の民族誌からも，その傾向が認められると述べている（小林 2011）。実際に，西日本の弥生土器ではサイズによる使用の違いを指摘できるという（小林 2009）。そこで本稿でも，まずは池子遺跡でサイズによる使用の違いがあったのかについて検証を行うために，出土した弥生深鍋の検討を行う。

今回，弥生深鍋のサイズについて検討を行うにあたり，当然そこには規格性の存在が想定できることから，まずは土器規格の観点について確認しておきたい。従来，土器の規格性については，土器生産の量産化された古代以降に研究が集中されてきたが，最近では長友朋子による北タイと弥生時代の近畿地方を対象とした研究（長友 2013）などもある。長友は，タイで民族調査を行い，一人の製作者の土器製作量と同一器種製作が規格度の高さと相関するとした。その結果を受けて，弥生時代前期は規格度が高いが，中期には規格度が下がる現象が認められることから，その要因として「器種の分化（多様化）」があるとしている。なお。，こうした長友の研究方法は，Longacare や小林によるフィリピンのカリンガ族とパラディホン族における土器の規格性分析に基づいている。その方法は，土器の口径，器高，胴部最大径を計測点として，その変動係数（標準偏差／平均値×100）を算出し，そこから規格性の高低を示すものである（Longacare et al. 1988）。この方法は，小林青樹の東北タイでの調査（小林 1998）においても実践されており，変動規格に基づく群間比較を可能としてしている。

さて，長友の指摘を受けて，池子遺跡出土の弥生中期後葉の宮ノ台式土器をみると，中期中葉までの土器に比べ，「器種の分化（多様化）」があり，一見すると器種ごと，サイズごとの規格度は低いようにみえる。

また，宮ノ台式土器に限らず，土器のサイズ区分について佐藤（2015）は，「小形，中形，大形などの区分を行って組成を求めるのが，記述やグラフ化の上では便利であるが，区分の根拠は見出しがたい」と述べているように，客観的な区分を行うことは難しいように思われる。事実，佐藤自身も分析するに際して便宜的に，サイズを任意区分して利用分析を行っている。それに対して，客観的に数量化した検討も存在する。土器の規格性に早くから着目していた小林は，弥生時代～古墳時代前期の深鍋について「容量（ℓ）の数値分布をグラフ化し，それら断絶の位置」と「形の違いとの対応」を根拠として 2ℓ，4ℓ，8ℓ，20ℓの四つのサイズ区分を示している（小林 2011）。この「容量分布における断絶の位置」は多くの一括遺物を容量別に整理した際に，それらをグラフ化するとおおむね上記サイズ区分できるとしている。

つまり，単純に資料を並べてしまうと，それらはフリーハンドで製作されており，明瞭な違いは見出せず，連続してしまうために器種のサイズを区分することが難しくなる。特に，規格度が低い場合は，判断が難しくなると思われる。しかし，一括資料という単位でみていくこと，グラフ上で必ずしも明瞭とはいえないものの，ある程度の差異が見出せている。これについては，より客観的な統計的な裏付けが必要だと思われる。

次に，土器のサイズ基準の単位であるが，通常は「容量（ℓ）」が用いられ，その容量算出には容量計算アプリケーションソフトを使用することが多い。その操作方法は，スキャンした実測図を計算ソフトのフィールド上に表示し，任意の計測点を与えることで，自動計算を行い容量を算出することになる。本来，正確な値を求めるには計測資料が図面上で完形であり，水平断面が正円であることが前提となる。しかし，実際には土器自身に「歪み」があり，実測作成位置よっても計測値が変化することがあるため，誤差が生じるし，それらをキャリブレーションすることも難しい。ゆえに，算出容量の値にはある程度の誤差が生じていることを承知したうえで，データを用いる必要がある。

また，通常は図面上であっても完形資料は少ないので，計測値を基に何らかの検討を行う場合，検討資料数には限りがある。これらを補うための手段として，実測図上で2/3以上残存している場合は推定復元することがあるが，それでも資料数の劇的な増加は見込めない。そのため，頻度を用いた分析などを行った場合，点数100点以下で割合を出すことも多く，統計的な信頼性は低くなってしまう。ゆえに，検討する資料数を確保することも重要な課題の一つである。

以上のことから，土器のサイズ分析に関して，現状では1）サイズ区分の統計的裏付けの必要性と2）頻度分析における資料数の限界についての課題が生じているといえよう。

池子遺跡出土深鍋のサイズ分析

上記のような先行研究を踏まえ，ここでは池子遺跡の弥生時代中期後葉（宮ノ台式期）の弥生深鍋を対象として，1）サイズ区分の統計的根拠を示し，2）頻度分析を行うために計測資料数の確保（増加）を行うことにする。まず，1）に関しては統計的根拠を示す手段として，確率モデルを用いた統計的推測を行うことにしたい。その方法として，池子遺跡出土の完形品（図面上）を無作為抽出（91点）し，それらを標本として容量の値を計測アプリケーションソフトで算出し，階層型クラスター分析することで分類する。また，2）計測資料の確保では，口径や器高などの規格測定値（説明変数）から容量（目的変数）を求める式が確立できれば，計算上は資料増加が見込めることになる。そこで，重回帰分析を使用して，規格測定値を用いることの有意性を確認し，資料増加の可能性を探ることにする。なお，これらの計算には統計解析ソフトである『R』（フリーソフト）を使用する。

まず，無作為抽出した91点は『かながわ考古学財団調査報告46　池子遺跡群Ｘ　No.1-A地点』（山本・谷口1999）で完形として図示された資料である[2)]。これらの容量算出には，画像数量化ソフトSimple Digitizer（藤巻晴幸作成）を用いた[3)]。次に，得られた値について階層型クラスター分析を実施した。なお，個体間の距離の測定方法では，変数間に相関は無いためユークリッド距離を用いた。また，クラスター間の距離の測定方法には，Ward法を使用した。結果は，図1のデンドログラムに示した通りである。

結果を確認していくと，第1クラスター（2.41～4.19ℓ），第2クラスター（0.43～2.19ℓ），第3クラスター（4.55～6.25ℓ），第4クラスター（6.57～9.24ℓ），第5クラスター（33.35～42.37ℓ），第6クラスター（9.46～22.27ℓ）と6区分が可能であることが示された。これらを大きさの順に修正し，便宜的に小型Ａ（第2クラスター），小型Ｂ（第1クラスター），中型Ａ（第3クラスター），中型Ｂ（第4クラスター），大型Ａ（第6クラスター），大型Ｂ（第5クラスター）とする。

次に，容量に対する2変数の有意性について検討を行う。まず，説明変数として弥生深鍋の口径と器高の2変数を用いることにした。通常，土器の規格性において口径，器高，胴部，頸部の4変数が用いられるが，宮ノ台式土器の深鍋は，胴部が口縁部まで立ち上がることが多く，胴部

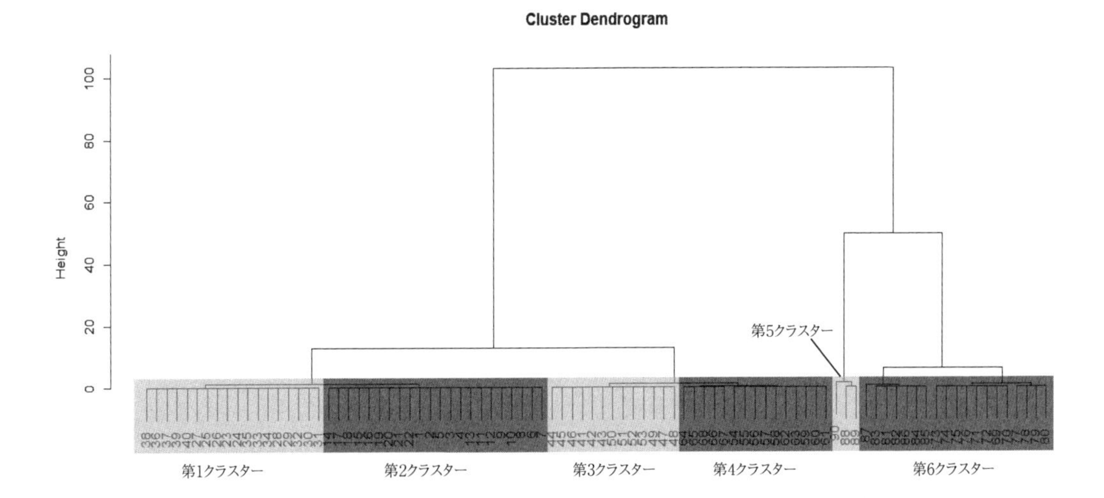

図1　サイズ別デンドグラム

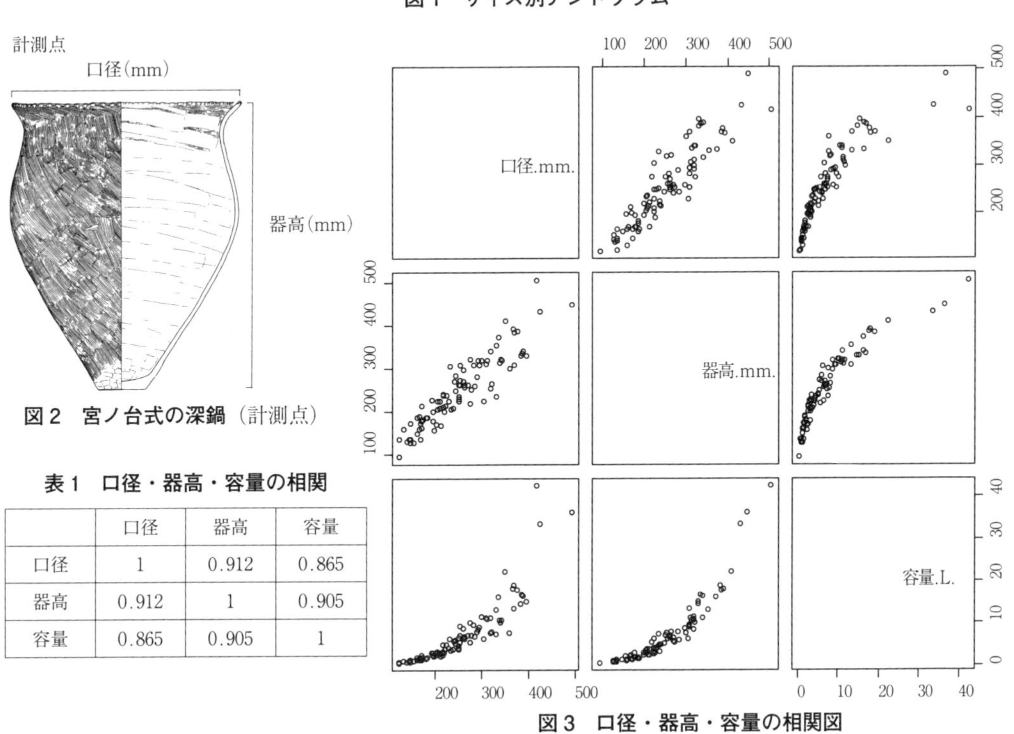

図2　宮ノ台式の深鍋（計測点）

表1　口径・器高・容量の相関

	口径	器高	容量
口径	1	0.912	0.865
器高	0.912	1	0.905
容量	0.865	0.905	1

図3　口径・器高・容量の相関図

最大径の計測が難しい。また，頸部は口縁部から胴部まで直線的なものも多く，やはり計測を難しくしている。そのため，計測する変数を，口径と器高に限ることにした（図2）。まずは，容量，口径，器高における変数間の相関を関する結果を表1と図3に示す。

表1および図3を見ると3変数の関係は，高い正の相関関係にあることがわかる。これは，容量を求める際に，口径，器高を用いることに問題はないことを示している。次に，これらのデー

```
Coefficients:
Estimate Std. Error t value Pr(>|t|)
(Intercept)    -14.284370    1.116999 -12.788   < 2e-16 ***
ikego$口径.mm.    0.021696    0.010127    2.142    0.035 *
ikego$器高.mm.    0.063782    0.009974    6.395 7.76e-09 ***

Signif. codes:  0 '***' 0.001 '**' 0.01 '*' 0.05 '.' 0.1 ' ' 1
Residual standard error: 3.132 on 87 degrees of freedom
Multiple R-squared:  0.8291,    Adjusted R-squared:  0.8252
F-statistic:   211 on 2 and 87 DF,  p-value: < 2.2e-16
```

図4　重回帰分析の結果

```
Coefficients:
Estimate Std. Error t value Pr(>|t|)
(Intercept)         -13.259464    1.332650    -9.95 4.56e-16 ***
ikego.lm$口径.mm.    0.080802    0.004989    16.20   < 2e-16 ***
Signif. codes:  0 '***' 0.001 '**' 0.01 '*' 0.05 '.' 0.1 ' ' 1
Residual standard error: 3.776 on 88 degrees of freedom
Multiple R-squared:  0.7488,    Adjusted R-squared:  0.7459
F-statistic: 262.3 on 1 and 88 DF,  p-value: < 2.2e-16
```

図5　単回帰分析の結果（1）

```
Coefficients:
Estimate Std. Error t value Pr(>|t|)
(Intercept)         -13674.113    1101.877   -12.41    <2e-16 ***
ikego.lm$器高.mm.       83.285       4.158    20.03    <2e-16 ***
Signif. codes:  0 '***' 0.001 '**' 0.01 '*' 0.05 '.' 0.1 ' ' 1
Residual standard error: 3196 on 88 degrees of freedom
  (1048485 observations deleted due to missingness)
Multiple R-squared:  0.8201,    Adjusted R-squared:  0.818
F-statistic: 401.1 on 1 and 88 DF,  p-value: < 2.2e-16
```

図6　単回帰分析の結果（2）

タを重回帰分析にかけることで，容量に対する口径と器高の影響について確認を行う。結果は，図4の通りである。

結果を見ると，決定係数および自由度調整済み決定係数は，それぞれ$R^2=.82$，$R^2_{adj}=.82$となっている。また，検定結果は5％水準で統計的に有意となっており，母集団において決定係数がゼロであるという帰無仮説は棄却される。つまり，今回のモデルがかなり良好であり，統計的にも有意であることが認められた。

次に，偏回帰係数を確認していく。偏回帰係数は，他の変数の影響を排除した影響力を示している。すなわち，器高が同じで口径が1mm違う深鍋では，容量の予測値が0.02ℓ違う。また，口径が同じで器高が1mm違う深鍋では，容量の予測値が0.06ℓ違う，と解釈できる。モデル式は{容量（ℓ）＝0.02×(口径)＋0.06×(器高)－14.3}となる。

結果，2変数については，良好なモデルが提示できたといえる。一方で，口径および器高がわ

表2　深鍋のサイズ区分

大きさ	容量	クラスター	小林（2011）	谷口（1999）
小型A	2.2ℓ以下	第2クラスター	2ℓ	超小型（1.8ℓ以下）
小型B	2.3〜4.2ℓ	第1クラスター	4ℓ	小型（1.9ℓ）
中型A	4.3〜6.3ℓ	第3クラスター		
中型B	6.4〜9.3ℓ	第4クラスター	8ℓ	標準（10ℓ）
大型A	9.4〜22.3ℓ	第6クラスター		大型（18ℓ）
大型B	22.4ℓ以上	第5クラスター	20ℓ	超大型（25ℓ）

谷口1999では容量換算していなかったので、谷口が示した標準資料に基づき筆者が算出した。

かればモデル式を使わなくても，容量算出は可能である可能性をもつ。そこで，口径と器高について，それぞれ単回帰分析を行うことで1変数であっても，およその予測が可能であるかを確認する。結果は口径（図5），器高（図6）で示した。

まず，口径であるがR^2＝.75，R^2_{adj}＝.75であり，モデル式は{容量（ℓ）＝0.08×(口径)－13.3}となり，検定結果は有意である。次に，器高ではR^2＝.82，R^2_{adj}＝.81であり，モデル式は{容量(ℓ)＝0.08×(器高)－13.7}となり，検定結果は有意である。つまり，2変数を用いない場合でも，値を予測することが可能であることが認められた。なお，口径については器高および2変数を用いた場合よりも，その信頼度はやや落ちることになるが，口縁部のみで大きさを求める際には目安になると考えて良い。

以上により，1）サイズ区分の客観的根拠については階層型クラスター分析を用いて六つに区分できることがわかった。そこで，今回の結果を小林（2011）の4区分（2ℓ，4ℓ，8ℓ，20ℓ）と比較したところ，小型A（0.43〜2.19ℓ），小型B（2.41〜4.19ℓ），中型B（6.57〜9.24ℓ），大型B（9.46〜22.27ℓ）とおおむね整合性が取れており，谷口（1999）も容量ではなく，土器の大きさからサイズ区分を行っており，やはりある程度，合致することが確認できた（表2）。この結果から，弥生時代全体の深鍋のサイズと池子遺跡で出土した深鍋のサイズがほぼ同様と考えられ，従来の検討結果に対しても，統計的に証明されたことを意味する。

次に，2）計測資料数の確保については，口径と器高の変数が容量に寄与することが明らかになり，口径および器高のみであっても，ある程度の予測可能であることが認められた。考古資料の場合，完形で残存することは少なく，破片のみが出土することが多い。今回対象とした弥生深鍋においても多くは口縁部のみ，胴部のみ，底部のみといった形で出土する。そのなかで，口縁部のみでも，口径が測定可能な程度に残存していれば，ある程度の容量を推定することが可能となったため，以前よりも検討するための資料を増やすことができることになった。

容量（ℓ）に基づく弥生深鍋の規格

ここでは，上述した分析に基づき，モデル式を用いて検討可能資料数とその容量（ℓ）を算出した。結果，308点の弥生深鍋が容量算出することができた。図7は容量でサイズ分類したものを個体数比率で示したものである。これを見ると，大型Aが約30%と一番高い比率を示し，次

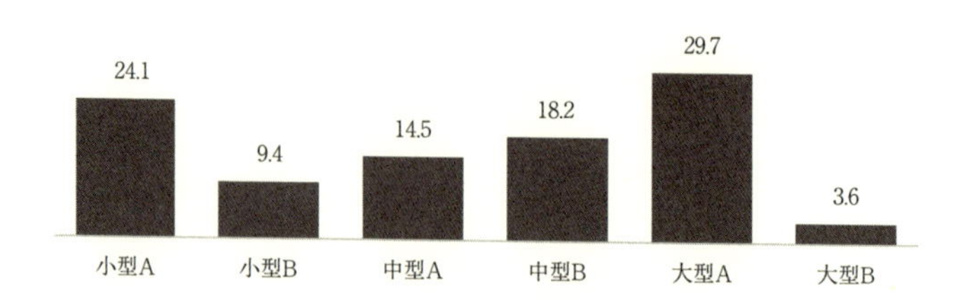

図７　サイズ別個体数比率

いで小型Ａが約25%となっている。大型Ａの数量が多い背景には，サイズ区分における容量幅（9.4～22.3ℓ）が，大きいことが寄与している可能性が考えられるが，小林（2011）が示した容量幅（8～20ℓ未満）とそれほど変わらないので，大型Ａに近い資料そのものが多いのだろう。そう考えると，池子遺跡でも大型Ａがよく用いられたと考えて良く，大型Ａがよく用いられた背景を考える必要がある。同時に，小型Ａも次いで多いことから，2.2ℓ以下の深鍋の利用とも関連して，それらの理由を検討しなくてはならない。また，かなり大型の大型Ｂが，およそ４％程度存在している点も重要である。なお，理論上最大の資料は41.1ℓとなっており，非常に大きな深鍋が製作・使用・廃棄されている。

2.　弥生深鍋の使用痕（スス・コゲ）分析

使用痕（スス・コゲ）分析の方法

今回，池子遺跡出土の弥生深鍋を対象に実施した使用痕（スス・コゲ）分析は，小林正史が提唱している方法（小林 2016 ほか）に依拠している。手順としては，池子遺跡で出土した完形もしくはそれに近い弥生深鍋を抽出して，それらに見られるスス・コゲを内外面で各２面，計４面の実測図として作成する。通常，スス・コゲの特徴から，土器の使用方法を（調理方法）を復元するためには，各部位のススとコゲの形成過程を確認していく必要がある。しかし，単に実見するだけでは，曖昧な観察に終始してしまうことも多く，実測図面を作成しながら内外面の被熱痕跡の位置関係を正確に把握・記載していく必要がある。また，調理方法を復元するために，炊飯用とオカズ用を区別する必要があり，形や大きさによるグループでの違いを出しておく必要がある。これについては，前章でサイズ区分を行った。

以下では，土器の使用痕分析の観察概要と結果を示す。なお，分析対象とした土器は，後述する炭素・窒素安定同位体分析に対応した弥生深鍋と壺である[4)]。そのため，分析に耐えられる程度に，土器付着炭化物が残っている資料を優先させたため，破片（写真１～３で各サイズごとの補足を行っている。）資料も一部含まれている。

分析対象資料（図8）

資料1（試料番号1：壺）　小型の大きさと考えられる壺の胴部破片である。破片資料のため，全体の様相は不明である。外面全体は黒色化しており，胴部最大径よりも上方に，厚めのススがバンド状に巡る。一方，胴下部は，強い熱を受けてススが飛んでしまっている。内面は，胴下部から胴上部にかけて全面的にコゲが広がる。内面コゲの付着のあり方は，円形コゲが複数見え，外面との対応が考えられる。なお，内面胴下部のコゲは厚めである。肩部のコゲがうすいことなどから，おそらくは貯蔵された内容物が，なんらかの影響で胴下部より強い熱を受けたのではないかと考えられる。

資料2（試料番号2：深鍋）　小型Bに分類されるほぼ完形の深鍋である。器形は，胴下部から頸部までまっすぐに立ち上がり，口縁が開くタイプである。外面胴中位から上位にかけて，全面的に薄いススが巡り，部分的に厚いススが付着している。胴下部は，ススが飛んでいる。内面は，胴上半部に喫水線を示すコゲがあり，底部に空焚きが認められる。これは，複数回の使用が想定され，コゲの付着などから炊飯用として使用されたと考えられる。

資料3（試料番号9：深鍋）　大型Aに分類されるほぼ完形の深鍋である。器形は，胴下部から上部にかけて，ほぼストレートに立ち上がり，全体的に開いた印象を与える。外面は，全体的にススが薄く黒色化している。ただし，胴中位と頸部付近には厚めのススが帯状に巡っており，反対に胴下端から底部は強い熱を受けて，ススが飛んでいる。

資料4（試料番号12：壺）　資料4は，器形および文様の構成からやや古手の細頸の壺と考えられる。外面胴中位以下に，黒色化したススが大きな空白地帯と混在しながら巡る。一部は頸部まで到達するようであり，炎が下から上にあったことがわかる。胴内面は，全面が黒色化しており，黒色化したプロセスは不明である。おそらくは，内部で高熱化したためと考えられる。なお，胴下部から中位に円形の大きなコゲが付着しており，外面ススとの対応関係は整合的である。

資料5（試料番号14：深鍋）　大型Aの深鍋である。外面胴中位から上部にかけて，ススの黒色化が見られ，中位には斑状に厚めのススが付着している。下端は，被熱を受けている。内面は，全面的に黒色化しているが，胴上部に棒状黒斑があり，一部口縁部にかけて薄いコゲがあり，これはオキ火状転がしによるコゲだと思われる。また，胴下部の帯状コゲは炎加熱による喫水線下コゲだと推測されるが，残念ながら，破片資料のため，詳しいことはわからない。

資料6（試料番号15：深鍋）　口縁が外側に広がるタイプの中型Bの深鍋である。全面的に黒色化したススが認められるが，胴下部には酸化消失がある。また，胴中位に厚めのススがあるようであるが，詳細は不明である。内面も，かなり黒色化しているが，よく見ると側面加熱痕が認められ，棒状黒斑もある。おそらくは，オキ火状転がしを行っていたものと考えられる。炊飯用だと推察される。

資料7（試料番号16：壺）　小型の細頸壺である。器形から古手のものと推察される。外面は，器壁が剥離しており，底部から胴中位やや上あたりまでススが明瞭に付着する。ただし，火にあ

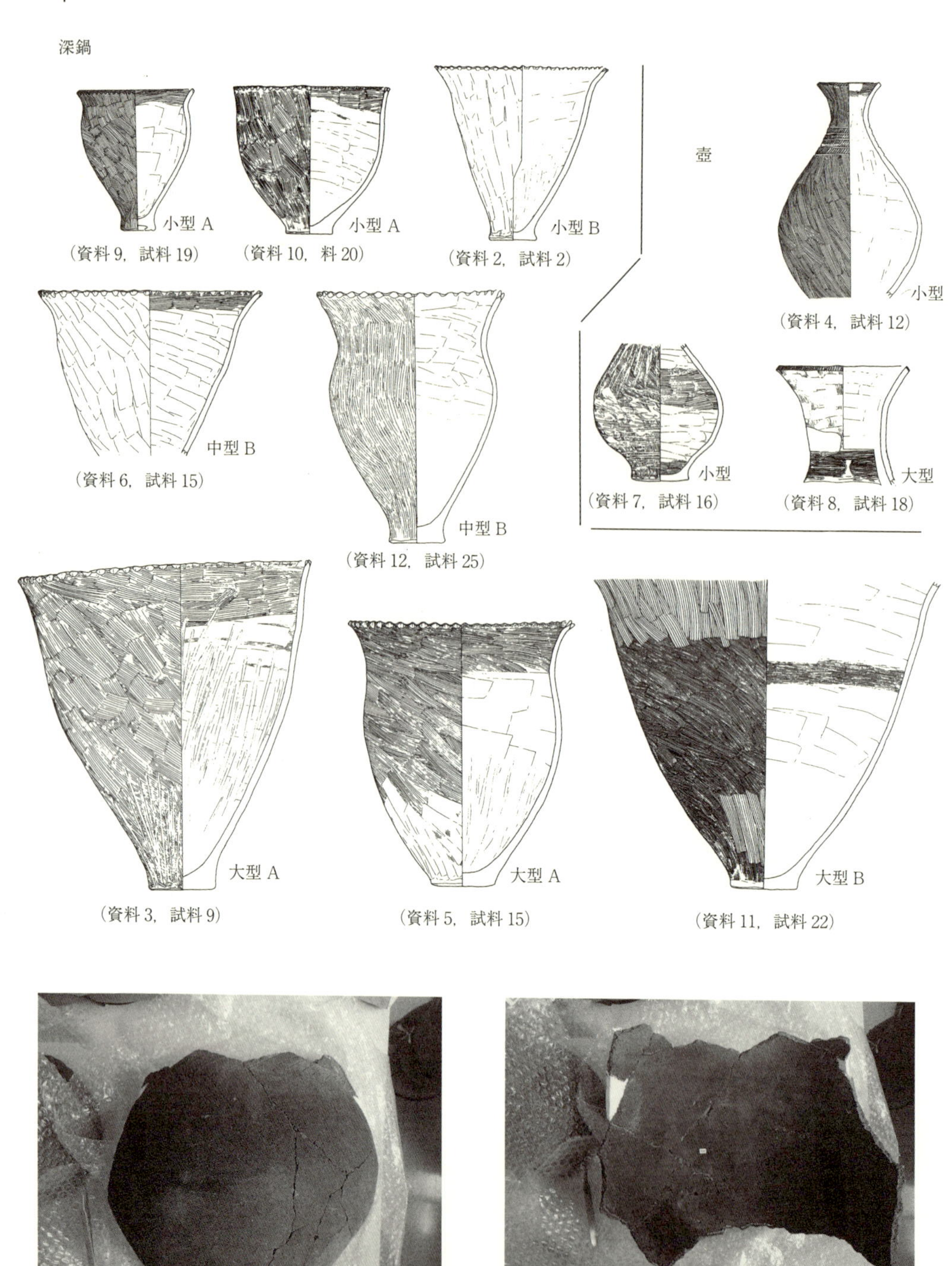

外面　　　　内面

小型壺（資料 1，試料 1）

図 8　分析対象とした弥生深鍋と壺

たった箇所とあたらなかった箇所が明瞭である。おそらくは，かなり強い火を受けたと考えられる。底部にコゲが残る。イネと思われる穀粒痕も残されていることから，コメの調理に用いたのではないかと思われる。

資料8（試料番号18：壺）　大型の壺の頸部片である。他の壺と同様に，器面の調整や文様から古手だと判断される。外面は，強い熱を受けており，酸化消失も認められる。内面は，頸部のもっともすぼまる部分に薄く黒色化したコゲの上に，さらに厚めの炭化物が付着している。残念なことに残存部位が頸部のみであり，全体は不明である。

資料9（試料番号19：深鍋）　小型Aの深鍋で，器形は頸部までほぼ直立に立ち上がる。外面全体に黒色化したススが巡り，胴下部から中位やや上には厚いススが帯状に巡る。内面は胴下部の喫水線下端にコゲが巡り，底部のコゲは空焚き乾燥だろうか。口縁の一部には，円形と思われるコゲがあり，棒状コゲも認められる。おそらく炊飯用であろう。

資料10（試料番号20：深鍋）　口縁が開くタイプの小型Aの深鍋である。黒色化した薄いススが，外面全体に広がり，厚いススも胴下部から頸部まで幅広く付着している。ただし，底部は被熱している。内面は，胴上部の喫水線下端にコゲが巡っている。炊飯用であろう。

資料11（試料番号22：深鍋）　非常に大型の資料で，大型Bに分類される深鍋である。器形は，胴下部から口縁までストレートに立ち上がる器形で起伏は少ない。また，残りが悪く全体の6分の1程度である。外面は全体的に黒色化した薄いススが見え胴部中位から口縁にかけては厚めのススが帯状に巡るようである。また，胴下端にも一部厚めのススが認められる。内面は，胴下部から底部にかけてこびり付きコゲが認められ，かなり厚めのコゲが残る。ただし，深鍋を乾燥させたというよりは，ずっと火にかけたものと思われる。

資料12（試料番号25：深鍋）　サイズ，器形ともに典型的な宮ノ台式の深鍋である。ほぼ完形であり，大きさは中型Bに分類される。胴下部は，被熱を受けておりスス飛びが認められ，中位から口縁にかけては薄いススが，最大径のふくらみの部分には厚めのススが付着している。内面は，胴下端から底部に喫水線下端にコゲが巡る。胴中位には，大き目の円形コゲが付着しており，外面との対応関係にあるのであろう。おそらくは，炊飯用と考えられる。

池子遺跡出土の弥生深鍋の特徴

池子遺跡では，2017年に小林正史を中心に，2回の土器使用痕のワークショップが開催されている。現在までに，上述した炭素・窒素安定同位体分析を行った壺・深鍋の使用痕分析の他に，主に小型Bから大型Aまでの弥生深鍋に対してもワークショップを通じた詳細な観察が行われている。これらの詳細な観察結果は別稿にて報告を行う予定であるが，本稿にも関わる重要な知見が得られており，上記の観察結果と合わせて，若干の言及をしておきたい。

小型AやBは，小さな深鍋（資料2・9・10，写真1）であるが，全体的に厚いススが全面付着する資料が多い。サイズの規模からも，あまり大勢での調理用には向かず，2～4名程度の少数単位で使用されたと想定される。それに対して，中型A・B（資料6・12，写真2）では，内面の

スス吸着強い
スス消失部分：
廃棄時の被熱でススが飛んでいる可能性が高い

外面

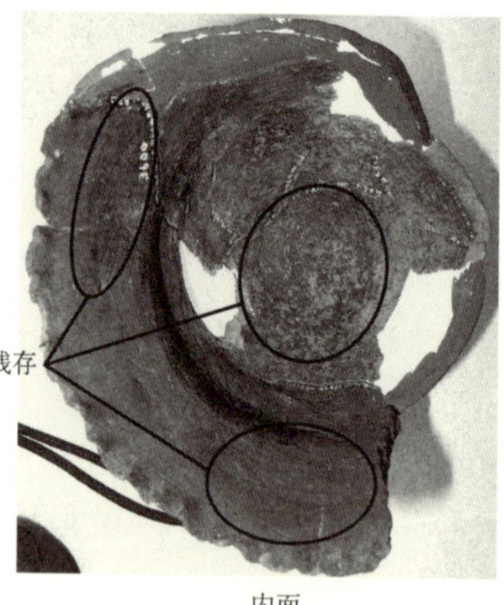
円形部分はコゲ残存

内面

外面のスス吸着が強いが、下部はスス飛びが認められる。内面については、胴上部と底面にコゲが認められるが、これらの内外面の対応関係を見出すことは難しい。

小型 A（0.96 ℓ）

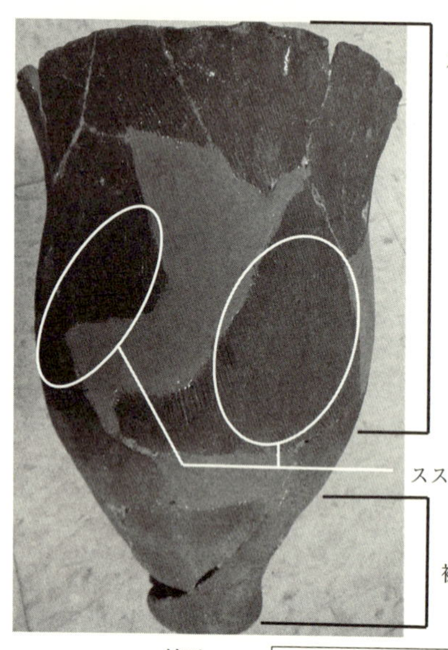
ススの吸着強い
ススが厚く付着している
被熱によるスス飛びの可能性が高い

外面

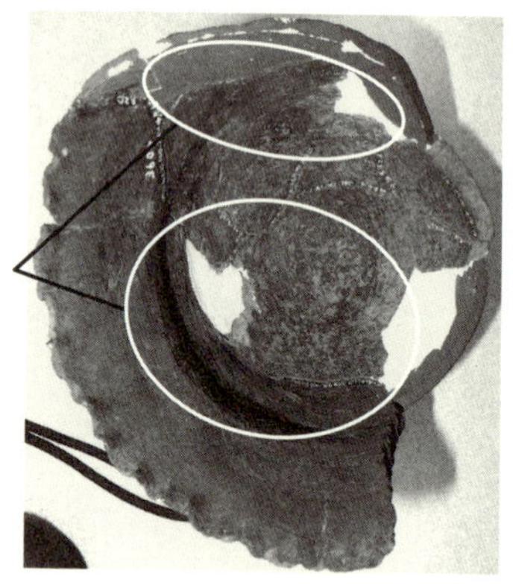
円形部分はコゲ残存。
底面については、底
まで全面にコゲが付
着している。

内面

外面は、全面的なスス吸着と厚い層が認められる。一方で、内面では胴中位から底面にかけてコゲの層が存在し、胴上位は一側面にのみコゲが認めれる程度である。内外の対応関係は難しい。

小型 B（2.53 ℓ）

写真 1　小型 A・小型 B

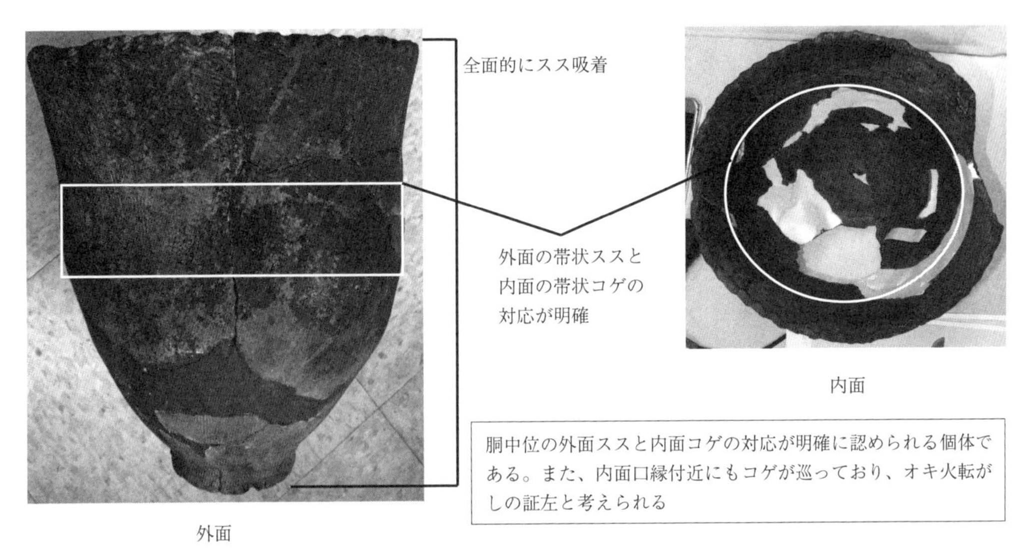
全面的にスス吸着
外面の帯状ススと
内面の帯状コゲの
対応が明確
内面
胴中位の外面ススと内面コゲの対応が明確に認められる個体である。また、内面口縁付近にもコゲが巡っており、オキ火転がしの証左と考えられる
外面

中型A（4.88ℓ）

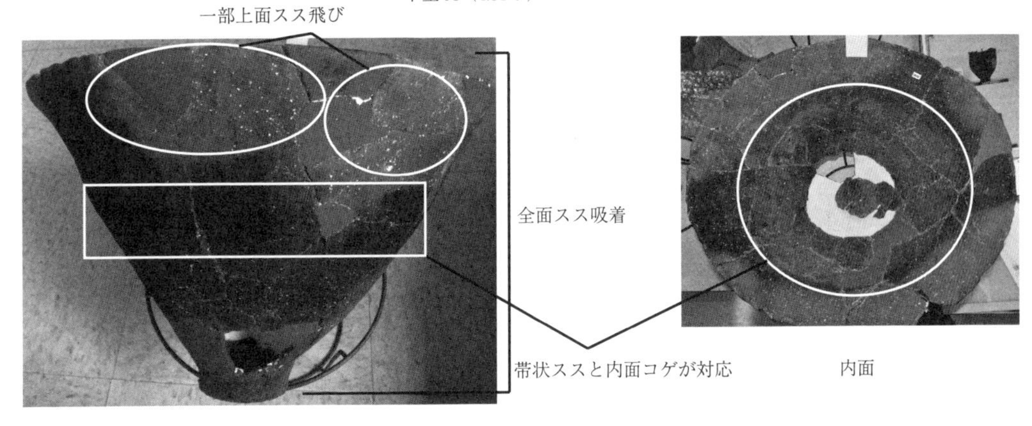
一部上面スス飛び
全面スス吸着
帯状ススと内面コゲが対応
内面
外面

中型A同様に、胴中位の外面ススと内面コゲの対応が明確に認められる個体である。また、喫水線コゲも明瞭で内面の線は喫水線と対応している。

中型B（7.38ℓ）

写真2　中型A・中型B

棒状コゲなどから多くはオキ火上転がしが認められ，胴内外面低部から中位にコゲやススの対応関係が観察できる資料が多い。また，基本的に底部にススがついているものはほぼ無い。次に，大型A・B（資料1・5，写真3）に関しては，オキ接触やオキ溜りなども観察され，中型A・B同様にオキ火加熱による使用が認められた。また，外面ススに関しては胴部全体に付着している資料も多く，胴内面下部にはコゲが周っている。また，「高い頻度で胴下部～底面に喫水線コゲ付く」ことが炊飯用土鍋の特徴とされ（小林2016），胴下部に喫水線が認められる資料も存在している。これらは，コメ調理に用いていたと考えてよいだろう。なお，資料11のような非常に大

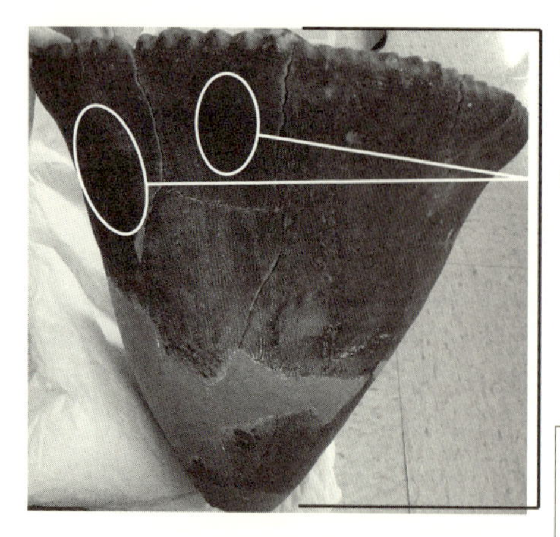

外面

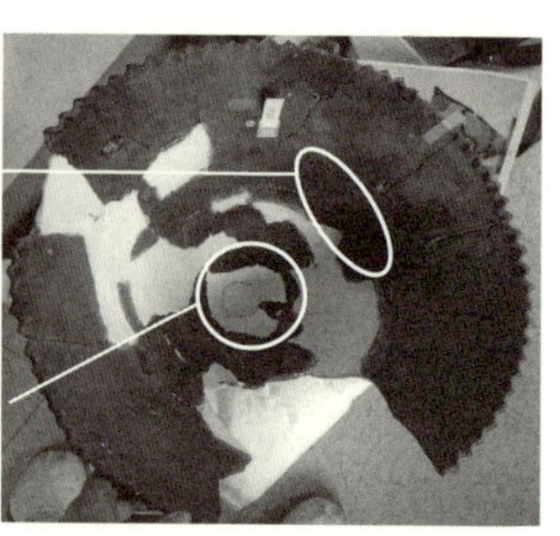

内面

外面は全面的にスス吸着しており、内面との対応関係をみるのは難しい。ただし、内面では底面に喫水線下端コゲが巡っており、調理利用が想定される。

大型 A（15.1ℓ）

外面

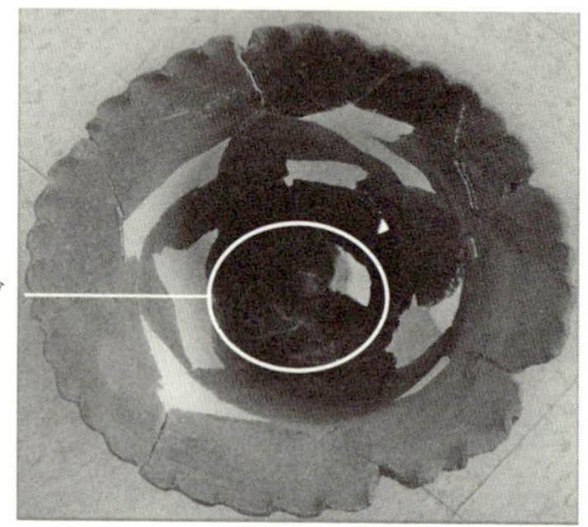

内面

外面は全面にススが吸着している。胴中下部に帯層状ススが見える。内面は胴下部にコゲが確認できる程度である。

大型 B（42.2ℓ）

写真 3　大型 A・大型 B

きな深鍋は，他に出土例がなく，観察できたのは，この1点のみである。その使用についても，空焚き乾燥を行っておらず，何度も利用したとは考えづらい。おそらくは，儀礼行為などに用いられたものと考えられるが，詳細は不明である。

なお，今回，炭素・窒素安定同位体分析を壺（資料1・4・7・8）でも行っており，使用痕分析も実施した。そこから得られた結果は，資料7は調理に用いられた可能性があるが，他の壺は，貯蔵用として用いられていたものが，火を受けて内部で炭化したものと思われる。小林（2015）

は，4ℓ以下の壺については民族誌から用途の多様性を認めているが，今後，資料が増加することで，より具体的な絞り込みが可能となるものと考えられる。

以上のことから，基本的には小林（2011）が指摘するように，池子遺跡でも他の弥生遺跡と同様に「オキ火上転がし痕」が高い頻度で認められることから，「オキ火寄せ加熱」を行っていたと考えられる。また，小林は西日本の弥生以降ではスス・コゲ付着比率に関して「中型が最も高く，特小型と特大型が低い」一方で，東日本では容量による違いは不明瞭であると言及している。しかし，これまでの観察を踏まえると池子遺跡では「中型が高く，大型が低い」。つまり，西日本に近い様相を示しており，これは三浦半島における弥生文化の諸要素の導入ルート（白石2015）と整合的である。つまり，これらの鍋ではコメ調理が行われていた可能性が高いといえよう。

3.　深鍋に付着した炭化物の炭素・窒素同位体分析

安定炭素・窒素同位体分析研究の現在

今回，深鍋に付着した炭化物について安定炭素・窒素同位体分析を実施した。この分析法は，ごくわずかな量でその試料が，C_3植物・C_4植物・海洋生物・陸上動物領域のどこに依存した試料か，ということがわかる。近年，これらの分析法を用いた研究が各時代地域で実施されつつある（吉田・西田2009，阿部・國木田・吉田2016，國木田2017abほか）。なお，弥生時代研究においては筆者らの分析（白石・中村2017）のほかに，國木田大による東北地域（國木田2017a），横浜市港北ニュータウンでの分析（國木田2017b），国立歴史民俗博物館における研究がある。

分析の方法および結果

今回の測定試料は弥生時代中期後葉（宮ノ台式期）の深鍋8個体，壺4個体の計12個体である（表3）。対象遺跡は，池子遺跡のみで出土地点はすべて旧河道No.A-1地点である。測定を実施するにあたり，各試料に対して，酸・アルカリ・酸洗浄（HCl:1.2N，NaOH:0.1N）を施して試料以外の不純物を除去した後，測定を行った。炭素含有量および窒素含有量の測定には，EA（ガス化前処理装置）であるFlash EA1112（Thermo Fisher Scientific社製）を用いた。得られた炭素含有量と窒素含有量に基づいてC/N比（モル比）を算出した。また，炭素安定同位体比（$\delta^{13}C_{PDB}$）および窒素安定同位体比（$\delta^{15}N_{Air}$）の測定には，質量分析計DELTA V（Thermo Fisher Scientific社製）を用いた。

結果は図9・10に示し，それぞれ安定炭素・窒素同位体比，C/N比の関係を示している。生物範囲は，吉田・西田（2009）に基づいている。黒印は深鍋を示しており，白抜き印は壺を示している。まず，図9を確認していくと，多くの点は草食動物・C_3植物の領域周辺に落ち着き，値の範囲はおおむねδ^{13}C値-26.3〜-25.0‰およびδ^{15}N値-24.9〜12.9‰の領域にある。試

表3　分析試料一覧

試料番号	遺跡名	個体識別	状態	採取部位	時期（土器型式）	報告書図版番号	サイズ	容量	$\delta^{13}C_{PDB}$	$\delta^{15}N_{Air}$	炭素含有量（‰）	窒素含有量（‰）	C/N比
1	池子遺跡	壺	胴部破片	胴部内面	中期後半（宮ノ台式）	231-6	小型		−24.9	−1.51	45.5	3.71	14.3
2	池子遺跡	甕	完形	胴部内面上部	中期後半（宮ノ台式）	204-9	小型B	2.82	−25.0	3.06	43.3	2.18	23.1
9	池子遺跡	甕	完形	口縁部外面	中期後半（宮ノ台式）	233-16	大型A	17.06	−25.2	12.9	55.1	3.29	19.5
12	池子遺跡	壺	ほぼ完形	胴部内面	中期後半（宮ノ台式）	267-139	小型	—	−22.1	検出限界以下	2.10	0.120	20.4
14	池子遺跡	甕	完形	内面下部	中期後半（宮ノ台式）	203-5	大型A	10.66	−25.5	8.80	60.2	3.05	23.0
15	池子遺跡	甕	ほぼ完形（底部なし）	胴部内面下部	中期後半（宮ノ台式）	262-60	中型B	9.1	−25.4	4.72	7.97	0.378	24.6
16	池子遺跡	壺	頸部なし	胴部内面	中期後半（宮ノ台式）	377-3	小型	—	−25.1	4.66	20.3	1.28	18.5
18	池子遺跡	壺	頸部破片	頸部内面	中期後半（宮ノ台式）	178-4	大型	—	−26.4	検出限界以下	0.621	検出限界以下	—
19	池子遺跡	甕	完形	胴部内面	中期後半（宮ノ台式）	235-26	小型A	0.42	−24.9	9.44	59.8	4.24	16.5
20	池子遺跡	甕	完形	胴部内面下部	中期後半（宮ノ台式）	255-15	小型A	1.3	−24.9	8.98	60.3	3.58	19.6
22	池子遺跡	甕	胴部破片	胴部下部～底面内面	中期後半（宮ノ台式）	264-81	大型B	23.1	−14.7	8.33	60.6	13.9	5.10
25	池子遺跡	甕	ほぼ完形	胴部内面下部	中期後半（宮ノ台式）	259-38	中型B	8.9	−26.3	10.2	57.0	3.17	21.0

料9のδ^{15}N値が12.9‰とやや高いのは，口縁部外面付着炭化物を用いており，スス等の混入が考えられる。また，試料22は唯一海産貝類の領域にプロットされる。次に，図10では試料22を除きC/N比が14.3～24.6となっており，多くはC_3植物・草食動物の領域から土壌の領域にプロットされる。試料22は，海産魚類の領域にプロットされる。図9・10に示された結果より，一部，試料9は別としても，他にもδ^{15}N値の高い試料があるが，おおむね草食動物・C_3植物の領域に近く，δ^{13}C値がほぼ−25.0‰前後であることを考えると，これらの試料は基本的にはC_3植物に由来するものであったと考えて良いだろう[5)]。

まとめ

以上の結果から，池子遺跡で用いられた弥生深鍋・壺から得られた試料は，基本的にコメなどのC3植物を起源とした内容物であることが明らかになった。この結果は，スス・コゲによる使用痕分析の結果と整合的であり，池子遺跡では稲作を中心とした生業が営まれていた可能性が高い。また，國木田（2017b）が横浜市港北ニュータウンに所在する中期後葉および後期の3遺跡で行った安定炭素・窒素同位体分析の結果でも，本稿に近い結果が得られており，神奈川県内の中期後葉には食材としてイネが定着していたと考えられる。一方で，アワ・キビ等のC_4植物は検出されておらず，圧痕レプリカ法でも中期中葉までに比べ中期後葉にはアワ・キビといった雑

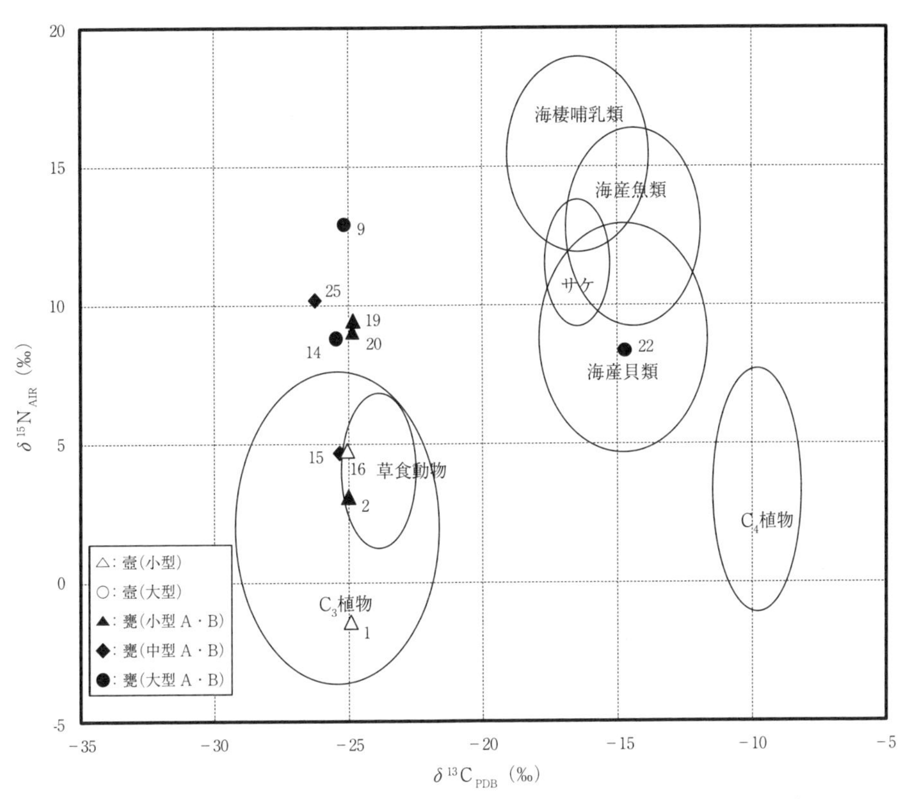

図9　炭素・窒素安定同位体比（吉田・西田（2009）に基づいて作製）

穀がかなり減少する傾向にあるようである（佐々木2017）。

また，今回の分析において，魚貝類の領域にプロットされた試料は重要である。遺跡の性格からも，測定試料が海洋性魚貝類に起源をもつことは想像に難くない。実際，試料22の弥生深鍋を観察すると胴下半部に厚めのコゲが巡っており，空焚きによって形成された可能性が高い。通常，肉や魚だけでは，ほぼコゲが形成されることは無く，でんぷん質の豊富な食材を調理した場合にコゲができることが一般的であり（西田・吉田2009），でんぷん質によって形成されたコゲは非常に取りにくい。しかし，試料22に関しては比較的取りやすいコゲであった。また，試料22の深鍋は約22.3ℓ（大型B）という非常に大きい深鍋であり，ムラ全体での特別な時に食べられたのかもしれない。今後，基礎データを増やし，実験などを行い，得られたデータの意味をさらに精査していきたい。

おわりに

土器使用痕分析と炭素・窒素安定同位体の結果を総合すると，コメ調理に使用されたと考えられる深鍋に付着した炭化物から，C_3植物に起源をもつ結果が出たことは，従来の理解とほぼ矛盾しない。南関東では，小田原市中里遺跡など一部初期農耕集落として形成された先行する事例

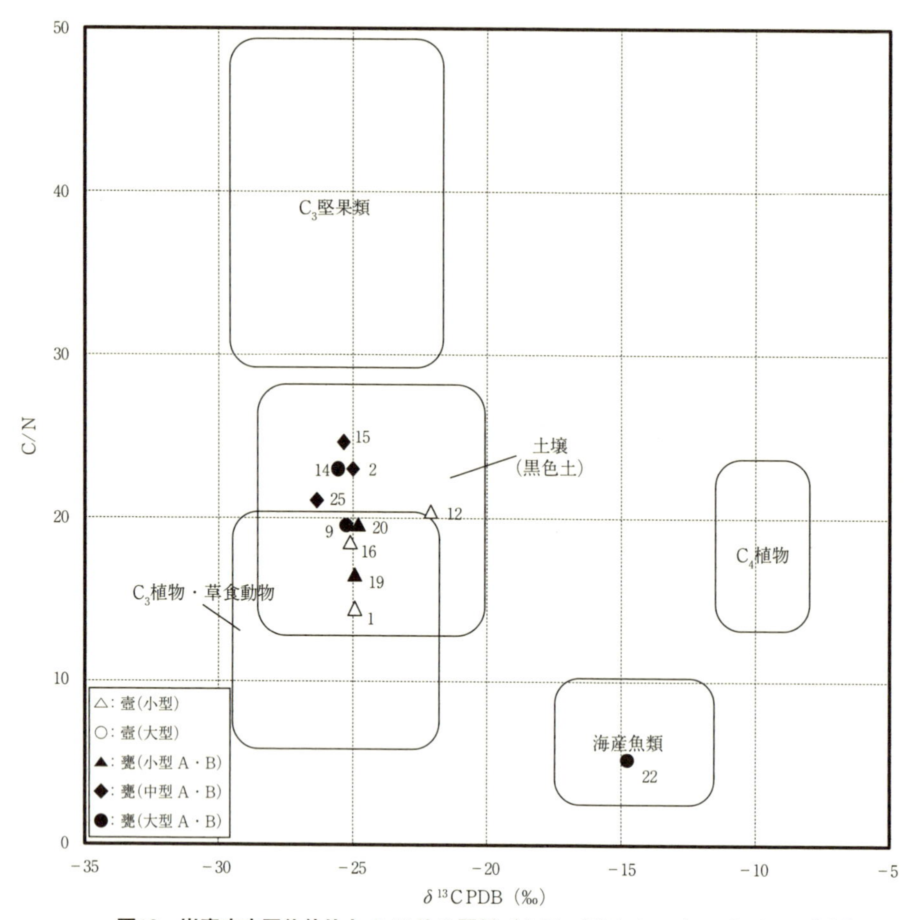

図10　炭素安定同位体比とC/N比の関係（吉田・西田（2009）に基づいて作製）

があるものの，基本的には弥生時代中期後葉以降になり，遺跡数やその規模から人口が急増すると考えられている。その背景には，この時期に本格的な灌漑稲作農耕が展開すると考えがあり（安藤 2004），農耕の比重の拡大による環境収容力が高まったとされる。具体的には，水田稲作への依存度が高まったと想定されている（安藤 2002）。今回の結果からは，池子遺跡においても，魚食はあったにしても，基本的にはコメへの依存度が高かったといえる。

もちろん，今回の結果を南関東全域へと一般化して考えることに対しては，注意が必要である。今回の議論は，あくまで池子遺跡という三浦半島の付け根に営まれた弥生集落の一つを事例として検討したに過ぎない。そのため，今後の方向性としては，同様の分析方法を用いて，タテ（時系列）とヨコ（空間）の時空間を意識した検討を進めていくことになる。まずは，筆者としては自身のフィールドである南関東を検討対象の地域として，他地域との比較可能なベンチマークの構築を進めていきたいと考えている。

また，炭素・窒素安定同位体法を考古学へ応用した研究はまだ緒に着いたばかりである。そのため，データの精度や解釈の仕方など，色々と検討すべき課題も多い。提示されたデータがもつ意味を考える際には，複眼的な視点が大切になってくる。自然科学分析で得た結果を盲目的に信用せず，その意味や限界を踏まえ，活用していくことが，大事だと思う。それゆえ，本稿や阿部ら（阿部・國木田・吉田 2016）による研究で用いた研究視点は，当時の生業を復元していく際に，一つの有効な武器になり得るのではないだろうか。現在，先行する圧痕レプリカ法なども交えながら，もう一度，これまでの議論を検証していきたい。

本稿は，文章その他については，白石が行い，炭素・窒素安定同位体の分析は中村が行った。

註

1）本稿では，これまの弥生時代研究において甕形土器，甕と呼称してきたものを，その機能的側面から弥生深鍋と呼ぶことにする。
2）今回，資料は無作為抽出を行っており，深鍋内の微細な器形分類を行っていない。ただし，選定基準は「時期・遺跡を限定し，明らかに他地域の土器とわかるもの除く」とした。
3）算出方法に関しては，宮内信雄がまとめている。
4）資料番号は，対象資料を示しており，試料番号は，資料から採取した炭化物の番号を示している。
5）現在のイネにおいても，生育場所によって通常よりも δ^{15}N 値が高く出ることがある（小長谷・小野川ほか 2005）。

参考・引用文献

阿部昭典・國木田大・吉田邦夫　2016「縄文時代における注口付浅鉢の成立過程と煮沸具化の意義」『考古学研究』63-3　63-83 頁
安藤広道　2002「異説弥生畑作考」『西相模考古』11 号　西相模考古学研究会　1-56 頁
安藤広道　2004「南関東地方における弥生時代農耕集落遺跡研究の課題」『原始・古代日本の集落』同成社　102-125 頁
小長谷暁・小野川周一・小林久　2005「水田における食物網解析のための安定同位体比マッピングの試み」『農業土木学会全国大会講演要旨集』410-411 頁
小林謙一　2014「弥生移行期における土器使用状況からみた生業」『国立歴史民俗博物館研究報告』第 185　283-347 頁
小林青樹　1998「土器作りの専業製作と規格性に関する民族考古学的研究」『民族考古学序説』同成社
小林正史　2001「煮炊き用土器のコゲとススからみた弥生時代のコメの調理方法―中在家南遺跡を中心に―」『北陸学院短期大学紀要』33　153-178 頁
小林正史　2006「北陸の弥生深鍋の作り分けと使い分け」『古代文化』58-3　71-85 頁
小林正史　2007「スス・コゲからみた炊飯用鍋とオカズ用鍋の識別：カリンガ土器の使用痕分析」『国立歴史民俗博物館研究報告』137　267-304 頁
小林正史　2008「スス・コゲからみた土器使用法」『縄文時代の考古学 7　土器を読み取る―縄文土器の情報―』同成社　143-156 頁
小林正史　2009「①土器の技術―弥生深鍋のつくり分けと使い分け―」『弥生時代の考古学 6　弥生時代のハードウェア』同成社　15-30 頁

小林正史　2011「縄文・弥生時代の煮炊き用土器を「深鍋」と呼ぼう」『古代学研究』第192号　20-39頁
小林正史　2015「弥生土器の壺の使い方」『新潟考古』第26号　37-56頁
小林正史　2016「総論　土器使用痕分析の目的と方法」『考古学ジャーナル　4』No.682　3-4頁
國木田大　2017a「土器付着炭化物を用いた東北北部地域の食性復元」『SEED CONTACT』4　30-32頁
國木田大　2017b「放射性炭素年代測定」『横浜に稲作がやってきた⁉』横浜市歴史博物館　52-54頁
佐藤由紀夫　2016「Ⅲ，弥生土器の器種（形）と用途」『考古調査ハンドブック12　弥生土器』ニュー・サイエンス社　62-87頁
坂本　稔　2007「安定同位体比に基づく土器付着炭化物の分析」『国立歴史民俗博物館研究報告』137集　305-315頁
坂本稔・小林謙一　2005「同位体分析による土器付着物の内容検討に向けて」『土器研究の新視点』大手前大学史学研究所　59-76頁
佐々木由香　2017「土器の「くぼみ」から知る弥生時代の食料事情」『横浜に稲作がやってきた⁉』横浜市歴史博物館　74-75頁
佐原　眞　1983「弥生土器入門」『弥生土器Ⅰ』ニュー・サイエンス社　1-24頁
白石哲也　2015「土器の系統と遺跡動態から見た弥生時代の三浦半島」『法政考古学』第41集　17-40頁
白石哲也・中村賢太郎　2017a「弥生時代の壺形土器には何が貯蔵されていたのかを探る試み」『日本考古学協会発表要旨』日本考古学協会　166-167頁
白石哲也・中村賢太郎　2017b「赤坂遺跡における生業領域を検討するための基礎的研究―炭素・窒素安定同位体分析の結果から―」『法政考古学会』法政考古学会　73-84頁
谷口　肇　1999「第Ⅳ章　まとめ」『かながわ考古学財団調査報告46　池子遺跡群Ⅹ　No.1-A地点』財団法人かながわ考古学財団　627-711頁
寺沢薫・寺沢知子　1981「弥生時代の植物質食糧の基礎的研究」『考古学論攷』5　奈良県立橿原考古学研究所　1-129頁
長友朋子　2009「土器の規格度―弥生時代の土器生産体制の復元にむけて―」『日本考古学』第27号　日本考古学協会　79-96頁
宮田佳樹・堀内晶子・近藤恵・遠部慎　2008「炭素年代測定とステロール分析を用いた土器」による古食性の復元」『日本地球化学会講演要旨集』55th　245頁
山本暉久・谷口肇　1999『かながわ考古学財団調査報告46　池子遺跡群Ⅹ　No.1-A地点』神奈川考古学財団
吉田邦夫　2006「炭化物の安定同位体分析」『新潟県立歴史博物館研究紀要』第7号　新潟県立歴史博物館　51-58頁
吉田邦夫・西田泰民　2009「考古科学が探る火炎土器」『火炎土器の国　新潟』新潟日報事業　87-99頁
Longacare, William A, Kvamme, Ksnnsth L. and Kobayashi Masashi 1988 Southwestern Pottery Standardization : An Ethnoarchaeological View from the Philippines. *KIVA* 53 No.2 pp.101-112

第７章　池子遺跡出土資料の残存デンプン粒分析

杉山浩平

はじめに

筆者は2016年から関東地方の弥生時代における粉食の可能性を検討するために，遺跡出土の磨石・敲石と石皿を対象として，残存デンプン粒分析を行っている。加工のために粉砕された植物のなかのデンプン粒は，石器表面の凹部の洗い流されていない土壌のなかなどに残ることがある。それらを回収して，偏光顕微鏡下で観察すると，種によりデンプン粒の径と形状は異なる(図1)。考古資料から採取することができたデンプン粒を現生植物のデンプン粒と比較して推定し，植物利用を明らかにする方法が残存デンプン粒分析である。この分析法の日本での実践例は主に縄文時代の遺跡・遺物である（渋谷2010・2015・2017，山本・渋谷・上條2016など)。

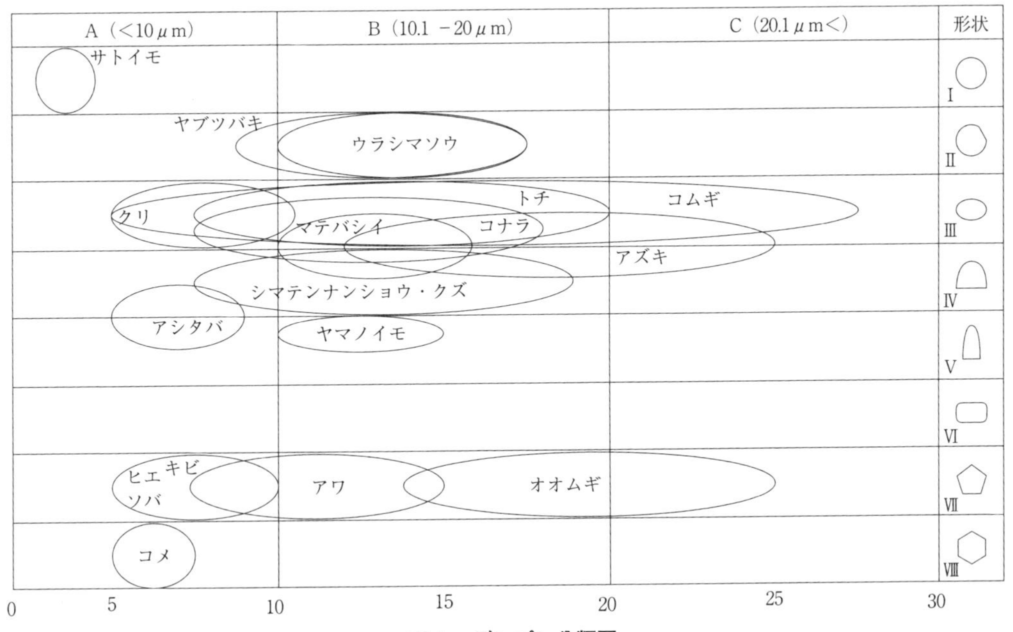

図１　デンプン分類図

表1　サンプリングを実施した遺跡一覧

<table>
<tr><td>群馬県</td><td>弥生時代前期</td><td>藤岡市</td><td>沖Ⅱ遺跡</td></tr>
<tr><td rowspan="7">埼玉県</td><td>弥生時代中期前葉</td><td>熊谷市</td><td>横間栗遺跡</td></tr>
<tr><td rowspan="4">弥生時代中期中葉</td><td rowspan="3">熊谷市</td><td>池上遺跡</td></tr>
<tr><td>小敷田遺跡</td></tr>
<tr><td>飯塚北遺跡</td></tr>
<tr><td>春日部市</td><td>須釜遺跡</td></tr>
<tr><td rowspan="2">弥生時代中期後葉</td><td>熊谷市</td><td>北島遺跡</td></tr>
<tr><td>さいたま市</td><td>上野田西台遺跡</td></tr>
<tr><td>千葉県</td><td>弥生時代中期中葉</td><td>君津市</td><td>常代遺跡</td></tr>
<tr><td rowspan="8">神奈川県</td><td rowspan="2">縄文時代後期</td><td>伊勢原市</td><td>三ノ宮下谷戸遺跡</td></tr>
<tr><td>清川村</td><td>馬場 No.6 遺跡</td></tr>
<tr><td rowspan="2">縄文時代晩期</td><td>相模原市</td><td>青山開戸遺跡</td></tr>
<tr><td>逗子市</td><td>桜山うつき野遺跡</td></tr>
<tr><td>縄文時代晩期―弥生時代前期</td><td>秦野市</td><td>平沢同明遺跡</td></tr>
<tr><td rowspan="2">弥生時代前期</td><td rowspan="2">清川村</td><td>上村遺跡</td></tr>
<tr><td>北原 No.9 遺跡</td></tr>
<tr><td>弥生時代前期―中期前半</td><td>山北町</td><td>堂山遺跡</td></tr>
<tr><td rowspan="2">静岡県</td><td>縄文時代晩期―弥生時代</td><td>静岡市</td><td>清水天王山遺跡</td></tr>
<tr><td>弥生時代中期前葉</td><td>富士宮市</td><td>渋沢遺跡</td></tr>
</table>

筆者は，これまでに縄文時代から弥生時代への移行期における植物利用と粉食の検討を目的として左記の遺跡の残存デンプン分析に取り組んできた（表1)。この分析において，筆者がとりわけ関心を抱いていたのは，穀物類のデンプンが石器から検出されるか否かである。関東地方の弥生時代では，すでに炭化米や木製農具などから水田稲作が行われている可能性が高い一方で，キビやアワなどの雑穀類の存在がレプリカ法から明らかになっており，その摂取量とともに調理方法に関心を寄せている。

穀物類は粒食のために脱穀された状態で「炊く」・「煮る」ことが行われるほか，「すり潰し」て「ペースト」状への加工や，そのほか「団子」状のものが作られている可能性がある。その場合に，磨石や石皿など弥生時代の遺跡からも出土する石器類を対象として分析を行う必要がある。本書においては，分析した遺跡の資料をすべて提示することは紙幅の関係から難しいゆえに，池子遺跡についてのみ，ここで報告する。

分析資料

池子遺跡 No.1-A 地点からは，磨石・敲石が 137 点（報告書記載数）出土している。一つの石器でも磨面・敲打面の両方が認められるものがあり，さまざまな方法で使用されている。磨石・敲石には，礫状を呈するものと棒状を呈するものがあり，それぞれ大・小もしくは太・細がある。そのほか，盤状の台石・砥石および磨石も出土している。

今回，分析にあたり，その全てを分析することは不可能であったため，磨石・敲石と盤状の台石もしくは砥石[1]・磨石が同じグリットから出土している資料を抽出して，サンプリングを試みた。分析資料数は 13 点である。また，土器付着炭化物についても 9 点の土器からサンプリングを行い，プレパラートを作成し，偏光顕微鏡で観察を行った[2]（表 2)。

表2　池子遺跡で検出されたデンプン一覧

本章図版番号	器種	報告書図版番号	サンプリング部位	土付着	チョーク付着	スライド／サンプル名	デンプン粒の形態	大きさ(長軸／短軸)μm	偏光十字線	備考
	台石	309-214	凹み部	あり	なし	S1-3	なし			
	磨石／敲石	330-226	磨面	あり	なし	S1-2	なし			
	敲石	330-233	凹み部	なし	なし	S1-3	なし			
	敲石	330-235	凹み部	なし	なし	S1-2	なし			
	磨石／敲石	331-237	磨面／凹み部	なし	なし	S1-2	なし			
	敲石	331-238	凹み部	なし	あり	S1-3	なし			
図2-1	台石	331-244	凹み部	なし	なし	S1-1	Ⅳ型	12.5／10	中心で直線的に交差	
						S1-2	Ⅵもしくは Ⅶ・Ⅷ型	10／7.5	X 字状に交差	
						S2-1	Ⅲ型	12.5／7.5	中心で交差	
						S2-2	多角形？	10／10	ほぼ中心で交差	破損している
						S2-3	Ⅶ型？	5／5	ほぼ中心で交差	
				あり	なし	S3-4	なし			
図2-2	磨石	175-107	凹み部	あり	あり	S1-2	なし			
			磨面			S3-2	Ⅵ型	7.5／5	片側により直線的に交差	
						S3-3	Ⅵ型	7.5／5	片側により直線的に交差	
						S3-4	Ⅵもしくは多角形	5／5	中心で直線的に交差	
						S4	なし			
図2-3	敲石	175-111	凹み部	なし	あり	S1-1	Ⅶもしくは Ⅷ型	17.5／12.5	中心で直線的に交差	
						S2	なし			
	敲石	175-113	凹み部	なし	あり	S1-3	なし			
図2-4	敲石	249-223	凹み部	なし	なし	S1-1	Ⅶもしくは多角形	17.5／15	片側により直線的に交差	
						S2-1	Ⅶもしくは多角形	7.5／7.5	中心で直線的に交差	
図2-5	敲石	249-224	凹み部	あり	なし	S1	なし			
				なし		S2-1	Ⅶもしくは多角形	7.5／7.5	中心で直線的に交差	
図2-6	敲石	249-227	凹み部	なし	なし	S1-1	Ⅶもしくは多角形	7.5／7.5	中心で直線的に交差	
				あり		S2	なし			
	甕形土器	169-23	胴部外面／層状炭化物			S1	なし			
図2-7	甕形土器	234-20	胴部外面／層状炭化物			S1-1	Ⅰもしくは多角形	10／10	中心で直線的に交差	破損している
						S1-2	多角形?	7.5／7.5	中心で直線的に交差	破損しているためか不定形
						S1-3	Ⅵもしくは多角形	15／12.5	はっきり見えない	破損しているためか不定形
	甕形土器	235-26	口縁部外面／層状炭化物			S1-2	なし			
図2-8	甕形土器	236-37	口縁部外面			S1	なし			
			頸部外面			S2-1	Ⅵもしくは多角形	7.5／7.5	中心で直線的に交差	破損している？
図2-9	甕形土器	254-2	頸部外面／層状炭化物			S1-2	Ⅷもしくは多角形	10／7.5	はっきり見えない	破損している
図2-10	甕形土器	255-10	口縁部外面			S1	なし			
			胴部外面／層状炭化物			S2-1	多角形	10／7.5	中心で直線的に交差	破損している？
図2-11	甕形土器	257-26	口縁部外面／層状炭化物			S1-1	Ⅲ型か？	15／12.5	中心で直線的に交差	破損している
						S1-2	Ⅲ型か？	10／10	中心で直線的に交差	
	甕形土器	259-35	口縁部外面／層状炭化物			S1	なし			
	甕形土器	259-38	口縁部外面／層状炭化物			S1	なし			
			胴部外面／層状炭化物			S2	なし			

観察結果

表2では観察した資料のなかで，デンプン粒が検出された石器・土器（スライド番号）に網掛けの表示をしている。石器は，13個体中6個体からデンプン粒を検出した（試料採取：図2，検出されたデンプン粒：図3・4）。1個体から複数のデンプン粒が検出されたものは，台石（図2-1）で5点，磨石（同図2）で3点，敲石（同図4）で2点である。そのほかの石器からは1点ずつ検出された。デンプン粒は形状が判別しにくいものが多く，Ⅲ型とⅣ型が1点であり，Ⅵ型（可能性も含む）が4点であり，そのほかⅦ型やⅧ型など多角形（可能性のあるものも含む）9点である。これらには，偏光十字線が中心で直線的に交差するものが多い。デンプン粒は長軸が17.5 μm のものが2点あるほかは，すべて12.5 μm 以下の小型のデンプン粒である

土器は9個体中5個体からデンプン粒を検出した。1個体から複数のデンプン粒が検出されたものは，同図7で3点，同図11で2点である。そのほかはすべて1点ずつ検出された。サンプルはすべて土器の外面の口縁部から胴部上半にかけて付着している炭化物である。デンプン粒は被熱のためか外観上でヒビが入るなど破損しているものが多い。デンプン粒の形態としては，同図11のみがⅢ型の可能性があるものであり，ほかはⅠ型・Ⅳ型もしくは多角形を呈する粒の可能性が高いと判断された。デンプン粒の偏光十字線は，確認できるものは，すべて中心で直線的に交差している。デンプン粒は長軸が15 μm 以下のものであり，小型のデンプン粒である。

池子遺跡の残存デンプン粒の特徴

池子遺跡からは，石器と土器付着炭化物からデンプン粒を検出した。今回，分析を行った資料は出土資料の全体量からみると，石器で1/10程度，土器ではわずかな数である。

デンプン粒の検出頻度としては，石器では32枚のプレパラートを作成したなかで，8枚から検出した。土器では14枚のプレパラートを作成したなかで5枚から検出した。1枚のプレパラートで複数のデンプン粒が検出されたものは少ない。検出されているデンプン粒の形状は多角形を呈するものが多い。現生の植物のデンプン粒では，多角形はキビ・ヒエ・アワ・オオムギ・コメのほかソバなどが含まれている。

筆者が以前分析を行った埼玉県熊谷市前中西遺跡（弥生時代中期後葉）では，6点の磨石からデンプン粒を検出した。前中西遺跡の磨石は，扁平で平たい面が使用面として用いられているものが多く，磨り面のある平たい台石と組み合わせて用いられている。これらの石器から多角形を呈するデンプン粒が検出されている（杉山2014の写真4・8・9）。

今回分析を行った池子遺跡の石器資料には前中西遺跡のような顕著な磨り面をもつ石器は磨石（報告書 第175図107）のみである。また台石（第331図244）は敲打による浅く広い凹み面をもつ台石であり，顕著な磨り面は観察されない。デンプン粒が検出された敲石をみても，石器の平坦

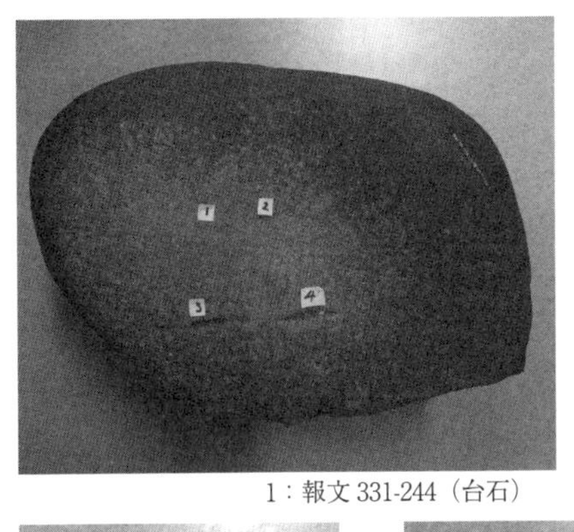
1：報文 331-244（台石）

2：報文 175-107（磨石）

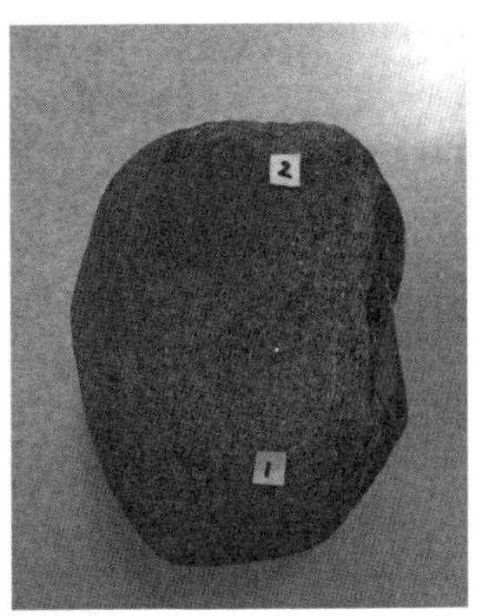
3：報文 175-111（敲石）

4：報文 249-223（敲石）

5：報文 249-224（敲石）

6：報文 249-227（敲石）

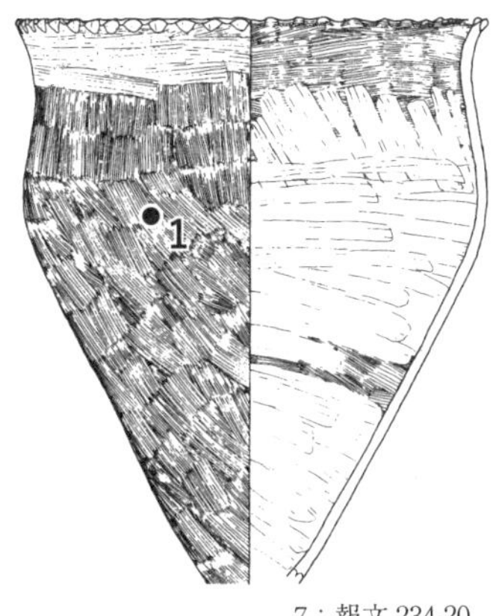

7：報文 234-20

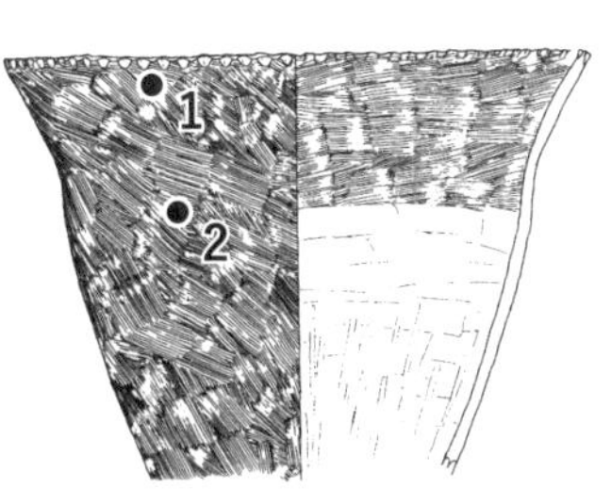

8：報文 236-37

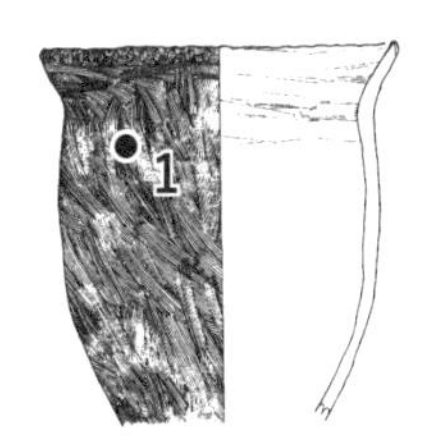

9：報文 254-2

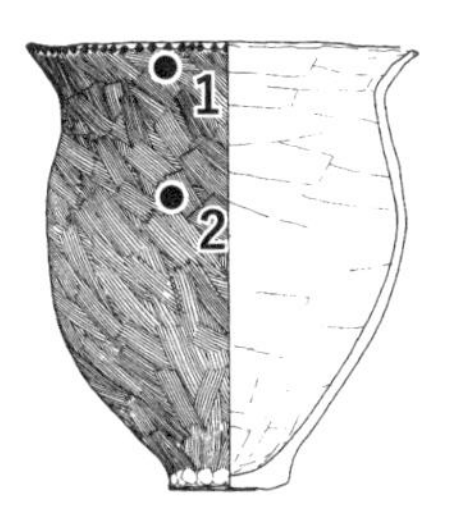

10：報文 255-10

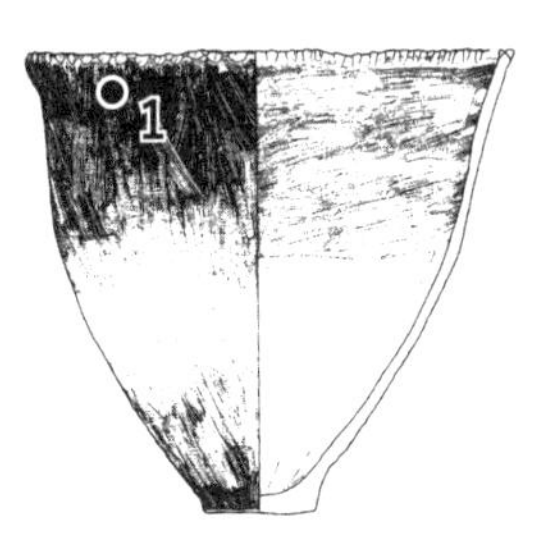

11：報文 257-26

図２　デンプン粒が検出された石器・土器

面中央に敲打による凹みが形成されているのみで，「使い込まれた石器」という様相を見ることはできない。

土器付着炭化物は，いずれも甕形土器の外面胴部上半から口縁部にかけて層状に炭化物が形成

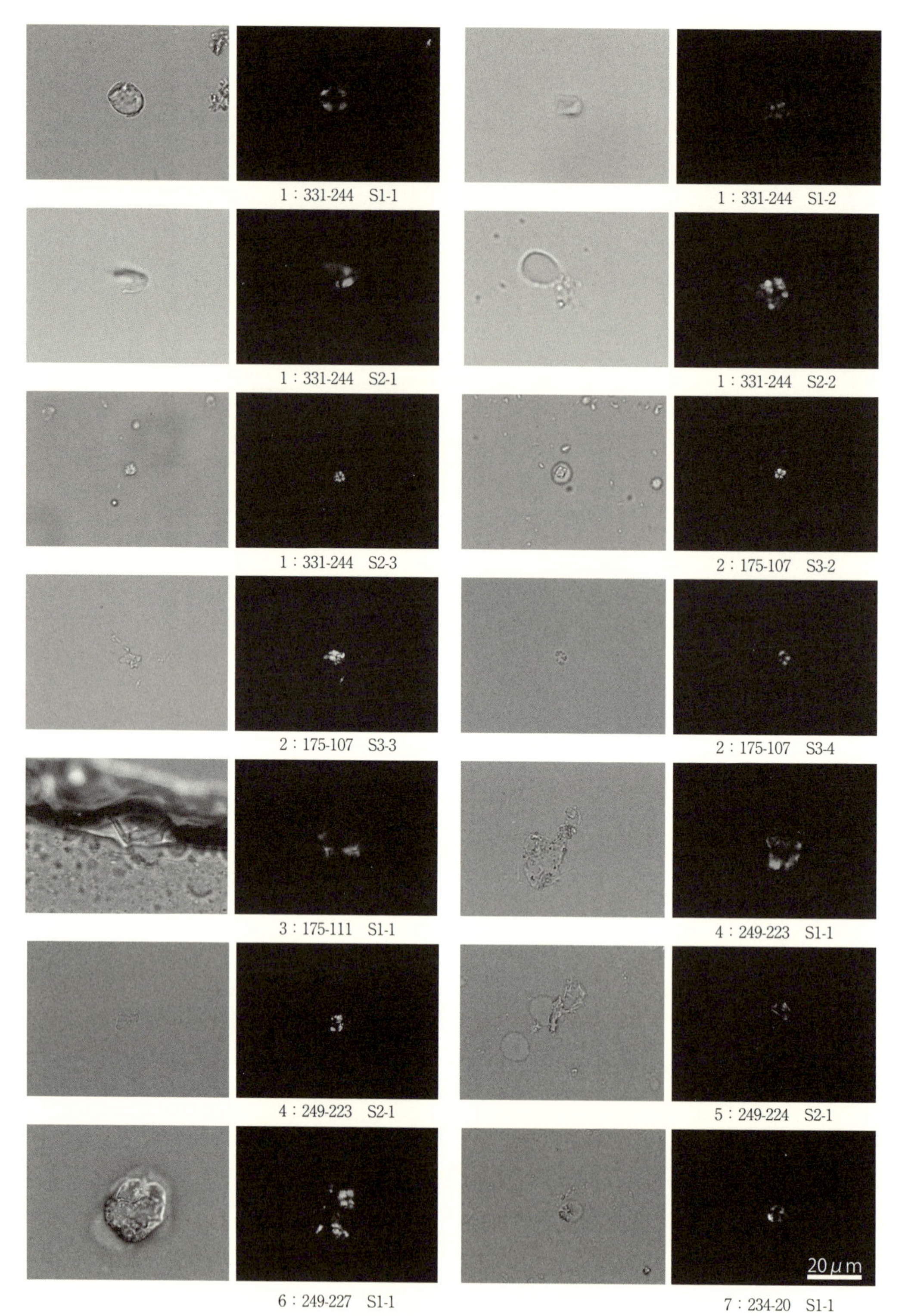

図３　池子遺跡で検出されたデンプン粒（1）

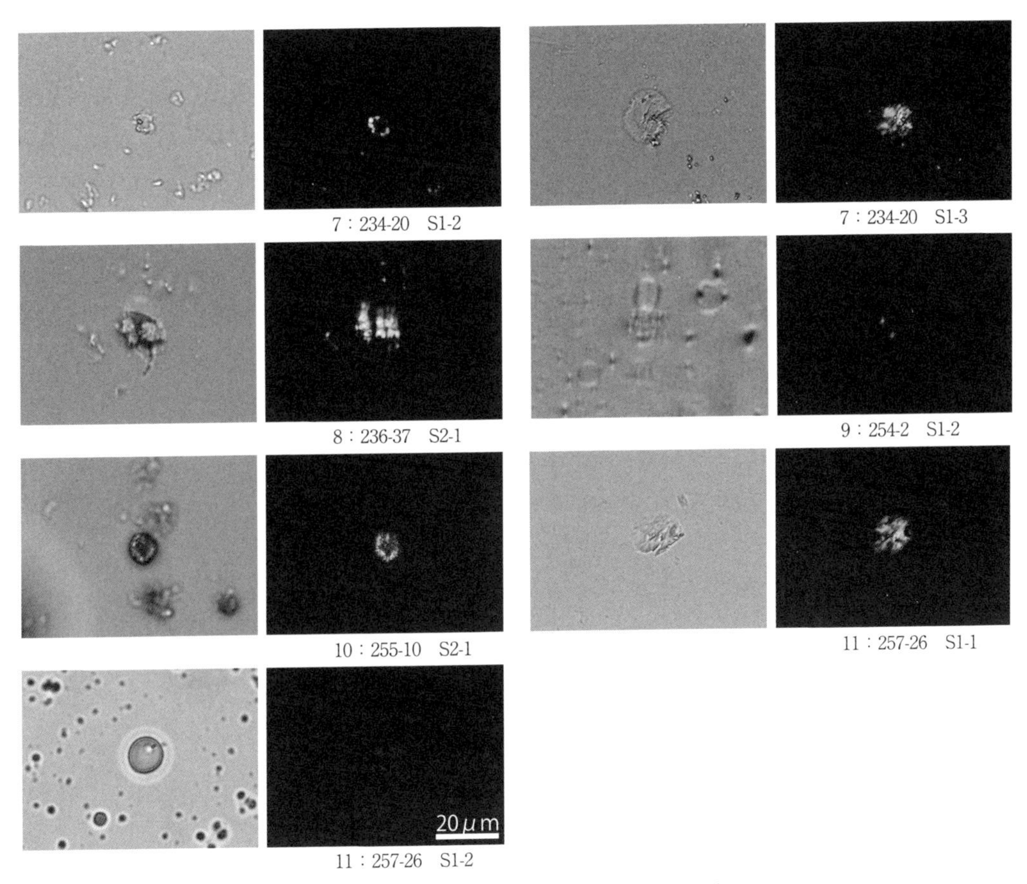

図４　池子遺跡で検出されたデンプン粒（2）

されているところから検出された。デンプン粒の外形が破損しているものも多く，被熱の影響が予想される。なお，胴部外面に層状に付着している炭化物からデンプン粒が検出されているが，これらの炭化物は，熾火の上で転がされた際に付着する可能性が高い3)。この場所から検出されるデンプン粒の由来については，内容物が吹きこぼれていたものが，こびりついている可能性と，燃料として用いられた植物類のデンプン粒が炭のなかに混入した結果，こびりついている可能性が考えられる。この点については今後さらなる検討が必要である。

まとめ

池子遺跡では報告書に記されているように，磨石・敲石が多く出土しているが，それらは調理具としての用途以外でも，石器や木製品・骨角器の製作のための工具も想定され，中央が凹むタイプは，堅果類の破砕よりも楔の打ち込みなどが想定されている（山本・谷口 1999）。今回，池子遺跡出土の石器と土器について，残存デンプン粒分析を試みた。その結果，わずかではあるがデンプン粒を検出することができ，石器を用いての植物の粉砕や土器を用いての煮炊きなどが想定された。

弥生時代の磨石・敲石などは，弥生時代の石器研究において，これまで具体的な検討が行われることが少ない石器であった。工具としての一面もあるが，「弥生時代の食」を考えていくうえでは，今後より多角的な研究が必要な石器である。

註

1） 砥石は当然ながら食品加工具ではなく，石器等の加工具である。しかし，報告書において砥石として報告されている資料において，必ずしもその用途が石器の研磨のみであったと限定できないものもまれに散見される。とくに盤状のもののなかには，砥石なのかなにか作業を行った台石（石皿も含む）なのか，表面の観察からだけでは判断できないものもある。そのため，筆者の観察においては，極力「砥石」として報告されているものも観察している。

2） 今回残存デンプン粒を抽出した手順は以下の通りである。

1：石器全体を観察し，使用面（特に摩滅している部位）を特定する。

2：使用面で石材のくぼみ部分に洗浄しきれていない土壌が残っている部位を特定する。

3：2の部分に蒸留水を垂らす。場合によってはマイクロピペットの先端で窪み内の水と土壌を攪拌する。その後，窪み内に残る水をマイクロピペットで採取し，マイクロチューブに保管する。

4：マイクロチューブに蒸留水を少量追加し，2000 rpm で 10 分間の遠心分離を行う。その後，マイクロチューブの底部から 5 μl を採取し，グリセリンを微量のせたスライドグラスに垂らし，カバーグラスで密閉する。最後に，カバーグラスの周囲をトップコートで塗り，固定化する。

5：サンプルスライドを透過型偏光顕微鏡（オリンパス社製 BX51）で観察する。まず 100 倍～200 倍でデンプン粒の有無を観察し，検出された際には 400 倍で観察ならびに写真撮影（オープンニコル・クロスニコル）を行った。

3） 白石哲也氏にご教示いただいた。

引用文献

渋谷綾子　2010「日本列島における現生デンプン粒標本と日本考古学研究への応用—残存デンプン粒の形態分類をめざして—」『植生史研究』第 18 巻　第 1 号　日本植生史学会　13-27 頁

渋谷綾子　2015「日本考古学における残存デンプン粒分析の現状と課題」『古代文化』第 67 巻　第 1 号　古代学協会　108-118 頁

渋谷綾子　2017「デンプン粒から探る縄文時代の植物食—食文化の通時的変化とプロセスの解明にむけて—」『考古学ジャーナル』694 号　35-39 頁

杉山浩平　2014「前中西遺跡の弥生石器について」『熊谷市前中西遺跡を語る』六一書房　141-162 頁

山本暉久・谷口肇　1999『池子遺跡群Ⅸ　No.1-A 東地点・No.1-A 南地点』財団法人かながわ考古学財団調査報告 45　財団法人かながわ考古学財団

山本直人・渋谷綾子・上條信彦　2016「残存デンプン粒分析からみた縄文時代の植物質食料：石川県の遺跡を対象として」『名古屋大学文学部研究論集』Vol.62　名古屋大学文学部　51-82 頁

総　括

杉山浩平　谷口　肇　佐宗亜衣子　米田　穣
遠藤英子　白石哲也　中村賢太郎

はじめに

前章までに池子遺跡における「弥生時代の食」について，各人それぞれの観点から分析を試みてきた。各論においては，互いの研究成果を参照していないゆえに，まとめとなる本章前半（1～3）にて，クロスチェックを行う。それゆえ，該当部分の執筆者は本書執筆者全員での共著とする。後半（4～5）は，編者の責として，これまでの研究成果をうけて，将来へむけての課題と展望を杉山が執筆する。

1．植物の食糧について

C3植物の利用

米田報告にある池子遺跡出土の弥生時代人骨の炭素・窒素安定同位体比のグラフに着目する。同図に示された三浦半島地域における縄文時代・弥生時代・古墳時代の人骨の食性をみると，海産物質食糧からC3植物の摂取とバリエーションがみられる縄文時代人に対して，比較的C3植物の影響を受け，弥生時代人・古墳時代人では大きな偏差がみられなくなる。それぞれ対象とした遺跡（称名寺貝塚・池子遺跡・八幡神社遺跡）は，海浜部に近い立地に位置しており，称名寺貝塚および池子遺跡では，鹿角製の漁撈具なども多く出土しており，漁撈活動が活発に行われたと推定される。八幡神社遺跡の資料は，近年三浦半島で発見されはじめた墳丘をもたない石棺墓から出土した人骨である。この型式の墓は，海蝕洞穴遺跡において古墳時代以降に作られているものと類似しており，「海」との関わりがあった集団にまつわるものと推定されている（西川2015）。しかし，今回分析を行った炭素・窒素安定同位体比分析による食性分析では，縄文時代と弥生・古墳時代の間に大きな変化が認められた。

この点については，すでに水田稲作の影響を推定している（米田報告）。改めて，確認しておくことは，このC3植物の影響がコメだけによるものなのか，それともコメのほかに縄文時代以来の堅果類も含まれているか否かである。池子遺跡からは堅果類は出土しているものの，クルミが大半を占めており，そのほかの植物種の出土量は遺跡の規模からすると決して多くはない（杉山報告)。また，池子遺跡から植物加工に用いられたと推定される石皿の出土はなく(谷口報告)，堅果類に比較的多い楕円形を呈するデンプン粒が検出された石器もきわめて少ない(杉山報告)。また，池子遺跡出土の人骨(下顎骨)には，農耕開始後に増加する齲歯が複数見つかっている(佐宗報告)。こうした点から，池子遺跡における堅果類の利用を大きく見積もることはできず，米田報告にあるC3植物の影響とは，コメの摂取によるものと推定することができる。

雑穀類の利用

池子遺跡出土の弥生土器のレプリカ法では，イネのほかキビとアワが検出された(遠藤報告)。弥生時代前期末ではアワ，中期中葉ではイネ，中期後葉ではイネのほかキビとアワが検出された。南関東地方の弥生時代中期後葉では，コメ以外の検出例がきわめて少ないなかで，池子遺跡における雑穀類の検出をどのようにみるかが問題となる。

まず，遺跡の発掘調査時では雑穀類の炭化種子などは検出されていない。ただし，この点は多分に調査時におけるサンプリングエラーの可能性が高い(杉山報告)。だが，今回分析した資料番号0064～67では，同一の土器(宮ノ台式土器の壺底部)の外面からイネ・キビ・アワがそれぞれ検出されており，これらの穀物類が同時期にこの土器の製作地(場所)に存在していたのである(遠藤報告)。

では，それらの穀物類が食糧としては，どのような割合で摂取されていたのだろうか。まず調理のプロセスにおいて，分析対象とした小型の甕形土器の付着炭化物では，C4植物類は検出されていない(白石・中村報告)。また，人骨の安定同位体比分析でも，その影響はみることができない(米田報告)。つまり，雑穀類は池子遺跡において，コメと同時に存在しているものの，その食用比率が高いとはいえないだろう。

2.　魚類の食糧について

海産物の調理

池子遺跡からは，魚類・貝類が多種出土している。魚類では近海魚から沖合の回遊魚まであり，大きさも様々である。これらのなかでサメの歯などは，垂飾として用いられることもあるが，そのほか大部分は食されたものであろう。貝類も岩礁性の小型巻貝(バテイラ・スガイなど)，干潟域に生息するイボキサゴ・ウミニナなどの巻貝のほか，ハマグリ・アサリなどの二枚貝も多く出土している(杉山報告)。これらの海産物がどのように調理されたのか。今回の甕形土器の付着炭化物の安定同位体比分析で，大型B類の土器(No.22：容量23.1ℓ)がほぼ「海産貝類」の調理に限定されるかのような結果を示している(白石・中村報告)。土器の作り分けと調理器具としての土器との関係を顕著に示している例であった。

海産物の摂取

研究開始の当初，杉山はこれまで自身が行ってきた三宅島をはじめとした伊豆諸島の遺跡出土の宮ノ台式土器との胎土の類似性・池子遺跡での出土魚類遺体の多様性・航海に用いる木製櫂の出土などから，池子遺跡の人々は，海産物の摂取が多いのではと考えていた。しかし，池子遺跡出土人骨の分析では，安定同位体比のドットは比較的まとまっており，海産物の強い影響を読みとることは難しい（米田報告）。つまり，「海」に出つつも，海産物に全面的に依存するわけではない。

安定同位体比分析では，あくまでも各食糧についての摂取量の相対比的な関係を知ることができるだけで，「摂取量」そのものについては知ることはできない。それゆえ，今回の池子遺跡の人骨の結果からみると，海産物の影響を強くみることはできず，その分だけC3植物をはじめとした植物質食糧への依存が高かった可能性があろう。

3．動物類の食糧について

イノシシ類をめぐる問題

イノシシ類の炭素・窒素安定同位体比分析により，池子遺跡出土イノシシ類は大きく2群に分かれる結果が示された（米田報告）。1群はその食性が窒素・炭素ともに低く，C3植物にほぼ限定されている。もう1群は窒素がやや高いものの，炭素は前群とほぼ変わらず高くないグループに分かれる。ここで，注目すべきは，どちらか一つのグループはヒトに近い状況で移動が制限されていた可能性があることである。そして，イノシシ類においてもC4植物の影響をほとんどみることができないことも重要である。例えば，時期と地域は大きくずれるが古代都城の馬などは飼料としてC3植物とC4植物が与えられていたことが近年の調査で明らかとなっている（山崎・覚張ほか2016）。家畜の飼育環境においては，雑穀などのC4植物が給餌される可能性もあるが，池子遺跡では出土イノシシ類にC4植物の影響を読み取ることができない以上，遠藤報告で検出された雑穀類が池子遺跡でもっぱらイノシシ類に与えられていたともいいにくい。この点は，弥生時代における雑穀の利用を考えるうえでも重要な点である。

池子遺跡出土のイノシシ類については，すでに西本豊弘と姉崎智子が骨格の形態からブタの存在を指摘している（姉崎1999，西本・姉崎1999）。しかし，かつて杉山が弥生時代のイノシシ類をめぐる問題点について，その研究史をまとめたなかでもブタを形態学的に認めていく説と，イノシシ類は個体差が大きく，骨格では判断できないとする説とで意見が併行している（杉山2011・2014）。

イノシシ類へのヒトの関与は，家畜化へのプロセスのなかにあると考えられるが，それでも窒素の同位体比が高い一群に限定されるだけではなく，「野生」とも推定されるグループが存在しているのは，愛知県の朝日遺跡など他の弥生時代の遺跡においても，ブタとイノシシが併存して出土している状況を理化学的観点から示していることになるのだろうか。飼育されるイノシシ類と狩猟された野生のイノシシ類が同時に存在したことは，西本によって朝日遺跡出土資料を用いた形態分析から示されている（朝日遺跡では85％がブタ，15％がイノシシ，西本1993）。また，金子浩昌は大阪府の池上遺跡の資料を分析するなかで，野生種の一部を管理し，飼育していたとも述べている（金子・牛沢1980）。米田報告にあるように池子遺跡のみならず，奈良県の唐古・鍵遺跡でも同様に出土イノシシ類が2グループに分かれる問題をめぐっては，今後さらなる骨の形態学的分析など複合的に検討を要する。

また，窒素の同位体比が高い一群が，移動を制限されていたとするならば，その管理形態が問題となるであろう。近年，田村良照は弥生時代後期の台地上の大規模集落遺跡で環状にめぐる柱穴が検出されていることを指摘した（田村2017）。これらの遺構は，集落内の大型建物のそばに築造される場合と，集落内の隔絶された場所に築造される場合とがあり，その大きさは直径約3〜16ｍであるとしている。田村は，この環状柱穴列を飼育施設か祭場と推定している。米田報告にあるように，環境汚染や感染症の可能性を考慮すると，集落内の隔絶された場所で検出された環状柱穴列などは，飼育施設の可能性も考えられる。ただし，谷口によれば池子遺跡の調査時には，このタイプの柱穴列などは検出されていない。今後，田村が指摘するような遺構に注意した調査と検出された際には，土壌のサンプリング分析が必要になっていくだろう。

4．まとめ —今後への課題—

総括にて，多種に広がる食糧について植物・海産物・動物に分けて，本章前半部分にて各論文からクロスチェックを行ってきた。しかし，検討することができた点と，及ばなかった点がある。ただ，弥生時代の遺跡出土資料をもとにして，食の多角的な分析の成果を提示することができたものと考えている。

今回の分析から池子遺跡では，堅果類の利用が減り，コメの影響を強くみる食性といえる。その姿は調理に利用される土器の使い分けにも反映されている。動物類については，イノシシ類の「管理化」の様相を呈するものと「野生」のものとがあり，安定的に動物性タンパク質が入手されていた可能性が高い。魚介類の利用では，多様な漁撈活動により入手しているものの，海産物に全面的に依存している状況ではない。貝類は岩礁性・内湾性など様々なものを利用しており，大型土器を用いた調理がされている。このような「弥生時代の食」が推定された。

最後に，今回の研究を通じて，新たに生じた問題点を提示し，将来的な研究の展開を狙いたい。

①弥生時代の人骨資料について：池子遺跡の資料では齲歯率が他の遺跡よりも高い頻度でみられた。しかし，佐宗報告では今回再鑑定を行った関東地方（静岡県鷹ノ道遺跡も含む）出土人骨の歯からは齲歯が検出されていない。今回分析を行った遺跡のなかで，上敷免遺跡と横間栗遺跡は中期前葉，常代遺跡は中期中葉，鷹ノ道遺跡は中期後葉である。いずれの遺跡の時

期でも，関東地方においてすでに穀物類の圧痕が検出されており，ある程度，「食糧」の1種として穀物が導入されている可能性が高い。しかし，齲歯の検出・不検出のこの差をどのように考えるかが問題となるであろう。観察した資料数に起因するものなのか，穀物類の普及や生産量やその摂取量の違いなのか。

前述したとおり，一般的に穀物類の摂取の増加により，齲歯率は高くなるといわれており，縄文時代から弥生時代へと移りゆくなかで変化していく。今回，取り上げることができた遺跡数および資料数は，検証するには決して十分な数とはいえない。遊離歯は本書付編の人骨集成表にあるように，分析した遺跡以外でも多く出土しており，齲歯の観察も重要である。また近年では歯石に残るデンプン粒からの研究も行われはじめており（下野・竹中 2014），今後は歯からの分析も進展が見込まれる。加えて水洗選別法やレプリカ法などによる穀物類の検出事例と組み合わせて，穀物利用の時期差・地域差を検討することができるだろう。

②C4植物について：今回，池子遺跡ではレプリカ法により，宮ノ台式土器からコメ以外にキビとアワが検出された。遠藤報告では池子遺跡以外の関東地方の中期後葉の遺跡からも雑穀が同定されている。つまり，中期後葉において雑穀類（C4植物）の栽培は行われていたと考えられる。その規模と食糧としての依存度をどのように評価するかは，意見が分かれるところである。しかし，今回の人骨および煮炊きに用いた甕形土器の炭素・窒素安定同位体比分析からは，少なくとも池子遺跡では雑穀への利用と依存度を高く見積もることはできない。しかし，例えば，近年その概要が発表された群馬県岩津保洞穴（中期前葉）出土の人骨では，C4植物の影響が多く見られることが報告されている（山口・米田・近藤 2017）。レプリカ法での圧痕では群馬県沖Ⅱ遺跡（弥生時代前期末）では，コメ（1点）のほか雑穀（アワ8点・キビ13点）が検出されている（遠藤 2011）。遠藤は中期中葉の灌漑型水田稲作が本格的に導入される以前の関東地方では，自然環境や集団のサイズに見合った独自の穀物栽培のなかでアワやキビなどの雑穀が栽培されていたのではと推定している。岩津保洞穴は山間部に位置する洞穴遺跡ではあるが，この地域においては，レプリカ法から推定される穀物利用と人骨での安定同位体比法分析の成果が整合しているかにみえる。遠藤報告にあるように，レプリカ法での雑穀類の検出には地域性が認められる。本研究のように多角的分析をすることで，食の地域性を明らかにすることができると期待される。

③魚類について：本書の付編にて，関東地方の弥生時代の魚類の出土集成を掲載した。弥生時代には貝塚の形成は少ない。また，その規模も縄文時代の貝塚に比較すると小さくなる。関東平野の内陸部における海産物の利用は，低湿地遺跡の検出例も少なく，現状では不明といわざるを得ない。ただし，沿岸部のみならず，神奈川県下ではあるが，内陸部の遺跡（中屋敷遺跡・平沢同明遺跡・河原口坊中遺跡）からは，カツオの骨が出土しており，沿岸域集落を通じての入手が想定される。また，淡水魚の出土事例は当該地域において非常に少ない。河川や水田等を利用した内水面漁撈の実態についてはまだまだ解明されていない点が多く，今後の課題といえる。

④イノシシ類について：まず，イノシシ類の狩猟形態についてである。関東地方の宮ノ台式土器を伴う集落遺跡は，石鏃や金属製鏃などの狩猟具の出土事例は極めて少ない。池子遺跡においても，打製石鏃が９点（形態的に宮ノ台式土器以前に属する可能性もある），有孔磨製石鏃が１点に留まる（谷口報告）。谷口は弓矢を用いる以外の方法を想定しているが，これには，宮ヶ瀬遺跡など神奈川県下でも山間部に近い地域で検出例がある「落とし穴」などによる「追い込み猟」などが想定できるのであろうか。ただし，これまで検出されている「落とし穴」はいずれも弥生時代前期から中期前半にかけてのものであり，中期後葉（宮ノ台式土器期）に至るまで営まれていたのか，今後の類例の増加を待つしかない。

今回の分析において池子遺跡出土のイノシシ類が大きく２群に分かれることが明らかとなった。まずは，骨の形態学的分析とのクロスチェックが重要である。今後，安定同位体比分析からイノシシ類の家畜化へのプロセスに言及できるならば，形態学的分析では不可能な四肢骨資料を用いたイノシシ類の研究が可能となるであろう。

イノシシ類の研究の課題としては，いつから安定同位体比が２群に分かれはじめるかである。関東地方を例に取るならば，低地利用が始まり，東海や近畿地方との交流がみられる弥生時代中期中葉にその画期があるのではと推定される。しかし，その場合，前期から中期前葉までのコメと雑穀の栽培を行う農耕文化をどのように評価するのかなど課題が生じる。また，この問題は関東地方のみ問題に収まらないことはいうまでもない。複雑な農耕文化の伝播の過程をみることができる東日本では，今後解明が期待される。

また，米田報告ではマメ類の給餌の可能性が取り上げられている。マメ類は近年レプリカ法で縄文時代の資料が多く検出されており，注目されている。弥生時代の実物資料としては主に弥生後期の遺跡から検出されているが，帰属年代の検証に耐えられるものは極めて少ない（安藤 2002）。弥生土器のレプリカ法では，関東地方での検出例はなく，巻末の集成表にある中屋敷遺跡のほかに静岡県菊川市白岩遺跡からアズキが１点検出されているのみである（篠原・中山ほか 2017）。弥生時代のマメ類は今後の研究に期待するところではあるが，本来乾燥状態であれば長期保存が可能な食糧資源である。しかし，焼失住居址の多い宮ノ台式土器期において，塊群としての出土事例がない。その理由としては保存箇所が竪穴住居以外の地であったのか，長期保存されることなく，常に消費されている可能性がある。また調理においても，縄文時代の磨石のように使い込まれた粉砕具も少なく，検出される残存デンプン粒も決して多くないことを考えると，弥生時代におけるマメ類の利用についても今後の課題であろう。

池子遺跡は，埋没している遺物が適切な発掘調査技術によって取り上げられ，報告された希有な遺跡ではあるが，ここから導き出すことができた池子遺跡での「食」のあり方は，これまでの台地上の遺跡を対象として行われてきた研究ではみることができなかったものである。まだまだ，残された課題は多いものの，弥生時代の池子遺跡の食の新たな一面が明らかになったことを述べ，考古資料の多角的な研究とそのクロスチェックの重要性を改めて指摘し，結語としたい。

引用文献

姉崎智子 1999「弥生時代の関東地方におけるブタの存在―神奈川県逗子市池子遺跡群の出土資料の検討―」『動物考古学』12号 動物考古学研究会 39-53頁

安藤広道 2002「異説弥生畑作考―南関東地方を対象として―」『西相模考古』第11号 西相模考古学研究会 1-56頁

遠藤英子 2011「レプリカ法による，群馬県沖Ⅱ遺跡の植物利用の分析」『古代文化』第63巻 第3号 古代学協会 122-132頁

金子浩昌・牛沢百合子 1980「池上遺跡の動物遺体」『池上・四ッ池遺跡』自然遺物篇 財団法人大阪文化財センター 9-32頁

篠原和大・中山誠二・岩田歩・稲垣自由・毛利舞香 2017「Ⅲ．静岡県内弥生時代植物関連資料調査報告」『静岡大学人文社会科学部 考古学研究室調査研究集報2016』静岡大学人文社会科学部 考古学研究室 7-21頁

下野真理子・竹中正巳 2014「宮崎県えびの市島内地下式横穴墓群出土人骨の歯石から検出されたデンプン粒」『鹿児島女子短期大学紀要』第49号 鹿児島女子短期大学 1-4頁

杉山浩平 2011「第1章 伊豆諸島における縄文・弥生時代の食糧資源の問題」『三宅島ココマ遺跡 動物と生業の研究』島の考古学研究会 調査研究報告書3 島の考古学研究会 5-8頁

杉山浩平 2014『弥生文化と海人』六一書房

田村良照 2017「弥生時代の環状柱穴列について」『二十一世紀考古学の現在』六一書房 485-494頁

西川修一 2015「4 洞穴遺跡にみる海洋民の様相」『海浜型前方後円墳の時代』同成社 110-138頁

西本豊弘 1993「弥生時代のブタの形質について」『国立歴史民俗博物館研究報告』第50集 国立歴史民俗博物館 49-63頁

西本豊弘・姉崎智子 1999「池子遺跡群の哺乳類遺体」『池子遺跡群Ⅹ 別編・自然科学分析編』かながわ考古学財団 287-296頁

山口晴香・米田穣・近藤修 2017「群馬県岩津保洞窟出土の弥生人の遊離歯が示す雑穀利用の可能性」『第71回 日本人類学会大会 プログラム・抄録集』日本人類学会 29頁

山崎健・覚張隆史・降幡順子・石橋茂登 2016「第7章 藤原宮跡から出土した馬の飼育形態と産地推定」『藤原宮跡出土馬の研究』奈良文化財研究所研究報告 第17冊 76-87頁

附編１　南関東弥生時代の自然遺物集成

本集成は、南関東地方の弥生時代遺跡出土の自然遺物のなかで、複数類（特に植物類・動物類・魚類・貝類）の出土事例を集成した。

集成を作成するにあたり、貝塚資料については、樋泉岳二 1991「関東地方の弥生時代貝塚」『考古学ジャーナル』No.336 を参考にした。

集成の各情報は、各報告書・論文の記載を基にしている。

集成表の中で特に断りがないかぎり、数字は出土点数を示している。

集成の作成は杉山浩平が行った。

No.1　**木戸口遺跡**
所在地　千葉県市川市
検出遺構・種別　SI01
検出状況　住居内貝層
時期　弥生時代中期中葉
文献　松本太郎・松田礼子・及川穣 1999『平成 10 年度市川市内遺跡発掘調査報告書』市川市教育委員会
備考　貝層ブロックの大きさは径約 1m，厚さ 0.1m。ハマグリは最大で幅 120mm

貝類	点数	
	左	右
ハマグリ	732	743
マガキ	2005	595
シオフキ	43	46
オキシジミ	23	27
ウネナシトマヤガイ	46	56
フジツボ		
ウミニナ類		
キビガイ		
ヘナタリ		
マイマイ		
ツノガイ		

No.2　**菊間手永遺跡**
所在地　千葉県市原市
検出遺構　環濠
検出状況　覆土
時期　弥生時代中期後葉
文献　近藤敏 1987『菊間手永遺跡』市原市文化財センター
備考　V字溝に貝が2回にわたって廃棄されている

貝類	重量(g)	点数
ハマグリ	183480	
アサリ	23235	
シオフキ	175020	
イボキサゴ	259450	
アラムシロ		2372
ウミニナ		1852
サルボウ		4
アカニシ		4
カガミガイ		86
ツメタガイ		153
オキシジミ		154
バカガイ		7
カキ		4
動物類		
骨		1

No.3　**菊間遺跡**
所在地　千葉県市原市
検出遺構　竪穴住居・方形周溝墓
検出状況　貝ブロック
時期　弥生時代中期後葉
文献　斎木勝 1974『市原市菊間遺跡』千葉県都市部

貝類	第 4 号住居	第 10 号住居	第 11 号住居	第 53 号住居	第 2 号周溝
ハマグリ	○	貝ブロックあり	○	ハマグリ主体の貝ブロック	ハマグリ・キシヤゴ（骨鏃あり・アワビオコシ？あり）

No.8　**原遺跡**
所在地　千葉県市原市
検出遺構・種別　竪穴住居
検出状況　貝層
時期　弥生時代後期
文献　越川敏夫 1984『原遺跡』原遺跡調査会

貝類	第 4 号住居址	第 22 号住居址		
		左	右	個体
アサリ	△	1102	1167	
マガキ	◎	909	639	
ハマグリ		366	217	
シオフキ	△	514	499	
オオノガイ	△	86	59	
カガミガイ		11	15	
サルボウ		6	4	
イボキサゴ	△			
キサゴ				2336
ウミシナ	△			448
スガイ				112
アラムシロ				53
ヘナタリ				45
タニシ				20
ツメタガイ				5
アカニシ				5
カワニナ				2
カクアイ				2
ナミワガシワ	△			1
オキシジミ				1
シラトリガイ				1
チョウセンハマグリ				1
キセルガイ	△			

No.5　**常代遺跡**
所在地　千葉県君津市
検出遺構　大溝
検出状況　覆土
時期　弥生時代中期
文献　甲斐博幸 1996『常代遺跡群』君津郡市考古資料刊行会
備考　塊状炭化物もある。常代遺跡では雑穀類の化石が見つかっていない。ただ，この溝はかなり大きい水流で埋没しており，後背湿地のものを流し込んでいる。

植物類	部位	堆積物 800cm^3	現地採集
イネ		329	
アサ	果実	4	1
アカザ科ヒユ科	種子	1	
マクワウリ	種子	7	4
シソ属	果実	2	
サナエタデ	果実	29	
セリ	果実	5	
カラムシ			
カヤ	種子		8
イヌガヤ	種子		6
オニグルミ	果実		2
コナラ属	堅果	8	4
マタタビ	種子	14	
トチノキ	果実	1	4
ブドウ属	種子	5	1
モモ	核		6
動物類			
ニホンザル			解体されている
タヌキ			
イノシシ			
ニホンジカ			

No.7　**東千草山遺跡**
所在地　千葉県市原市
検出遺構　6 号住居内貝塚
検出状況　2.4m × 1.1m，厚さ 30cm
時期　弥生時代後期前葉
文献　近藤敏・田中清美 1989『千草山遺跡・東千草山遺跡』市原市文化財センター

貝類	貝層上	貝層	貝層下
ハマグリ	1	1218	3
シオフキ	7	3158	14
アサリ	2	1368	2
マガキ	14	12	18
カガミガイ	0	2	0
バカガイ	0	1	0
マテガイ	0	7	0
ツメタガイ	0	664	0
イボキサゴ	1052	31959	1799
イボキサゴ（幼貝）	211	62	347
ウミニナ	41	514	84
アラムシロ	32	514	70
アカニシ	0	13	0
カワザンショウガイ	0	0	2
カワニナ	0	36	0
マルタニシ	0	25	0
マルタニシ（幼貝）	18	4	0
ツボミガイ	0	0	8
ヒメゴウナ	3	0	0
ムギガイ	0	0	1
魚・動物類			
タイ科	2	1	3
マイワシ	0	0	1
スズキ？	1	0	0
獣骨片	0	1	0

No.4　**大厩遺跡**
所在地　千葉県市原市
検出遺構　竪穴住居
検出状況　覆土
時期　弥生時代中期後葉
文献　三森俊彦 1974『市原市大厩遺跡』千葉県都市公社

貝類	Y-5 号址	Y-65 号址
貝ブロック	○	
ハマグリ		◎
アサリ		◎
シオフキ		◎
キシャゴ		○
カキ		○
ウミニナ		○
ツメタガイ		○
カガミガイ		○
ナナメガイ		○

No.6　**押畑子の神遺跡**
所在地　千葉県成田市
検出遺構・種別　方形周溝墓
検出状況　貝層
時期　弥生時代中期後葉
文献　末武直則・斉藤主税 1988『押畑子の神城跡発掘調査報告書』印旛郡市文化財センター

貝類	1 号方形周溝墓
アサリ	単純貝層
動物類	
シカ	臼歯と四肢骨少量
イノシシ	

No.9　**大厩弁天台遺跡**
所在地　千葉県市原市
検出遺構　1 号住居跡
検出状況　住居内貝層
時期　弥生時代後期後半
文献　大村直 1989『市原市大厩弁天台遺跡』市原市埋蔵文化財センター

貝類	点数	重量（g）
シオフキ	163（82）	941.6
ハマグリ	81（41）	814.5
アサリ	38（19）	201.6
マテガイ	26（13）	14.1
カガミガイ	1（1）	21.7
カキ	43（22）	139.2
イボキサゴ	367	629.5
ウミニナ	24	16.5
アラムシロ	5	1.4
ツメタガイ	3	11.7
タニシ	10	5.1

No.10　**境遺跡**
所在地　千葉県袖ケ浦市
検出遺構・種別　竪穴住居
検出状況　ピット
時期　弥生時代後期
文献　小沢洋 1985『境遺跡』君津郡市文化財センター

貝類	第 36 号住居址	第 39 号住居址
アサリ	92	9
シオフキ	66	28
ハマグリ	21	11
サルボウ	9	
カガミガイ	1	
オオノガイ	1	
アカニシ	1	

No.11　**赤羽台遺跡**
所在地　東京都北区
検出遺構・種別　環濠
検出状況　貝層ブロック
時期　弥生時代後期
文献　大谷猛 1992『赤羽台遺跡』東北新幹線赤羽地区遺跡調査団

貝類	環濠
ハマグリ	◎
マガキ	◎

No.12　**熊野神社遺跡**
所在地　東京都大田区
検出遺構
検出状況
時期　弥生時代後期
文献　佐々木藤雄 1991『山王三丁目遺跡』熊野神社遺跡群調査会
備考　非常に多岐にわたるので10個体以上出土しているもののみを抽出。
マガキ：50～60mm の大きさのものは大型種となる
ハマグリ：量的にはマガキよりも少ないだろう。大きさは縄文時代の大森貝塚のものよりも小さい。

貝類	点数
マガキ	幼 1 ＋ 719
ハマグリ	472
アカニシ	235
オキシジミ	215
フトヘナタリガイ	192
ウミニナ	95
ヒメベッコウマイマイ	63
ヒメコハクガイ	53
マルタニシ	36
ヤマトシジミ	31
ヒダリマキゴマガイ	31
アサリ	29
サルボウガイ	25
シオフキガイ	23
ヒメベッコウマイマイの一種	23
シマハマツボ	21
ハリマキビガイの一種	13
ヒカリギセルガイ	幼 13 ＋ 3
タマキビガイ	11
ホソオカチョウジガイ	幼 4 ＋ 12
ナミマガシワガイ	10
魚類	
魚骨（踵骨）	1
フジツボ	破片

No.14　**向ヶ岡貝塚**
所在地　東京都文京区
検出遺構　環濠
検出状況　覆土
時期　弥生時代後期
文献　渡辺貞幸 1979『向ヶ岡貝塚』東京大学文学部

貝類	点数
マガキ	10030
ウネナシトマヤガイ	502
オキシジミ	320
ウミニナ	196
アカニシ	115
オオタニシ	100
ハマグリ	70
カワニナ	7
カワアイ	6
ツムガタキセルガイ	5
サルボウ	3
シオフキ	3
フトヘナタリ	3
アサリ	2
マシジミ	2
タマキビガイ	2
カガミガイ	1
オオノガイ	1
ハイガイ	1
アカガイ？	1
オトメマイマイ？	1
ヒダリマキマイマイ	1
カサガイ類	1
マイマイ類	1
動物類	
ニホンジカ	若干
魚類	
クロダイ	1
不明	若干

No.15　**九段上貝塚**
所在地　東京都千代田区
検出遺構・種別　竪穴住居
検出状況　覆土
時期　弥生時代後期
文献　和島誠一 1960「考古学からみた千代田区」『千代田区史　上巻』千代田区

貝類	第 1 号竪穴住居
カキ	◎
ハマグリ	○
ハイガイ	○
動物類	
獣骨	
魚類	
タイ	顎骨

No.13　**久ヶ原遺跡**
所在地　東京都大田区
検出遺構・種別　方形周溝墓
検出状況　貝層
時期　弥生時代中期後葉
文献　中根君郎 1928「武蔵国荏原郡池上町久ヶ原及びその附近に於ける弥生式遺跡」『考古学雑誌』第18巻　第7号　日本考古学会　42～58頁
甲野勇 1930「東京府下池上町久ヶ原弥生式竪穴に就て」『史前学雑誌』史前学会　17～27頁

貝類	中根 1928	**貝類**	甲野 1930
ハマグリ	◎	ハマグリ	最多
アカニシ	○	カキ	中
カキ	△	カワアイ	中
ナミマガシハ	▲	オオノガイ	少
カニモリガイ	▲	アカニシ	少
スガイ	3	オオタニシ	少
オオタニシ	2	ヤマトシジミ	少
シジミ	2	シオフキ	稀
動物類		オオシジミ	稀
獣骨		チリナンカワニナ	極稀
獣歯		オオカワニナ	1
鳥骨		サルボウ	1
		動物類	
		獣骨	
		シカ	歯

No.16　**平沢同明遺跡**
所在地　神奈川県秦野市
検出遺構・種別　土坑・包含層等
検出状況
時期　縄文時代晩期末～弥生時代前期
文献　戸田哲也・霜出俊浩ほか 2010『平沢同明遺跡 2004-04 地点・2004-05 地点　発掘調査報告書』秦野市教育委員会
戸田哲也・大倉潤ほか 2012『平沢同明遺跡 9301 地点　発掘調査報告書』秦野市教育委員会

貝類	2004-04 地点・2004-05 地点	9301 地点
アカニシ		1
鳥類		
ガンカモ目	1	
魚類		
アオザメ	2	1
動物類		
イノシシ	◎	◎
シカ	◎	◎
ツキノワグマ	1	
キツネ	1	1
タヌキ	2	1
オオカミ		1
ゴンドウクジラ		1

No.18　**中里遺跡**
所在地　神奈川県小田原市
検出遺構　旧河道・土坑
検出状況
時期　弥生時代中期中葉
文献　戸田哲也・河合英夫ほか 2015『中里遺跡発掘調査報告書』玉川文化財研究所

植物類	部位	状態	1号旧河道	334号土坑	
オニグルミ	核	完形	2	−	
オニグルミ	核	破片	13 +	−	
アカガシ亜属	果実		2	−	
コナラ属	果実		8 +	−	
マテバシイ	果実		1	−	
トチノキ	種子	完形	1	−	
トチノキ	種子	破片	5 +	−	
ブドウ属	種子	炭化	−	1	
クマノミズキ	核		1	−	
イネ	胚乳	炭化	1	127	
ゴキヅル	種子		19 +	−	
メロン類	種子		2	−	
ヒョウタン類	種子		7	−	
ヒョウタン類	果実	破片	6 +	−	
魚・動物類	1号旧河道	土坑	出土土坑数	出土住居数	出土井戸数
メジロザメ科	19				
キジ科	4				
イノシシ	7個体	5個体	7遺構から出土	0	1
シカ	4 + 個体以上		26遺構から出土	5	3

No.17　**中屋敷遺跡**
所在地　神奈川県大井町
検出遺構・種別　土坑
検出状況　覆土
時期　弥生時代前期後半
文献　小泉玲子・山本暉久ほか 2008『中屋敷遺跡発掘調査報告書』昭和女子大学人間文化学部歴史文化学科　六一書房
小泉玲子・山本暉久ほか 2010『中屋敷遺跡発掘調査報告書Ⅱ』昭和女子大学中屋敷遺跡発掘調査団
備考　（ ）内は半分ないしは破片の数，＃は重量から換算した個体数。

植物類	部位	1号土坑	第8号土坑1～3層	第8号土坑4層	第9号土坑3層（草本類堆積層）	第9号土坑3層	第9号土坑4層	第9号土坑炭化材焼土層	第9号土坑6層	11号土坑
イヌシデ	炭化果実						2			
イヌシデ節	炭化果実					2	2	2		
クリまたはトチノキ	炭化子葉					1				
クリ	炭化果実		(1)			(2)				
クワ属	炭化核						1			
マタタビ属	炭化種子					1	3			
キイチゴ属	炭化核						1			
アカメガシワ	炭化種子					(10)				
スベリヒユ属	炭化種子		1							
カラスザンショウ	炭化種子				1					
サルナシ	炭化種子				3					
トチノキ	炭化種子	1個未満	1個未満		1個未満	1個未満	1～2個		3	1個未満
堅果類（トチノキ）	炭化種皮・子葉		(1)	(1)				少量		
イネ	炭化胚乳				55 (19)	65 (7)		273 (78)		
	炭化果実		(1)				(7)			
	炭化種子	1 (1)				4 (26)	158 (259)			
キビ	炭化胚乳				11			15		
	炭化種子	1					45 (1)			
アワ	炭化胚乳			1	595 #	3		1273		
	炭化種子		1			33 (6)	669 (353)			2
オニグルミ			(6)			(8)	(16)			
ササゲ属またはダイズ属						1（出土層位は不明）				

動物類・魚類・貝類	部位	位置	1号土坑	5号土坑	7号土坑	8号土坑	9号土坑	11号土坑
イノシシ			2/					
シカ								
カエル類	上腕骨	遠位端						
小型哺乳類						3	2	
カツオ	尾椎（尾柄部）						1	
二枚貝類	貝殻	破片				1		

No.21　**三殿台遺跡**
所在地　神奈川県横浜市
検出遺構　竪穴住居
検出状況　柱穴内貝層
時期　弥生時代中期
文献　和島誠一 1965『三殿台』横浜市教育委員会

貝類	
ハマグリ	マガキ
アカニシ	
動物類	
イノシシ	シカ

No.22　**加瀬台遺跡**
所在地　神奈川県川崎市
検出遺構　貝塚
時期　弥生時代中期～後期
文献　八木奘三郎 1906「中間土器（弥生式土器）の貝塚調査報告」『東京人類学会雑誌』248号　東京人類学会　46～55頁
八木奘三郎 1907「中間土器（弥生式土器）の貝塚調査報告」『東京人類学会雑誌』250・251・256号　東京人類学会 134～142頁・186～198頁・409～411頁
備考　層厚 1～2m の貝層を形成していた可能性がある。

貝類	
アサリ	◎
アワビ	1（加工品？）
動物類	
種不明	あり

No.23　**赤坂遺跡**
所在地　神奈川県三浦市
時期　弥生時代後期
文献　中村勉・諸橋千鶴子ほか 2001『赤坂遺跡』第 8 次調査地点の調査報告三浦市教育委員会
中村勉・諸橋千鶴子ほか 2004『赤坂遺跡―第 10 次調査地点の調査報告―』三浦市教育委員会
備考　非常に多岐にわたるので 10 個体以上出土しているもののみを抽出
サンプル土量　115.7L，95.207kg

植物類	部位	8 次　7 号住居（中期後葉）	10 次　1A 号住居（後期前葉）	10 次　7A 号住居（後期前葉）	10 次　9 号住居（後期前葉）
モモ	核				1
ホルトノキ	果実		1		
魚類					
カタクチイワシ		18			
サバ属		4			
マイワシ		3			
マダイ		2			
クロダイ				○	
タイ科				○	
カツオ		1			
フサカサゴ科		1			
クロダイ属		1			
ブリ属		1			
エイ型	椎骨	35			
サメ類	歯	3			
ウニ殻		1			
貝類					
ヒザラガイ		6			
イシダタミガイ		85			
クボガイ		44			
クマノコガイ		70			
バテイラ		893			
スガイ		352			
サザエ		711			
キクスズメガイ		27			
レイシガイ		25			
イボニシ		43			
ミクリナガニシ		16			
ヒカリギセルガイ		12			
イガイ		6			
マガキ		5			
シオフキガイ		5			
ハマグリ		28			
5 点以上出土資料を抽出					
動物類					
スズメ類		1			
ウ類（ヒメウ）		1			
シカ		1？			
イノシシ		1？			
ネズミほか					

No.19　**河原口坊中遺跡　第1次調査**
所在地　神奈川県　海老名市
検出遺構　47号竪穴・1号旧河道
検出状況　覆土
時期　弥生時代中期？～古墳時代前期
文献　飯塚美保・高橋香ほか 2014『河原口坊中遺跡　第1次調査』かながわ考古学財団

時期	**動物類・魚類**	地区名								
		P 19	P 20	P 21	P 22	P 23	P 24	P 25	P 26	P 28
弥生時代中期後半	シカ	1	1	1			3	5	1	14
	イノシシ		2	1					1	8
	アオザメ？							1		
	メジロザメ							1（骨角器）		
	哺乳類							1（骨角器）		7
	サメ							2		
弥生時代中期後半～後期	イノシシ				2					
	シカ				2					
	哺乳類									1
弥生時代後期	アオザメ	1	1							
	イノシシ	1			2					
	シカ			1	1	1				
	カツオ		2							
	アユ		2							
	メジロザメ		1							
弥生時代後期後半	コイ			1						
	鳥？			1						
弥生後期～古墳前期	シカ	1		2				1	10	
	イノシシ		2						3	
	カエル					1				
	海生？哺乳類							1		
	魚類								5	
	タイ科								2	
	陸生哺乳類								4	
	鳥								1	
弥生時代中期後半～古墳前期	イノシシ							2		
	シカ							1		
弥生	イノシシ	1			1	1				
	シカ				2					
	鳥					1				

植物類	部位	P28 地区 YH1 号旧河道		P28 地区 YH2	YH1	YH1	YH2	YH2
		A 層	B 層	サンプル 2	W380	サンプル 1	サンプル 1	サンプル 2
キイチゴ	核	1			3			
キハダ	種子	1						
ニワトコ	核	1	1	124	6			
ニワトコ	核片			大量				
ウコギ	種子	1						
カヤツリグサ	果実	1						
カナムグラ	種子	1			1			
アカザ属	種子	1						
ナデシコ科	種子	1						
ブドウ属	種子				1			
イネ	果実				1			
カラムシ属	種子						2	
ヒエ属	種子				1			
マルミノヤマゴボウ	種子					6		
マルミノヤマゴボウ	種子片					29		
キンポウゲ属	果実				78			
ヒョウタン類	種子片				1			
ウリ類	種子				6			

No.19　**河原口坊中遺跡　第2次調査**
所在地　神奈川県　海老名市
検出遺構　47号竪穴・1号旧河道
検出状況　覆土
時期　弥生時代中期？～古墳時代前期
文献　池田治・宮井香ほか2015『河原口坊中遺跡　第2次調査』かながわ考古学財団

水洗選別資料

植物類	部位	2号旧河道			
		弥生中期以前	弥生時代中期後半	後期前半	後期後半
オニクルミ	核	(1)			
クマシデ属イヌシデ	果実	(4)			
ムクノキ	核	(2)	(11)		
エノキ	果実			(7)	(1)
	核	(3)		(131)	
クワ属	核		1		
マタタビ属	種子				2・(1)
サンショウ	種子				(1)
イタヤカエデ	果実		2・(3)		
	種子		1・(3)		
イイギリ	種子		1・(3)		
タラノキ	核		(1)		
エゴノキ属	核		(1)		
クサギ	種子		1・(1)		
キリ	種子			1	
ニワトコ	核	1	9・(3)	2・(3)	11・(10)
アサ	核			(1)	2・(8)
カナムグラ	核				1・(29)
カラムシ属	果実		3		
イヌタデ	果実		1		3・(1)
サナエタデ-オオイヌタデ	果実				3・(1)
タデ属	果実	(1)			1・(4)
ヤマゴボウ属	種子				(8)
ウシハコベ	種子				8
アカザ属	種子		6・(1)		8・(1)
キケマン属	種子				2
オランダイチゴ属-ヘビイチゴ属	果実				2・(2)
ハギ属	果実			1	
カタバミ属	種子				7
メロン仲間	種子		(2)	(2)	
セリ科	果実				1
シソ属	果実			(1)	1
ナス属	種子		1	2	1
メナモミ属	果実				1・(1)
キク科	果実				2・(1)
オモダカ属	果実				1・(1)
ホッスモ	種子				4・(2)
トリゲモ-オオトリゲモ	種子				3
コナギ	種子				3
イボクサ	種子				2
ヒルムシロ属	核		3		
ヒエ属	有ふ果				1・(2)
イネ	籾殻			(12)	(11)
	炭化籾殻			(10)	(5)
	炭化種子			(2)	
キビ	炭化種子			1	1
エノコログサ属	有ふ果			1	3・(2)
カヤツリグサ属	果実			1	3
ホタルイ属	果実		1		

河原口坊中遺跡　第2次調査
目視回収

植物類	部位	1号旧河道			2号旧河道			Y82号住居址	Y85号住居址
		弥生時代中期	弥生時代中期~後期	弥生時代後期	弥生時代中期	弥生時代中期~後期	弥生時代後期	弥生時代中期	弥生時代中期
カヤ	種子	1	(1)				1		
オニグルミ	核			(1)	(1)		(7)		
	未熟核						1		
ムクノキ	核	1	1	1	9		1		
ブナ	殻斗	(2)							
ツクバネガシ	果実	1							
コブシ	種子	2		1			6		
ホオノキ	種子			1					
モモ	炭化核			1			1	(3)	
サンショウ	種子			1					
イヌザンショウ	種子	2							
アカメガシワ	種子			1					
イタヤカエデ	果実	1							
トチノキ	果実			(1)			1・(1)		
	未熟果	1		1・(8)			(1)		
	種子			(9)	1・(7)				
	未熟種子			1			1		
ミズキ	核	1					1		
アサ	核			3・(1)					
カナムグラ	核			1					
ヒョウタン仲間	果実	(2)		1・(2)			(6)		
	未熟果			(1)			(2)		
	種子						7		
カボチャ	種子						1・(1)		
ハクウンボク	核						1		
クサギ	種子				1				

動物類	部位	1号旧河道			2号旧河道		
		弥生時代中期	弥生時代中期~後期	弥生時代後期	弥生時代中期	弥生時代中期~後期	弥生時代後期
イノシシ	遊離歯					1	15・(1)
	骨					2	29・(2)
ニホンジカ	遊離歯						4・(2)
	骨					4	43・(2)
	鹿角					1	
コガモ	骨						
オオカミ	骨					1	2
イヌ	骨						3
ツキノワグマ	骨						1
ウシ	遊離歯						1
トリ	骨						1
タヌキ							1
魚遺体							
カツオ							1

動物類	部位	6号住居址	8号住居址	67号住居址	74号住居址	76号住居址	78号住居址	81号住居址	82号住居址
		弥生時代中期	弥生時代中期	弥生時代中期	弥生時代中期	弥生時代中期	弥生時代中期	弥生時代中期	弥生時代中期
イノシシ	遊離歯	1	1	2					
	骨					1			2
ニホンジカ	遊離歯	2・(1)		5・(3)	1	3・(1)	(1)	(4)	1
	骨	1						(1)	5
コガモ	骨					1			

動物類	部位	2号住居址	3号住居址	4号住居址	5号住居址	39号住居址	41号住居址	42号住居址	43号住居址
		弥生時代後期	弥生時代後期	弥生時代後期	弥生時代後期	弥生時代後期終末	弥生時代後期	弥生時代後期終末~古墳時代前期	弥生時代後期
イノシシ	遊離歯	(1)	1			(1)			(1)
	骨								
ニホンジカ	遊離歯			(1)	(2)		(1)	(2)	
	骨								
コガモ	骨								
魚類									
カツオ									

動物類は報告書の資料No.を1点として計上
（　）は破片数

YH5号住居址	YH39号住居址
弥生時代後期	弥生時代後期
(1)	
	(5)

No.19　**河原口坊中遺跡　第4次調査**
所在地　神奈川県　海老名市
検出遺構　47号竪穴・1号旧河道
検出状況　覆土
時期　弥生時代後期～古墳時代前期
文献　阿部友寿・高橋香2014『河原口坊中遺跡　第4次調査』かながわ考古学財団

	47号竪穴	1号旧河道	
	弥生時代後期	弥生時代後期～古墳前期	
動物類			
鹿角	4		
哺乳類 骨	3		
イノシシ		4	少なくとも3個体
シカ		4	少なくとも3個体
植物類			
オニグルミ		22	破片13
クリ			破片59
モモ		8	破片1
トチ			破片18，種子
イネ		2	籾殻

83号住居址	85号住居址	86号住居址	144号住居址	160号住居址	164号住居址	165号住居址	168号住居址	83号土坑
弥生時代中期	弥生時代中期	弥生時代中期	弥生時代中期	弥生時代中期	弥生時代中期	弥生時代中期	弥生時代中期	弥生時代中期
	1		(1)	(1)				
(2)	2・(2)	(5)			(多数)	(多数)	(多数)	1
(2)								

47号住居址	53号住居址	56号住居址	59号住居址	70号住居址	71号住居址	106号住居址	123号住居址	1号方形周溝墓	2号方形周溝墓
弥生時代後期	弥生時代後期	弥生時代後期	弥生時代後期	弥生時代後期	弥生時代後期終末～古墳時代前期	弥生時代後期	弥生時代後期	弥生時代中期	弥生時代中期
	(1)	1		(1)				2・(4)	7
(1)			(1)	(1)	(1)			(7)	2・(7)
						1	1		1

				2					

No.25　**大浦山洞穴**
所在地　神奈川県三浦市
検出遺構・種別　貝層
検出状況　包含層
時期　弥生時代中期～古墳時代
文献　中村勉・諸橋千鶴子ほか 1997『大浦山洞穴』三浦市教育委員会
備考　記載に従う。多く＝◎，出土している○，少ない△

種目	層位									
魚類	1層	2層	3層	4層	5層	5a層	5b層	6層	7層	不明
ネズミザメ科目			1	1				8		3
ドチザメ				3						
ツノザメ類					1					
ボラ								2		
マグロ類						1				
カツオ				1	3	6	1	7		3
スズキ			1							
ハタ科の一種					3			1		
クロダイ			1		2	1				1
マダイ				1	7	9	2	4		5
イシダイ					1			1		2
コブダイ							1	2		3
アオブダイ									1	
マフグ科の一種					1					
アンコウ科の一種					1					

動物類	1層	2層	3層	4層	5層	5a層	5b層	6層	7層	不明
ノウサギ					1			12		
タヌキ					2					
キツネ										1
クジラ類								1	5	
イルカ科の一種								1		
イノシシ						1		1		
ニホンジカ			1	1		3	1	3	1	2

貝類	1層	2層	3層	4層	5層	5a層	5b層	6層	7層	不明
トコブシ					◎					
アワビ			○			◎		○	○	
ヨメカガサ				◎	◎	○	○	○		
マツバガイ				◎	◎	○	○	○	○	
ウノアシ					△					
ベッコウザラ										△
クマノコガイ					◎				○	
イシダタミ				◎	◎	○	○	○	○	

種目	層位									
貝類	1 層	2 層	3 層	4 層	5 層	5a 層	5b 層	6 層	7 層	不明
コシダカガンガラ				◎			○			
クボガイ				◎	◎	◎			○	
バテイラ				◎	◎	◎	○	○	○	
ダンベイキサゴ								○		
サザエ			○	◎	◎	◎	○	○	◎	
スガイ				◎		◎	○			
オオヘビガイ					◎			○		
ツメタガイ								○	○	
タカラガイ									△	
ボウシュウボラ									○	
レイシ			○		◎	◎				
アカニシ									○	
イソニナ				○	◎					
バイ			○	△						
ミガキボラ					◎					
テングニシ										△
イモガイ科の一種			○	○	○			○		
サルボウ					○	○		○		
ベンケイガイ			△	△	△	△	△	△	△	
ムラサキインコ？			△							
クジャクガイ				△						
ヒバリガイ				△		△				
イガイ				△	△	△	○	○		
イタヤガイ			○		△		○	○	○	
チリボタン				◎						
イタボガキ					△					
カキ（マガキ？）					△					
ザルガイ					△					
ハマグリ			△	△	△	△	△	△	△	
チョウセンハマグリ？			△		△					
オキシジミ					○	△	△	○	○	
カガミガイ					△					
ウチムラサキ			○		△	○	○	○	○	
オニアサリ				△		○				
アサリ			○		△	○	○	○	○	
ミルクイ					△	△		△		
バカガイ					○			○		
シオフキ			○		△	○	○	○		
ヤマトシジミ									△	
シジミ					△					
ヒザラガイ										△

No.20　**折本西原遺跡**
所在地　神奈川県　横浜市
検出遺構　竪穴住居・方形周溝墓
検出状況　覆土
時期　弥生時代中期後葉
文献　岡田威夫 1988『折本西原遺跡Ⅰ』折本西原遺跡調査団

植物類	部位	5号住居址ピット3内ブロック	6号住居	17号住居址壁溝内	1号方形周溝墓
モモ	果実		2		
スダジイ	果実		2		
動物類					
イノシシ					歯破片・肩胛骨
貝類					
スガイ					1
イボニシ		3		1	
アカニシ					3
マガキ					4
サルボウガイ					1
オキシジミガイ		6			
ハイガイ		5			
ヤマトシジミ		1			
ハマグリ		1			
ナミマガシワ		2			
ナガキ		42			
ウネナシトマヤガイ		2			5
アサリ		2			
イチョウシラトリガイ		2			
ハナグモリガイ		3			
オオノガイ		3			

No.24　**雨崎洞穴**
所在地　神奈川県三浦市
検出遺構　貝層・包含層
検出状況
時期　弥生時代中期～古墳時代
文献　中村勉・劔持輝久ほか 2015『雨崎洞穴』赤星直忠博士文化財資料館

種目	層位・時期					
貝類	黒色土	黒色土	貝層下	貝層	貝層上・灰層上	墳墓
	中期中葉以前	中期中葉から後葉	中期後葉	後期	古墳前期	古墳後期
マダカアワビ			42			
メガイアワビ			56			
アワビ片	3		16	48	11	4
ボウシュウボラ			2	8		
タマキガイ			3	10		
イガイ				14		2
ハマグリ		1	1	8	2	1
チョウセンハマグリ	1			24	1	
マガキ			2	8	1	8
トマヤガイ						15
シラトリモドキ						11
ムラサキインコガイ		1				9
オニアサリ				4		53

節足動物類	黒色土	黒色土	貝層下	貝層	貝層上・灰層上	墳墓
クロフジツボ				5		9

魚類	黒色土	黒色土	貝層下	貝層	貝層上・灰層上	墳墓
メジロザメ科			5	32	2	
トビエイ				13		あり
カツオ	3	1		18	7	6
マダイ	17	5	39	61	9	11
動物類						
ウミガメ科	3		2	38		
ミズナギドリ類			2	19		3
カモ属	1		3	6		2
イノシシ	5	7	5	28	4	5
ニホンジカ	50	35	100	331	41	5

数値は点数であって、個体数ではない

附編２　関東弥生時代人骨集成

本表は弥生時代と報告された出土人骨の集成である。作成は土井翔平が担当した。人骨資料の時期は弥生～古墳前期にわたる。報告書および人骨の記載文献にもとづき、遺跡名、所在地、出土報告番号、出土状況(遺構)、時期、報告書執筆者、人骨鑑定者、人骨残存状況、文献名を記載した。また、人骨の残存部位に関しては以下のように区分して表記した。

骨

部位または個体数が判明しているもの。文献に詳細の記述がある場合には（　）内に「頭蓋」･「肢骨」などの部位、年齢、性別を表記した。全身の部位が残存している場合は「全身」と表記している。しかし全身が想定できる場合でも、それが必ずしも個体数を表すわけではない（複数個体の骨で全身部位が構成されている場合がある）ため、報告書または分析において個体数が想定されているものに関してのみ個体数を記入した。また、焼けていると報告されている場合には「焼骨」「焼骨？」と記した。なお、年齢については文献により表記法が異なるため、本表では熟年・壮年・若年・小児・幼児・胎児と再区分している。(　）の記述がないものは、詳細が不明または判別不能のものである。

記入例：骨（部位／年齢 性別 個体数）

歯

歯牙のみが報告されているもの。文献上の残存部位から歯種・年齢・個体数が特定できる場合は( )内に記した。焼けていると報告されている場合には「焼骨」「焼骨？」と記した。(　）の表記がないものは詳細不明、または判別不能のものである。

記入例：歯（個体数/歯種/年齢）

骨片

砕片状で、部位等が不明なもの。焼けていると報告されている場合には「焼骨」「焼骨？」と記した。

骨粉

粉末状で確認されたもの。

また本集成は以下の文献を底本にしつつ新たな資料を追加した。

群馬県考古学研究所・千曲川水系古代文化研究所・北武蔵古代文化研究会 1988『第９回三県シンポジウム　東日本の弥生墓制』

設楽博己　2008『弥生再葬墓と社会』塙書房

福永伸也　2007『原始古代埋葬姿勢の比較考古学的研究―日本及び旧世界の事例を中心に―』大阪大学文学研究科

山岸良二　1996『関東の方形周溝墓』同成社

都道府県	市町村	遺跡名	遺構名	時期	出土状況	報告書執筆者	鑑定者	発行年	報告書・論文名
茨城県	稲敷市	殿内	1 号小竪穴	前期	再葬墓	杉原荘介・戸沢充則・小林三郎	鈴木　尚・佐倉　朔	1969	茨城県殿内（浮島）における縄文・弥生両時代の遺跡
			8 号小竪穴						
			9 号小竪穴						
			10 号小竪穴						
栃木県	佐野市	出流原	第 7 号墓壙	中期	再葬墓	杉原荘介	佐倉　朔	1981	栃木県出流原における弥生時代の再葬墓群
			第 11 号墓壙						
群馬県	渋川市	押出	—	前期	再葬墓	石井克己	—	1985	押出遺跡
	藤岡市	沖Ⅱ	AU-1 号	前期	再葬墓	荒巻　実・若狭　徹ほか	鈴木和男	1986	C11 沖Ⅱ遺跡 藤岡市立北中学校分割校校舎・体育館建設工事に伴う埋蔵文化財発掘調査報告書
			AU-4 号						
			AU-10 号						
			AU-17 号						
			AU-18 号						
			AU-25 号						
			AD-25 号土壙						
	吾妻町	岩櫃山幕岩岩陰	—	中期	再葬墓	杉原荘介	鈴木尚（コメントのみ）	1967	群馬県岩櫃山遺跡における弥生時代の墓址
		蝦夷穴岩陰	—	前期-後期	採集遺物				
	中之条町	有笠山洞窟	2 号洞窟	前期-後期	床面	飯島義雄・唐澤至朗・外山和夫・福田義治・宮崎重雄	宮崎重雄	1997	有笠山 2 号洞窟遺跡
	みなかみ町	八束脛洞窟	B・D 洞	中期	採集遺物	山崎義男	—	1959	群馬県利根郡八束脛遺跡
						外山和夫	小片保	1982	資料紹介 八束脛洞窟の弥生時代装身具
						宮崎重雄・外山和夫・飯島義雄	小片保	1985	日本先史時代におけるヒトの骨及び歯の穿孔について—八束脛洞窟遺跡資料を中心に—
	富岡市	三笠山岩陰	—	後期	採集遺物	外山和夫	宮崎重雄	1986	三笠山岩陰遺跡
	下仁田町	只川橋下岩陰	—	後期	採集遺物	外山和夫	小片保	1986	只川橋下岩陰
	万場町	岩津保洞窟	1-3 号人骨，5-7 号人骨	中期	土壙墓	今村啓爾	小泉清隆	1981	群馬県多野郡万場町岩津保洞窟遺跡第一次調査の概要
						今村啓爾・岩津保洞窟遺跡調査団	海部陽介・坂上和弘	2015	群馬県多野郡神流町　岩津保洞窟遺跡の弥生時代埋葬
	高崎市	有馬	1 号周溝墓　SK28	後期	周溝墓(主体部)	佐藤明人	森本岩太郎・吉田俊爾	1990	有馬遺跡　Ⅱ
			1 号周溝墓　SK29						
			2A 号墓　SK31						
			2B 号墓　SK45						
			3 号墓　SK54						
			4B 号墓　SK76						
			5 号墓　SK83						
			5 号墓　SK84						
			5 号墓　SK85						
			6 号墓　SK440						
			7 号墓　SK387						
			7 号墓　SK389						
			7 号墓　SK390						
			7 号墓　SK391						
			7 号墓　SK394						
			7 号墓　SK410						
			7 号墓　SK442						

シリーズ名・雑誌名	号・巻	頁	発行者	骨の種類	人骨分析　文献
考古学集刊	第4巻 第3号	33-71	東京考古学会	歯	—
				骨・歯	
				歯	
				歯	
明治大学文学部研究報告	考古学 第8冊	—	明治大学	骨片	—
				歯（下顎右第3臼歯、左第1・2・3臼歯），骨片	
第20回企画展 弥生文化と日高遺跡	—	62	群馬県立歴史博物館	骨（脚部）・骨片	—
—	—	—	藤岡市教育委員会文化財課	歯	鈴木和男 1986「附篇　鑑定書」『C11　沖Ⅱ遺跡　藤岡市立北中学校分割校校舎・体育館建設工事に伴う埋蔵文化財発掘調査報告書』
				骨片	
				骨片	
				骨・歯	
				骨片	
				骨片	
				骨（焼骨）・歯	
考古学集刊	第3巻 第4号	37-56	東京考古学会	骨（2個体以上/焼骨？）	—
				歯・骨片	
中之条町埋蔵文化財調査報告書	第18集	—	中之条町教育委員会	骨（焼骨）	—
日本考古学年報	8	78	日本考古学協会	骨（全身/34個体以上/焼骨）	—
群馬県立歴史博物館　博物館だより	No.8	3	群馬県立歴史博物館		
群馬県立歴史博物館紀要	第6号	77-108			
群馬県史資料編2　原始古代2	—	—	群馬県史編さん委員会	骨（全身/若年1体/焼骨）	—
群馬県史資料編2　原始古代2	—	—	群馬県史編さん委員会	骨（全身/壮年女性1体・熟年女性1体）	—
—	—	—	武蔵野美術大学考古学会	骨（全身/成人女性4体・幼児2体）	小泉清隆・今村啓爾「群馬県岩津保洞窟遺跡出土の弥生人骨について」『人類学雑誌』第91巻第2号 日本人類学会
					海部陽介 1993「群馬県岩津保洞窟遺跡の弥生時代人骨」『人類學雑誌』100(4)　pp.449-484
—	—	—	帝京大学文学部史学科		坂上和弘 2015「付編1　岩津保洞窟遺跡出土人骨の古病理学的形態学的特徴について」『群馬県多野郡神流町　岩津保洞窟遺跡の弥生時代埋葬』pp.79-95
					米田穣・佐宗亜衣子 2015「付編2　岩津保洞窟遺跡出土人骨の放射性炭素年代測定」『群馬県多野郡神流町　岩津保洞窟遺跡の弥生時代埋葬』pp.96-102
㈱群馬県埋蔵文化財調査事業団発掘調査報告書	第102集	—	群馬県教育委員会	歯	—
				歯	
				骨（四肢骨）・歯	
				骨（四肢骨）・歯	
				歯	
				歯	
				歯	
				歯	
				歯	
				骨（肢骨）・歯	
				骨（上肢骨）・歯	
				骨片	
				歯	
				歯	
				歯	
				歯	
				歯	

都道府県	市町村	遺跡名	遺構名	時期	出土状況	報告書執筆者	鑑定者	発行年	報告書・論文名
			7号墓　SK445						
			9号墓　SK432						
			10号墓　SK426						
			10号墓　SK428						
			11号墓　SK434						
			11号墓　SK435						
			16号墓　SK446						
			19号墓　SK110						
			19号墓　SK111						
			19号墓　SK132						
			19号墓　SK133						
			19号墓　SK135						
			19号墓　SK142						
			19号墓　SK145						
			23号墓　SK448		礫床墓				
			23号墓　SK452						
			SK367		土器棺墓				
			SK370						
			SK395						
		新保	7号周溝墓 第2主体部	後期	周溝墓(主体部)	佐藤明人	森本岩太郎 ・吉田俊爾	1988	新保遺跡　II弥生・古代集落論 本文編
			9号周溝墓 第2主体部						
			11号周溝墓 第4主体部						
			15号周溝墓						
		新保田中村前	3号周溝墓 1号主体部	後期	周溝墓(主体部)	小島敦子	佐倉　朔	1993	新保田中村前遺跡　III　本文編
			3号周溝墓 2号主体部						
			5号周溝墓 1号主体部						
			5号周溝墓 2号主体部						
		西島遺跡群IV	1号周溝墓	後期	周溝墓(土器棺)	中村　茂	—	1987	西島遺跡群（IV）
	渋川市	中村	2号礫床墓	後期	周溝墓(主体部)	五十嵐　信	金子浩昌	1986	中村遺跡
			3号礫床墓						
埼玉県	深谷市	上敷免	第1弥生再葬墓	中期	再葬墓	蛭間真一ほか	森本岩太郎	1978	上敷免遺跡
			第2弥生再葬墓						
	熊谷市	飯塚北	第1号再葬墓	中期	再葬墓	細田勝ほか	—	2005	大里郡妻沼町飯塚北遺跡I妻沼西部工業団地造成事業用地内埋蔵文化財発掘調査報告
			第2a号再葬墓						
			第2b号再葬墓						
		飯塚南	2号再葬墓	中期	再葬墓	荒川　弘	—	2004	飯塚南遺跡
		横間栗	第1号再葬墓	中期	再葬墓	鈴木敏昭	松村博文	1999	横間栗遺跡 平成10年熊谷市埋蔵文化財調査報告書
			第6号再葬墓						
		北島	遺構外	中期	—	吉田　稔	金子浩昌	2004	北島遺跡VII
			325号住居		竪穴住居				
	秩父市	わらび沢岩陰	—	中期	土壙墓	吉田町教育委員会	—	1982	わらび沢岩陰遺跡
		橋立岩陰	—	中期	不明	直良信夫	直良信夫	1955	珍しい秩父の岩陰遺跡
	越生町	夫婦岩岩陰	—	前期	土壙墓	橋口尚武・ 石川久明	—	1988	埼玉県入間郡越生町所在夫婦岩岩陰遺跡の発掘調査
	与野市	上太寺	2号周溝墓	後期	周溝墓	秦野昌明　他	—	1984	与野市史　自然原始古代資料編

シリーズ名・雑誌名	号・巻	頁	発行者	骨の種類	人骨分析　文献
				骨（下肢骨）	
				骨（肢骨）・歯	
				骨（全身/1 体）	
				骨（全身/1 体）・歯	
				骨（肢骨）	
				骨（肢骨）	
				骨（頭蓋・肢骨）・歯	
				骨片	
				歯	
				骨（下肢）・歯	
				骨（下肢）・歯	
				歯・骨片	
				歯	
				骨片	
				歯・骨片	
				歯・骨片	
				歯	
				歯	
				骨粉	
—	—	—	群馬県教育委員会・群馬県埋蔵文化財調査事業団	骨（全身/成人 1 体・胎児 1 体）	—
				歯	
				歯（成人・小児）	
				歯（成人）	
—	—	—	㈱群馬県埋蔵文化財調査事業団	骨（全身/壮年男性 1 体）・歯・骨片	—
				歯	
				歯（2 体以上）・骨片	
				歯（男性 2 体・女性 1 体）・骨片	
—	—	—	高崎市教育委員会	骨粉	—
—	—	—	渋川市教育委員会・群馬県教育委員会	歯（若年）	金子浩昌　1986「中村遺跡出土の人骨および動物骨」『中村遺跡』渋川市教育委員会・群馬県教育委員会　pp.521-526
				歯（熟年？）	
—	—	—	深谷市教育委員会	歯	—
				骨・歯	森本岩太郎　1978「深谷市上敷免遺跡出土人骨について」『上敷免遺跡　深谷市埋蔵文化財発掘調査報告書』深谷市教育委員会　pp.66-68
埼玉県埋蔵文化財調査事業団報告書	第 306 集	—	埼玉県埋蔵文化財調査事業団	骨片	—
				骨片	
				骨片	
—	—	—	妻沼町教育委員会	歯・骨片	—
—	—	—	熊谷市教育委員会	骨	設楽博己・松村博文 1999「付編　横間栗遺跡出土人骨」『横間栗遺跡』
				歯	
埼玉県埋蔵文化財調査事業団報告書	第 291 集	—	埼玉県埋蔵文化財調査事業団	骨（下顎）・歯	金子浩昌 2004「北島遺跡の人及び曽於の他の獣骨」『北島遺跡Ⅶ』
				歯	
吉田町史	—	42-51	吉田町	骨（全身/小児）	わらび沢岩陰遺跡調査会 1977『わらび沢岩陰遺跡第 1 次調査の概要、わらび沢岩陰遺跡調査会 1978『わらび沢岩陰遺跡第 3 次調査の概要』
科学読売	5 月号	2 頁分	—	骨（頭蓋）	—
日本考古学協会 第 54 回総会研究発表要旨	—	31	日本考古学協会	骨（全身/1 体）	—
—	—	—	与野市史編纂室	歯	—

都道府県	市町村	遺跡名	遺構名	時期	出土状況	報告書執筆者	鑑定者	発行年	報告書・論文名
千葉県	佐倉市	岩名天神前	第1号墓坑	中期	再葬墓	杉原荘介・大塚初重	鈴木　尚・植原和朗	1974	千葉県天神前における弥生時代中期の墓址群
			第2号墓坑						
			第3号墓坑						
			第4号墓坑						
			第5号墓坑						
			第6号墓坑						
			第7号墓坑						
	多古町	塙台	SE-9	中期	再葬墓	荒井世志紀ほか	―	2006	志摩城・二ノ台遺跡 I
			SE-16						
			BSE-3						
	市原市	椎津茶の木	123号遺構	後期	炉	樋泉岳二	―	1992	市原市椎津茶ノ木遺跡
		辺田古墳群	199号遺構	後期	周溝墓（主体部）	木對和紀	松村博文	2004	市原市辺田古墳群・御林跡遺跡
			206号遺構						
	館山市	安房神社	第1孔（トレンチ）	弥生後期－古墳前期	洞穴中央部	大場磐雄	小金井良精	1933	安房神社洞窟人骨
	松戸市	稔台富山	周溝墓	弥生後期－古墳前期	周溝墓（主体部）	関根孝夫・木下正史	―	1970	松戸市稔台富山遺跡
	市原市	草刈貝塚	122号周溝墓	弥生終末－古墳前期	周溝墓（周溝内埋葬）	小林清隆	金子浩昌	1990	市原市　草刈貝塚
			133号周溝墓						
		草刈　B	140号周溝墓	弥生終末－古墳前期	周溝墓（周溝内埋葬）	高田　博	平本嘉助・溝口優司	1986	草刈遺跡　B区
			192号周溝墓						
		南総中	J-28	弥生中期	周溝墓（主体部）	相京健史	佐倉　朔	1978	千葉・南総中学校遺跡
	君津市	常代	SZ-110	中期	周溝墓（主体部）	甲斐博幸	梶ヶ山真理・馬場悠男	1995	常代遺跡群　常代遺跡弥生時代大溝・分析鑑定・考察編
			SZ-119	中期	周溝墓（周溝内）				
			SK308	中期	土壙墓				
東京都	三宅村	ココマ	―	中期-後期	採集	曾野壽彦・中川成夫	―	1950	東京都三宅島の遺跡 調査概報
神奈川県	秦野市	平沢北開戸	土器棺墓？	中期	土器棺墓	亀井正道	鈴木 尚	1955	相模平沢出土の弥生式土器に就いて
				中期		亀井正道	鈴木 尚	1955	東日本弥生式文化における墓制について
		平沢同明	包含層	縄文晩期－弥生前期	―	戸田哲也・大倉　潤ほか	金子浩昌	2012	平沢同明遺跡9301地点 発掘調査報告書
	三浦市	西ノ浜洞穴	R-7区	弥生後期	再葬墓（洞穴壁側）	赤星直忠	森本岩太郎（報告は岡本勇，塚本明治）	1983	三浦市西ノ浜洞穴
			R-0区						
		大浦山洞穴	T19-T23	中期	再葬墓	赤星直忠	鈴木尚	1997	大浦山洞穴
		赤坂遺跡	7A号住居	後期	覆土-床面	中村　勉・諸橋千鶴子	西本豊弘・小林園子	2004	赤坂遺跡　天地返しに伴う第10次次調査地点の調査報告

シリーズ名・雑誌名	号・巻	頁	発行者	骨の種類	人骨分析　文献
明治大学文学部研究報告	考古学 第4冊	—	明治大学	骨	—
				骨	
				骨片	
				骨片	
				骨片	
				骨片	
				骨（腰椎？又は寛骨？）	
—	—	—	香取郡市文化財センター	あり。詳細不明	—
市原市文化財センター調査報告書	49	—	千葉ホーム株式会社　財団法人　市原市文化財センター	歯・骨片	—
市原市国分寺台遺跡調査報告書	XII	—	財団法人市原市文化財センター	骨（右手尺骨・橈骨）	—
				骨（右手尺骨・橈骨）	
史前學雑誌 第5巻 第1號	—	—	—	骨（全身/20個体以上）	小池敬事・鈴木　尚 1955「千葉県安房郡神戸村佐野洞窟発見の人骨について（抄）」日本人類学会・日本民族学会連合大会紀事9 pp.164-166.
					小金井良精 1933「安房神社洞窟人骨」『史前學雑誌』第5巻　第1號　pp.1-29
考古学雑誌	55-4	—	日本考古学会	骨粉	—
—	—	—	財団法人　千葉県文化財センター	骨（全身/壮年男性1体）	—
			財団法人　千葉県文化財センター	骨（全身/熟年男性1体・乳児1体）	
千原台ニュータウン	III	—	財団法人　千葉県文化財センター	骨（全身/1体）	—
				骨（全身/成人女性1体，成人1体，若年1体，小児1体）	
—	—	—	駒澤大学考古学研究室	骨(全身/熟年-老年女性1体)	佐倉朔 1978「第3章　第2節南総中学校出土人骨」『千葉・南総中学校遺跡』駒澤大学考古学研究室　pp.302-311
—	第3分冊	—	君津郡市考古資料刊行会	歯	梶ヶ山真里・馬場悠男 1996「常代遺跡出土人歯」『常代遺跡群』第3分冊常代遺跡弥生時代大溝・分析鑑定・考察編　君津郡市考古資料刊行会 pp 825，本書にて再検討
				歯，骨片	
				歯	
考古学雑誌	第36巻 第3号	50-53	日本考古学会	小臼歯	
上代文化	第25輯	—	國學院大學考古学会	骨片（乳児）	—
國學院雑誌	第56巻 第2号	50-61	國學院大學		—
—	—	—	秦野市教育委員会	歯（下顎臼歯 M2）	金子浩昌 2012「第III章　平沢同明遺跡9301地点の動物遺体」『平沢同明遺跡9301地点　発掘調査報告書』秦野市教育委員会
—	—	—	西ノ浜海蝕洞穴発掘調査団	骨（全身/小児1体）	—
			西ノ浜海蝕洞穴発掘調査団	骨(頭骨・下顎・四肢骨)	—
—	—	—	三浦市教育委員会	骨（成人男性6体・成人女性5体・性不明2体）	鈴木尚 1997「付編　大浦山洞穴の弥生時代人骨，とくにその人為的損傷について」『大浦山洞穴』pp.117-147
					佐宗亜衣子・諏訪元 2008「大浦山洞穴の弥生時代人骨」『横須賀考古学会年報』No.42
赤坂遺跡調査団	—	—	—	骨片（焼骨）	西本豊弘・小林園子 2004「各住居址出土の自然遺物」『赤坂遺跡天地返しに伴う第10次発掘地点の調査報告』三浦市埋蔵文化財調査報告書13　151-153頁，本書にて再検討

都道府県	市町村	遺跡名	遺構名	時期	出土状況	報告書執筆者	鑑定者	発行年	報告書・論文名
			第24次調査 4号住居		覆土	諸橋千鶴子・ 中村 勉	—	2010	赤坂遺跡 宅地造成に伴う第23次・第24次調査地点の調査概要報告
		間口洞窟	7号墳墓	後期	墳墓	神澤勇一	鈴木尚	1974	間口洞窟遺跡（2）
			8号墳墓	後期	墳墓	神澤勇一	鈴木尚	1975	間口洞窟遺跡（3）
		毘沙門B洞穴	—	後期	墳墓	赤星直忠	鈴木尚	1953	海蝕洞窟―三浦半島に於ける弥生式遺跡
		毘沙門C洞穴	—	後期	墳墓				
		毘沙門D洞穴	—	後期	墳墓				
	横浜市	宮原	土壙	中期	甕形土器内部	十菱駿武・ 十菱美津子	—	1976	宮原 横浜市緑区佐江戸町における弥生・土師集落址の調査（下）
	平塚市	万田熊ノ台	方形周溝墓	古墳 前期	周溝墓 （周溝内埋葬）	明石 新	—	1981	中原上宿
		王子ノ台	YK7号方形周溝墓	後期	周溝墓(主体部)	常木 晃	森本岩太郎 ・平田和明	1989	王子ノ台遺跡西区
			YK16号方形周溝墓	古墳 前期	周溝墓 （周溝内埋葬）				
		真田・北金目	2区 SDH001	古墳 前期	周溝墓 （周溝内埋葬）	若林勝司	—	1999	平塚市真田・北金目遺跡群発掘報告書
			8F区 SDH5001	後期		中嶋由紀子	—	2008	
			8F区 SDH5004	後期			—		
			8F区 SDH5002	弥生後 期－古 墳前期	周溝墓 （周溝内）		—		
			58A区 SDH001 （8B区 SDH003）	弥生終 末－古 墳前期	周溝墓 （周溝内埋葬）	中嶋由紀子	吉田俊爾	2003	平塚市真田・北金目遺跡群発掘報告書
						若林勝司	大野 悟	2012	
		桜畑 第5地点	2号方形周溝墓 SKD002	弥生後 期－古 墳前期	周溝墓 （周溝内埋葬）	若林勝司	—	1992	桜畑遺跡 第5地点
	逗子市	池子遺跡	旧河道	中期	覆土	山本暉久・ 谷口 肇	西本豊弘・ 姉崎智子	1999	池子遺跡群 X No.1-A地点 池子米軍家族住宅建設にともなう調査
		池子桟敷戸	3号方形周溝墓	中期	周溝墓 （主体部）	若松美智子	吉田俊爾	2000	池子桟敷戸遺跡（逗子市No.100）発掘調査報告書
	海老名市	河原口坊中	P20地区 YH6号竪穴建物址	後期	覆土	飯塚美保・ 高橋 香	梶ヶ山真理	2014	河原口坊中遺跡 第1次調査
			P22地区 YH74号竪穴建物址	中期					
			P23地区 YH5号土坑	前期- 後期					
			P23地区下り線側遺構外		—				
			P25地区 YH13号竪穴建物址	中期	覆土				
			P25地区 YH7号土坑						
			P25地区 YH19号竪穴建物址						
			P26地区 YH11号竪穴建物址						
	小田原市	三ツ俣	SD024	中期	覆土	市川正史・ 伊丹 徹	森本岩太郎	1986	三ツ俣遺跡
	川崎市	南加瀬	—	前期- 後期	貝塚層	八木奘三郎	—	1907	中間土器の貝塚調査報告
	大井町	中屋敷	—	前期	土偶型容器 内部	甲野 勇/ 吉田 格	小金井良精・長谷部言人	1939 /1958	容器的特徴を有する特殊土偶/神奈川県中屋敷遺跡―所謂土偶形容器発掘遺跡の考察―

シリーズ名・雑誌名	号・巻	頁	発行者	骨の種類	人骨分析　文献
				骨片	—
神奈川県立博物館調査報告	8	—	神奈川県立博物館	骨	—
神奈川県立博物館調査報告	9	—	神奈川県立博物館	骨（全身/若年女性1体）	—
神奈川県文化財調査報告	20	—	—	骨	—
				骨片	
				骨	
—	—	—	佐江戸遺跡調査会	骨粉	—
—	—	—	中原上宿遺跡調査団	骨（頭蓋）	—
東海大学校地内遺跡調査団報告	1	—	東海大文学部・東海大学校地内遺跡調査団	歯	—
				骨片	
—	1	—	住宅・都市整備公団	骨（全身/1体）	—
	6	—	都市基盤整備公団	骨粉	
	6	—		骨粉	
	6	—		骨片	
—	3	—	都市基盤整備公団	骨（全身/2体）	—
	9				
天神前・桜畑遺跡他	—	—	平塚市教育委員会	骨粉	—
—	—	—	かながわ考古学財団	骨・歯	西本豊弘・姉崎智子 1999b「Ⅶ No.1-A 地点の動物遺体」『池子遺跡群　X　No.1-A 地点　池子米軍家族住宅建設にともなう調査』かなわ考古学財団。本書にて再検討
—	—	—	東国歴史考古学研究所	歯	吉田俊爾 2000「第7節　逗子市桟敷戸遺跡出土人骨について」『池子桟敷戸遺跡（逗子市 No. 100）発掘調査報告書』
—	—	—	かながわ考古学財団	歯（成人）	梶ヶ山真理 2014「第5節　河原口坊中遺跡における人骨鑑定」『河原口坊中遺跡　第1次調査』かながわ考古学財団
				歯（壮年初期）	
				骨（成人）	
				歯（壮年前半）	
				歯（壮年後半）	
				歯（青年もしくは壮年初期）	
				歯（青年）	
				歯（成人）	
—	—	—	神奈川県立埋蔵文化財センター	歯（壮年前半女性）	森本岩太郎 1986「付編2　三ツ俣遺跡 SD24 出土のヒトの歯」『三ツ俣遺跡』神奈川県立埋蔵文化財センター
東京人類学会雑誌	22巻250号	134-142	東京人類学会	骨（頭蓋）	—
人類学雑誌/銅鐸	第54巻第12号/第14号	545-551/1-4	東京人類学会/立正大学考古学会	歯・骨片	—

あとがき

人類にとって食とはなにか。それは身体を維持するための栄養の摂取であるとともに，その採取・獲得と生産という人類の行動を規定し，文化をも生み出していく源である。この分野の研究の幅は，いうまでもなく非常に広い。そして，現存する物質資料が限られてくる先史時代の食の理解は，より一段と難しい。

そのため，考古学では食を研究するために，出土事例が少ない種子・果実・骨などの研究とともに，遺跡の立地・景観や土器・石器や木製農具などの道具の研究から食に迫る手法が採られてきた。しかし，1990年代から低湿地遺跡の発掘において，土壌の水洗選別による動植物遺体の回収や，同位体分析による食性研究が開始された。そして，2000年ごろから日本国内では，レプリカ法の重要性が再認知され，研究も大きく様変わりしようとしている。2011年に編者が『史学雑誌』の「回顧と展望 弥生時代」のなかで指摘したように，この10年間の大きな研究動向の変化を「食」研究の分野でみてとれる。

このような遺跡や遺物を対象とした自然科学・理化学的研究の実践において，複数の研究手法から導き出される成果と従来の考古学的研究から導き出された議論とを照らし合わせることが今必要である。本書においては，神奈川県逗子市に所在する池子遺跡を対象として，考古学・自然科学・文化財科学の観点から「弥生時代の食」をテーマに分析し，まとめた。池子遺跡は旧河道から大量の土器・石器・木器のほか動植物遺体が出土しており，複数の分析手法による多角的分析には適している。この遺跡の研究成果をもとに新たな「弥生時代の食」研究が始まることを期待したい。

この研究を行ううえでは，多くの機関にお世話になった。記して，お礼申し上げたい。

赤坂遺跡調査団・市原市埋蔵文化財センター・君津市教育委員会・熊谷市教育委員会・静岡市教育委員会・深谷市教育委員会には，出土古人骨の借用と観察にあたりご配慮いただいた。また，古人骨の集成においては，清家章先生より文献の提供をしていただいた。

レプリカ法分析においては，明治大学古代学研究所所蔵のKEYENCE VE-8800を利用させていただいた。土器のススコゲの使用痕観察では池子遺跡群資料館で開催されたワークショップを機会して，小林正史先生には懇切丁寧に土器の観察方法についてご指導をいただいた。また，石川日出志先生ならびに伊丹徹氏・西川修一氏には，日頃の研究会や後述するシンポジウムの席上など，編者はいつも叱咤激励をいただくなかで，今回の研究もまとめることができた。お礼を申し上げたい。

そして，なによりも逗子市教育委員会の佐藤仁彦氏・吉田麻子氏および池子遺跡群資料館のスタッフの方々には度重なる資料調査に対応していただいた。毎回大量の資料を収蔵庫から出す作業にはご苦労が多かったかと思う。感謝を申し上げたい。

今回も研究成果を出版していただくにあたり，六一書房の八木環一会長・出版部の水野華菜様・三陽社の若槻真美子氏にはご尽力いただき，今回も表紙写真は小川忠博先生に撮影していただいた。お礼申したい。

最後に，本書の内容に即して2017年12月17日に逗子市市民文化センターで市民を対象としたシンポジウム「池子遺跡を科学する—2000年前の池子の人々はなにを食べていたのか—」を開催させていただき，当日約70名の参加者をえた。池子遺跡の発掘調査からおよそ四半世紀が過ぎ，発掘そのものが忘れ去られようとしている今，改めて現在の視点で研究することで，明らかになった地域の歴史を広く市民に知っていただきたいという想いで，遺跡の地で開催した。シンポジウムの開催と本書の刊行が，弥生時代の研究にとってのみならず，逗子地域の方々にとっても地域の歴史の解明と文化財の保護に役立つのであれば，編者にとって望外の喜びである。

2018年2月1日

杉山浩平

編者略歴

杉山　浩平（すぎやま　こうへい）

1972年　神奈川県小田原市に生まれる

2002年　駒澤大学大学院人文科学研究科 博士後期課程満期退学，東京大学大学院人文社会系研究科 助手

2005年　同大学院農学生命科学研究科 特任研究員

2007年　駒澤大学大学院人文科学研究科博士後期課程修了，博士（歴史学）

現　在　東京大学大学院総合文化研究科 グローバル地域研究機構地中海地域研究部門 特任研究員

主要著書・論文

『弥生文化と海人』六一書房，2014 年

『東日本弥生社会の石器研究』六一書房，2010 年

『縄文／弥生文化移行期の黒曜石研究Ⅱ』編共著（池谷信之との共著），2007 年

『縄文／弥生文化移行期の黒曜石研究Ⅰ』編共著（池谷信之との共著），2006 年

「縄文時代後晩期の伊豆・箱根・富士山の噴火活動と集落動態」『考古学研究』第 60 巻第 2 号（金子隆之との共著），2013 年

「弥生時代における伊豆諸島への戦略的移住の展開」『考古学雑誌』第 94 巻第 4 号，2010 年

「縄文／弥生文化移行期における神津島産黒曜石のもうひとつの流通」『考古学と自然科学』Vol.60（池谷信之との共著），2010 年

執筆者一覧

杉山浩平（すぎやま　こうへい）	編者略歴参照
谷口　肇（たにぐち　はじめ）	神奈川県教育委員会教育局生涯学習部文化遺産課
佐宗亜衣子（さそう　あいこ）	東京大学総合研究博物館
米田　穣（よねだ　みのる）	東京大学総合研究博物館
遠藤英子（えんどう　えいこ）	明治大学研究知財・戦略機構　明治大学黒耀石研究センター
白石哲也（しろいし　てつや）	首都大学東京大学院博士後期課程
中村賢太郎（なかむら　けんたろう）	株式会社パレオ・ラボ
土井翔平（どい　しょうへい）	明治大学文学部

弥生時代食の多角的研究
―池子遺跡を科学する―

2018 年 3 月 31 日　初版発行

編　者　杉山　浩平

発行者　八木　唯史

発行所　株式会社　六一書房
〒101-0051　東京都千代田区神田神保町 2-2-22
TEL　03-5213-6161　　FAX　03-5213-6160
http://www.book61.co.jp　　E-mail info@book61.co.jp
振替　00160-7-35346

印　刷　株式会社　三陽社

ISBN978-4-86445-099-7 C3021